Fontes Christiani

JUNGFRAUENSPIEGEL

IV

Fᴏɴᴛᴇs Cʜʀɪsᴛɪᴀɴɪ

Zweisprachige Neuausgabe christlicher Quellentexte
aus Altertum und Mittelalter

Im Auftrag der Görres-Gesellschaft
herausgegeben von
Norbert Brox, Siegmar Döpp, Wilhelm Geerlings,
Gisbert Greshake, Rainer Ilgner, Rudolf Schieffer

Band 30/4

SPECULUM VIRGINUM
JUNGFRAUENSPIEGEL
IV

LATEINISCH
DEUTSCH

HERDER

FREIBURG · BASEL · WIEN
BARCELONA · ROM · NEW YORK

SPECULUM VIRGINUM

JUNGFRAUENSPIEGEL

VIERTER TEILBAND

ÜBERSETZT UND EINGELEITET
VON
JUTTA SEYFARTH

HERDER

FREIBURG · BASEL · WIEN
BARCELONA · ROM · NEW YORK

Abdruck des von der Bearbeiterin edierten lateinischen Textes
aus CCM 5 mit freundlicher Genehmigung des Verlages Brepols,
Turnhout.

Fontes-Redaktion:
Maren Saiko, Horst Schneider

Die Deutsche Bibliothek – CIP-Einheitsaufnahme
Speculum virginum = Jungfrauenspiegel / übers. und
eingeleitet von Jutta Seyfarth. – Freiburg im Breisgau ;
Basel ; Wien ; Barcelona ; Rom ; New York : Herder
  (Fontes Christiani ; Bd. 30/4)
Teilbd. 4. – (2001)
  ISBN 3-451-23857-8 kartoniert
  ISBN 3-451-23957-4 gebunden

Abbildungsvorlagen: Jutta Seyfarth

Umschlagbild: Marmorplatte eines Lesepults,
Ravenna, S. Apollinare Nuovo, 6. Jh.

Alle Rechte vorbehalten – Printed in Germany
© Verlag Herder Freiburg im Breisgau 2001
www.herder.de
Satz: Arbeitsstelle Fontes Christiani, Bochum
Herstellung: fgb · freiburger graphische betriebe 2001
www.fgb.de
ISBN 3-451-23857-8 kartoniert
ISBN 3-451-23957-4 gebunden

INHALTSVERZEICHNIS

ERSTER TEILBAND

EINLEITUNG

Einleitung 7

I. Forschungsstand 9

II. Rezeptionsgeschichte 11

III. Datierung — Verfasserfrage — Lokalisierung 13

IV. Literarische Form, Text und Bild 26

V. Die Quellen 39

VI. Die Handschriften 48

VII. Zum Inhalt der Bücher 61

TEXT UND ÜBERSETZUNG

Einleitungsbrief 68

Buch 1 80

Buch 2 170

Buch 3 214

ZWEITER TEILBAND

Buch 4 284

Buch 5 364

Buch 6 486

DRITTER TEILBAND

Buch 7 564

Buch 8 648

Buch 9 718

VIERTER TEILBAND

Buch 10 840

Buch 11 884

Buch 12 976

Epithalamium 1018

ANHANG

Bildquellen 1052

Abkürzungsverzeichnis 1053

    Werkabkürzungen 1053

    Allgemeine Abkürzungen 1056

    Bibliographische Abkürzungen 1057

Bibliographie 1061

    Quellen 1061

    Literatur 1070

Register 1080

    Bibelstellen 1080

    Personen 1091

    Lateinische Stichwörter 1098

    Sachen 1103

TEXT UND ÜBERSETZUNG

Incipit X. In gratiarum actione.   295

„Benedic anima mea domino et omnia interiora mea nomen sanctum eius." Laudent te caeli caelorum, o Christe
rex et creator angelorum et hominum, terrae, maris et
omnium in eis sensibilium, insensibilium, visibilium et 5
invisibilium, quae omnia sicut te sui artificem ostendunt
genere et specie diversa mirabilem, ita vel usu vel effectu
suo ostendunt mirabiliorem, cum singulae naturae propriis
discrete differentiis ostendunt te creatorem suum nihil frustra fecisse, nihil sine causa vel ratione vel in magnis vel in 10
minimis condidisse. Omnia enim deus, sancte sanctorum,
quae creasti tua scientia, quam nihil latet, praevenit, quia
nisi nota tibi essent, antequam prodirent, non essent, nobis
autem, id est rationali creaturae tuae numquam fierent
cognita nisi prius essent condita. Omnium ergo rerum 15
mutabilium, temporaliter prodeuntium in te inmutabiliter
causae vixere rationes et erat in tui providentia sine tempore, quod per formas et species suas motu, modo et ordine,
quando, quomodo volebas, probatur in tempore se expli-
cuisse.   20
   Sicut igitur, domine, caelum et terram in principio no-
visti sine varietate notitiae tuae, ita fecisti utrumque in
principio sine distinctione actionis tuae. Sed humanae
scientiae angustia sicut comprehendere ratione non valet,
quomodo simul et semel omnia, deus noster, creaveris, sic 25

---

[189] Die *maiestas Domini* ist zu sehen auf Bild 11, unten nach 992.

Es beginnt das zehnte Buch mit der Danksagung.

„Lobe den Herrn, meine Seele, und alles, was in mir ist, seinen heiligen Namen" (Ps 103, 1: Vg. Ps 102, 1).[189] Die Himmel der Himmel sollen dich loben (vgl. Ps 148, 4 Vg.), o Christus, König und Schöpfer der Engel und der Menschen, von Land und Meer und allem, was darinnen ist an Geschöpfen, die mit sinnlicher Wahrnehmung begabt sind und die ohne sinnliche Wahrnehmung, an sichtbaren und unsichtbaren. Ebenso wie sie dich alle durch ihre verschiedene Art und ihr verschiedenes Aussehen als wunderbaren Schöpfer erweisen, so zeigen sie dich durch ihren Nutzen und ihre Wirkung als noch wunderbarer, zumal die einzelnen Naturen mit ihren genau unterschiedenen Eigenheiten deutlich machen, daß du als ihr Schöpfer nichts vergeblich getan hast, daß du nichts geschaffen hast ohne Grund und ohne Überlegung in den großen Dingen ebenso wie in den kleinsten. Denn alles, was du, Gott, Heiliger der Heiligen, in deiner Weisheit, der nichts verborgen bleibt, geschaffen hast, ist schon vorher in Erscheinung getreten. Die Dinge existierten nämlich nicht, wenn sie dir nicht bekannt gewesen wären, bevor sie hervortraten, uns aber, deiner vernunftbegabten Kreatur, wären sie niemals bekannt geworden, bevor sie geschaffen waren. Denn für alle wechselhaften Dinge, die in der Zeitlichkeit in Erscheinung treten, haben in dir unvertauschbar Überlegungen als Ursachen bestanden, und in deiner Vorsorge lag schon ohne Zeit beschlossen, was sich dann in eigener Gestalt und Aussehen in der Zeit erwiesenermaßen entfaltet hat in Bewegung, Art und Reihenfolge, wann und wie du es wolltest.

So, Herr, wie du also im Anfang Himmel und Erde gekannt hast ohne Unterschied in deiner Vorstellung, so hast du beides im Anfang geschaffen ohne Unterscheidung in deinem Handeln. Aber so wie die Beschränktheit menschlicher Einsicht mit dem Verstand nicht zu begreifen vermag, wie du, unser Gott, alles zugleich und auf einmal geschaffen

nisi fide videre potest, quomodo non localiter vel temporaliter semper ad omnia praesens sis, quomodo non maior in
maioribus, nec minor in minoribus, nec minor in maiore,
nec maior in minore, sed totus in singulis, singulus in totis,
id est totus in omnibus omnia contineas, cuncta disponas, 5
tam mirabilis in minimo, quantae potestatis in magno.

Cum ergo creaturarum omni|um conditor omnipotentis- | 296
sime et earum dispositor et gubernator ordinatissime, deus
de deo ubique praesens sis, quibus motibus vel gradibus
animae meae incipiam te quaerere, ut dignus sim invenire, 10
vel certe quomodo me a me perditum possim quaerere et,
me per auxilium gratiae tuae reperto, eadem gratia subsequente, te quoque possim quaerere et sic invenire? Nullus
enim recte quaerit te, nisi prius tuo munere inveniat se,
retrahens pedem ab errore, quo deviaverat a te negligendo 15
viam iustitiae et inmergens se tenebris propriae miseriae
recedendo a te. Ipsum enim hominem se cognovisse, quae-
sisse est et ostium ad te quaerendum aperuisse. Quod si
impius a te recedit, te sibi quidem abscondit, quia a luce
tua se avertit, tibi autem manifestus iudicium tuum non 20
evadit. Dic igitur animae meae, o salus altissima hominum
et lux, quae „luces in tenebris et tenebrae te non comprehendunt", dic animae meae, inspira menti, quam creasti,
quomodo quaeram te, quaerens ubi inveniam te. „Si ascen-
dero in caelum, tu illic es, si descendero ad infernum, ades." 25

hast (vgl. Sir 18, 1), so vermag sie auch nicht zu sehen, außer durch den Glauben, wie du nicht örtlich und zeitlich, aber doch immer bei allem gegenwärtig bist, wie du nicht größer im Größeren und nicht kleiner im Kleineren, nicht kleiner im Größeren und größer im Kleineren, sondern vollständig im Einzelnen und einzeln im Ganzen, das heißt vollkommen in allem alles enthältst, alles einteilst, so wunderbar im Kleinsten wie mächtig im Großen.

Weil nun also du, allmächtigster Schöpfer aller Schöpfung, du ihr Planer und verständiger Lenker, du Gott von Gott, überall gegenwärtig bist, mit welchen Regungen und Schritten meiner Seele soll ich anfangen, dich zu suchen, damit ich würdig bin, dich zu finden, oder wenigstens wie könnte ich zuverlässig mich suchen, der ich von mir selbst zugrunde gerichtet bin, und dann, nachdem ich durch deine Gnade mich wiedergefunden habe, wie könnte ich, wenn dieselbe Gnade weiter zu Hilfe kommt, auch dich suchen und so finden? Denn keiner sucht dich richtig, wenn er nicht vorher durch deine Gnade sich findet, indem er seinen Fuß vom Irrweg zurückzieht, mit dem er von dir abgewichen ist, als er den Weg der Gerechtigkeit vernachlässigte und in der Finsternis eigenen Unglücks versank, weil er sich von dir zurückzog. Denn daß der Mensch sich selbst erkannt hat, das bedeutet, gesucht und die Tür geöffnet zu haben, um dich zu suchen. Wenn sich aber einer gewissenlos von dir zurückzieht, dann verbirgt er sich zwar vor dir, weil er sich vom Licht abgewandt hat, aber dennoch ist er für dich greifbar und entgeht nicht deinem Gericht. Sprich also zu meiner Seele, du höchstes Heil und Licht der Menschen: „Du leuchtest in der Finsternis, und die Finsternis erfaßt dich nicht" (Joh 1, 5). Sprich zu meiner Seele, beflügle meinen Geist, den du erschaffen hast, mit der Erkenntnis, wie ich dich suchen soll, wo ich dich auf meiner Suche finde. „Wenn ich aufgestiegen bin zum Himmel, so bist du dort, wenn ich absteigen werde zur Hölle, bist du da" (Ps 139, 8: Vg. Ps 138, 8).

Non ergo locorum angustia ulla concludit te, quem non
capit latitudo caeli et terrae, ut corporalium spatiorum
dimensionibus extendam me requirens te, oculis et motu
corporis circumeundo et quaerendo, „quem diligit anima
mea", et dicam: „Quis mihi det, ut te fratruelem meum foris 5
inveniam et deosculer?" An foris quaeremus et expectabi-
mus te, cum omnia contineas exterius, compleas interius,
nec ullus locus sicut dictum est, vacet tua praesentia, qui es
ubique, et infra et extra omnia? An te in via invenerant, qui
te ut peregrinum visu simplici foris attendebant, et tamen 10
nesciendo repererant, qui in se colloquiis mutuis fortiter
ardebant? Melius ergo absentem viderant, qui ex igne divini
amoris mente melius cognoscebant, quem prius carneis
oculis ignotum et peregrinum | putabant. An ita, rex noster, | 297
quaerendus es a nobis, ut tu nos etiam ineffabili modo 15
quaeris, dicens animae fideli: „Ostende mihi faciem tuam,
sonet vox tua in auribus meis", et quod admonet propheta:
„Appropinquate domino et appropinquabit vobis", quasi
nec vocem nostram nec faciem noveris, nisi loquamur et
faciem nostram ostendamus, et longe simus a te, nisi appro- 20
pinquemus? Nonne et nos tibi dicimus: „Veni, ostende faciem tuam et salvi erimus"? Quaeris igitur nos, domine,
gratia et misericordia, quaerimus te sanctis affectibus, miseriae nostrae flagitando remedia. Numquam te homo, deus,
quaereret, nisi te inveniendi spem haberet. Das enim, deus 25

---

[190] Vielleicht ist hier auf die Begegnung der Jünger mit dem Auferstande-
nen auf dem Weg nach Emmaus angespielt, wo sie den Herrn mit ihren
„leiblichen" Augen nicht erkannten (vgl. Lk 24,16), er aber bei ihnen war,
wenn ihr Herz brannte (vgl. Lk 24,32: *cor ardens*).

Deshalb umschließt auch keinerlei Enge im Raum dich, den
die Weite von Himmel und Erde nicht faßt, so daß ich mich
bei der Suche nach dir ausstrecke in den Maßen meines
Körpers und spreche, indem ich mit meinen Augen und
meinem ganzen Körper umhergehe und den suche, „den
meine Seele liebt" (Hld 1,7), und sage: „Wer gibt mir, daß
ich dich, meinen Bruder, draußen finde und deinen Kuß
empfange?" (Hld 8,1 Vg.). Oder werden wir dich draußen
suchen und erwarten, da du alles außerhalb umgreifst, alles
innerhalb erfüllst, und es nirgendwo, wie gesagt ist, irgend-
einen Ort gibt, der frei wäre von deiner Gegenwart, der du
überall bist sowohl innerhalb als auch außerhalb von allem? Oder hatten dich diejenigen unterwegs gefunden, die
draußen auf dich wie auf einen Pilger einfach im Anschauen
achteten, hatten dich diejenigen, ohne es zu wissen, gefunden, die in wechselseitigen Gesprächen eifrig gegeneinan-
der entbrannten? Darum hatten sie den Abwesenden besser
gesehen, weil sie im Feuer göttlicher Liebe im Geist den
besser erkannten, den sie vorher mit ihren leiblichen Augen
für einen Unbekannten und Fremden hielten.[190] Oder mußt
du, unser König, von uns so gesucht werden, wie auch du
uns auf unaussprechliche Weise suchst, indem du zu der
gläubigen Seele sprichst: „Zeige mir dein Angesicht, deine
Stimme erklinge in meinen Ohren" (Hld 2,14), und wozu
der Prophet mahnt: „Nähert euch dem Herrn, und er wird
sich euch nähern" (Jak 4,8), gleichsam als würdest du weder unsere Stimme noch unser Angesicht erkennen, wenn
wir nicht redeten und unser Angesicht zeigten, und als
wenn wir weit weg wären von dir, wenn wir uns dir nicht
näherten? Sprechen denn nicht auch wir zu dir: „Komm,
zeige uns dein Angesicht, und wir werden gesund werden"
(Ps 80,4: Vg. Ps 79,4)? Du suchst also uns, Herr, aus Gnade
und Mitleid, wir suchen dich mit heiligem Verlangen, indem wir Hilfe für unser Elend erflehen. Niemals würde der
Mensch dich, Gott, suchen, wenn er nicht die Hoffnung
hätte, dich zu finden. Denn du, unser Gott, gibst uns das

noster, affectum, ut quaeraris, opem quaerentibus, ut inve-
niaris. Itaque qui te agnoscit et imitatur, indubitanter habebit, quod quaerit. Vis enim, pater pietatis, quaeri, vis tua
gratia praelucente inveniri. Praevenis currentem, ut dites
invenientem.   5

Christe Iesu, pater optime, creaturae tuae reformator et
amator, quis te inveniet aut ubi vel quomodo te homo
quaeret, nisi quaerentem praeveneris, praeventum direxe-
ris, directo donec te inveniat, comes individuus fueris?
Dormientes, ut surgant, excitas, tardos, ut currant, acriter 10
stimulas et, ne deficiant, lassos relevas, cibas et potas. Vulnus amoris tui, Christe, sanis infligis, ut properent ad te
bene sauciati, qui torpebant male sani.

Totum igitur das, quod boni habemus,
qui dedisti, ut essemus,   15
nec aliquid a nobis recipis,
nisi quod bonus prius gratis dederis.
O admirandae dulcedinis pietas,
O colendae gratiae suavitas.
Lege tua nos erudis,   20
legis implendae vires tribuis,
meritum bonum in nobis cumulas   298
et quod das, multo uberius remuneras.
Totum itaque tuae gratiae debetur,
quod homo proficiendo te meretur.   25
Nulli igitur bene absque te,
quia nihil est homo sine te.

Verlangen ein, dich zu suchen, du gibst den Suchenden die Fähigkeit, dich zu finden. Deshalb wird der, der dich anerkennt und nachahmt, ohne Zweifel das haben, was er sucht. Denn du, Vater der Barmherzigkeit, willst gesucht werden, du willst aber auch mit dem Licht deiner Gnade gefunden werden. Du kommst dem Laufenden zuvor, damit du den Findenden reich machst.

Christus Jesus, gütigster Vater, du Erneuerer und Liebhaber deiner Kreatur, wer wird dich finden, oder wo und wie soll der Mensch dich suchen, wenn du nicht dem Suchenden zuvorkommst, den Vorangekommenen lenkst und dem Gelenkten unzertrennlicher Begleiter sein wirst, bis er dich findet? Du weckst die Schlafenden auf, daß sie sich erheben, du treibst die Trägen energisch an, daß sie laufen, und du richtest die Erschöpften auf und erquickst sie mit Speise und Trank, damit sie nicht ermatten. Die Wunde deiner Liebe bringst du, Christus, den Gesunden bei, damit sie, zu ihrem Wohl verwundet, zu dir eilen, die vorher, gesund zu ihrem Schaden, träge waren.

Alles gibst du also, was wir an Gutem haben,
der du gegeben hast, daß wir sind,
und nichts anderes empfängst du von uns,
was du nicht vorher in deiner Güte uns umsonst gegeben
hättest.
O wunderbare, süße Liebe,
o Wonne verehrungswürdiger Gnade!
Durch dein Gesetz erziehst du uns,
du teilst die Kräfte zu, das Gesetz zu erfüllen,
du häufst in uns guten Verdienst auf,
und was du gibst, vergiltst du um vieles reichlicher.
Es ist deshalb vollkommen deiner Gnade zu danken,
daß der Mensch, wenn er fortschreitet, dich verdient.
Deshalb geschieht fern von dir keinem etwas, was gut wäre,
weil der Mensch nichts ist ohne dich.

Qui dum gaudet et „respicit in vanitates et insanias falsas",
aversus a veritate tua cadit in proprias tenebras. Has enim
homo in se ipso invenit, cum cor eius a luce tuae veritatis
recedit. Porro purae veritatis tuae inquisitio sicut ad interiora mentem excitat, sic ad exteriora purgat, ut in altero 5
resplendeat imago tua in homine, in altero divinitus im-
pressa similitudo. Cum igitur ad intellectualia mentem ver-
timus, interna condicione quid simus, aliquomodo intelli-
gimus, quo intellectu purgati tuae similitudini ex fructu
iustitiae tua gratia praecurrente appropinquamus. Merito 10
igitur te, deum nostrum, regem nostrum et redemptorem
nostrum in gratiarum actione speculamur, qui, cum non
essemus, creasti, perditos restaurasti, fonte consecrasti,
tuae aeternitatis participium contulisti.

Quibus modis, fons inexhaustae dulcedinis, tuae gratiae 15
respondemus, qui nos fecisti ex mortuis vivos, ex servis
filios, regni tui coheredes ex proscriptis, adoptivos de ex-
heredatis? O salus altissima deus, o tuorum vita, lumen et
virtus incomprehensibilis filiorum, quid retributionibus
tuis retribuam aut quo modo „tibi vota mea, quae distin- 20
xerunt labia mea, reddam"? Si cuncta membra mea verte-
rentur in voces et linguas, quomodo sufficerem dignas
dulcedini tuae referendo gratias? Te deum meum, te dominum meum laudo, te glorifico, tibi „vitulos labiorum meorum" immolo. Ut enim essem nec frustra essem, tu dedisti, 25
frustra autem conditus essem, si te | creatorem meum non | 299

Während er sich vergnügt und „auf die Eitelkeiten und falschen Torheiten schaut" (Ps 40, 5: Vg.G Ps 39, 5), wendet er sich von deiner Wahrheit ab und fällt in die eigene Finsternis. Diese findet der Mensch nämlich in sich selbst, wenn sein Herz sich vom Licht deiner Wahrheit zurückzieht. Ebenso wie weiterhin die Suche nach deiner reinen Wahrheit den Geist auf die inneren Dinge hinlenkt, so reinigt er ihn in bezug auf die äußeren Dinge, so daß einerseits dein Bild im Menschen zurückstrahlt, andererseits die von Gott her eingeprägte Ähnlichkeit. Wenn wir also unseren Sinn auf die geistigen Dinge richten, dann verstehen wir auf irgendeine Weise, was wir nach unserer inneren Anlage sind, und gereinigt durch diese Einsicht nähern wir uns der Ähnlichkeit mit dir durch die Frucht der Gerechtigkeit, wenn deine Gnade uns vorangeht. Mit Recht schauen wir darum im Dankgebet auf dich, unseren Gott, unseren König und unseren Erlöser, der du uns geschaffen hast, als wir noch nicht waren, der du die Verlorenen wieder neu gemacht und mit dem Wasser der Taufe geweiht hast und der du uns die Teilhabe an deiner Ewigkeit gewährt hast.

Auf welche Weise sollen wir, du Quell unerschöpflicher Wonne, deiner Gnade antworten, der du uns aus Toten zu Lebenden gemacht hast, aus Knechten zu Söhnen, aus Geächteten zu Miterben deines Königreichs, aus Enterbten zu solchen, die an Kindes Statt angenommen wurden? O Gott, unser höchstes Heil, o Leben, Licht und unbegreifliche Kraft deiner Söhne, womit soll ich deine Vergeltung vergelten, oder wie „soll ich meine Gelübde erfüllen, die meine Lippen versprochen haben" (Ps 66, 13 f: Vg. Ps 65, 13 f)? Und wenn alle meine Glieder sich in Stimmen und Zungen wandelten, wie könnte ich würdig dem Dank für deine Wonne genügen? Dich, meinen Gott, dich, meinen Herrn, lobe ich, dich preise ich, dir „opfere ich die Kälbchen meiner Lippen" (Hos 14, 3 Vg.). Denn daß ich war und daß ich nicht vergeblich war, das hast du gegeben, aber vergeblich wäre ich geschaffen worden, wenn ich dich, meinen Schöpfer, nicht

novissem. Itaque vano omnes sunt, qui te neque sciunt nec
te ductorem sui meruerunt. Tu autem domine, pater noster,
nos vero lutum, tu fictor noster et „opera manuum tuarum"
omnes nos, recordatus es pulveris nostri per competa Baby-
lonis et Ydumaeae dispersi, ad filios tuos in unum congre- 5
gandos venisti, et iuxta magnitudinem tuam miseratio tua
claruit. Itaque praesaepium nostrum pio descensu caeli
fecisti palatium, ut animalia tua, quorum cibus panis erat
doloris, panem angelorum invenirent et terram spinarum
tribulorumque feracem cultius ambire dissuescerent. Re- 10
quisisti, deus noster, quod amiseras, et in perdito homine
imaginem tuam, quae sola bona latrones magni semivivo
devianti reliquerant, verbis et miraculis suscitasti. Nisi enim
sensum humanum tuae notitiae capacem indita primordiali-
ter ratione fecisses, propter eum frustra cuncta creasses, 15
legem vivendi vano dedisses, immo tu frustra pro nobis
incarnandus, Christe, venisses. Sed libero arbitrio, quod
discretivam boni malique scientiam naturaliter habuit, tua
lex accessit, legi gratia, quatenus hoc homo posset quod
nosset, et bono concessae scientiae consulendo faveret sum- 20
ma benignitas adiutricis gratiae. Tua igitur, domine, sapiens
providentia et providentissima sapientia substantiam nostram animatam sicut motu sensibilem sic etiam scientiae

---

[191] Die babylonische Gefangenschaft des Gottesvolkes (733/722 – ca. 520
v.Chr.) und seine Rückkehr durch Gottes Hilfe ist vielfach thematisiert
(Ezechiel, Jeremia), ohne daß für das vorliegende Zitat eine bestimmte
Quelle zu benennen wäre. Das gleiche gilt für Idumäa, eine Landschaft
südlich des Toten Meeres, die in den frühen Stammeskämpfen eine Rolle
spielt.

erkannt hätte. Deshalb sind alle die vergeblich im Dasein,
die dich weder kennen noch dich als ihren Führer verdient
haben. Du aber, Herr, bist unser Vater, wir dagegen sind
Lehm, du bist unser Schöpfer, und wir alle sind „das Werk
deiner Hände" (Ps 8,7 Vg.), du hast dich unseres Staubs
erinnert, der verstreut war in den Gefilden von Babylon
und Idumäa[191], du bist gekommen, um deine Söhne in eins
zu sammeln, und entsprechend deiner Größe hat dein Erbarmen hell geleuchtet. Deshalb hast du in demütigem
Abstieg unsere Krippe zum Himmelspalast gemacht, damit
deine Geschöpfe, deren Speise das Brot der Schmerzen (vgl.
Ps 127,2: Vg.G Ps 126,2) war, das Brot der Engel (vgl. Ps
78,25: Vg.G Ps 77,25) finden sollten und sich abgewöhn-
ten, die Erde allzu intensiv zu bestellen, die doch nur
Dornen und Disteln trägt (vgl. Gen 3,18). Du, unser Gott,
hast wiedergefunden, was du verloren hattest, und du hast
mit Worten und Wundern in dem verlorenen Menschen
dein Bild zu neuem Leben erweckt, was als einziges Gut
die starken Räuber dem Halbtoten übriggelassen hatten,
der vom Weg abgewichen war (vgl. Lk 10,30). Denn wenn
du dem menschlichen Sinn nicht die Fähigkeit verliehen
hättest, dich wahrzunehmen, weil ihm von allem Anfang
an Vernunft eingegeben war, dann hättest du seinetwegen
alles vergeblich geschaffen, du hättest umsonst das Gesetz
zum Leben erlassen, ja sogar du, Christus, der du für uns
Fleisch werden solltest, wärest vergeblich gekommen. Aber
dem freien Willen, der von Natur aus die Fähigkeit zur
Unterscheidung von Gut und Böse hatte, ist dein Gesetz
zu Hilfe gekommen, dem Gesetz aber die Gnade, damit der
Mensch das vermochte, was er erkannte, und damit die
höchste Güte der hilfreichen Gnade den Guten begünstige,
der sich um die zugestandene Erkenntnis bemüht. Denn
deine weise Voraussicht, Herr, deine vorausschauende
Weisheit hat unser mit einer Seele begabtes Wesen ebenso
in Hinsicht auf Bewegung wahrnehmungsfähig gemacht,
wie sie es auch fähig und vernünftig gemacht hat, Wissen

capacem et rationabilem fecit, ut invisibilium tuorum accessus, mortalibus difficilis, ex visibilium consideratione
posset humano cordi puro accessibilis persuaderi — „beati
enim mundo corde, quoniam ipsi deum videbunt" — in
omnibus gratia tua praecurrente semper ipsam rationem et 5
voluntatem nostram et subsequente per boni operis possibilitatem.

Tibi itaque deo nostro, tibi fonti omnis iustitiae, tibi soli
debetur, quod bene conditi sumus, quod bene volumus, tibi
quod possumus. Tu | enim fortem illum vasorum tuorum 10 | 3c
praesumptorem victum vinxisti et vascula digna decenti
ministerio diripuisti, quae vascula templum gloriae tuae
locumque sanctificationis et sedem sapientiae tuae, primi-
tias electionis tuae tuos, deus noster, effecisti. In quo templo ut acceptabilis tibi hostia offeratur, miro modo tu prius 15
nobis de donis tuis offers offerenda, ut, quomodo decet et
debet, offeratur. Et vere numquam tibi hostia praesentabitur
acceptabilis, nisi hoc offeratur, quod offerendum tu dederis.
Denique fidelium tuorum unus Abraham, quod iussus erat,
non occidendo recte obtulit, Cain offerendo non obtulit, 20
quia diversae intentiones offerentium meritis suis omne
distinguunt oblatum. Sed felix, cuius affectum vovendi et
voti tu suscitas et praevenis, cuius oblata suscipis, suscepta
custodis. Sed quotiens te domine, deus noster, humanae
vecordiae caeca negligentia de hoc templo tuo expellit, quo- 25

zu erfassen, so daß ein reines menschliches Herz überzeugt werden kann, daß der Aufstieg zu deinen unsichtbaren Dingen, der für die Sterblichen schwierig ist, aufgrund der Betrachtung der sichtbaren Dinge zugänglich wird. „Denn selig sind, die reinen Herzens sind, weil sie selbst Gott sehen werden" (Mt 5,8), wobei bei allem immer deine Gnade unserer Vernunft und unserem Willen unmittelbar vorangeht und ihnen nachfolgt in der Möglichkeit zum guten Werk.

Deshalb verdanken wir dir, unserem Gott, dir, der Quelle aller Gerechtigkeit, dir allein, daß wir zum Guten geschaffen sind, dir verdanken wir, was wir können, dir, was wir im Guten wollen. Denn du hast jenen starken Räuber deiner Gefäße besiegt und gefesselt und hast ihm die Gefäße wieder entrissen, die für einen geziemenden Dienst würdig sind, und diese Gefäße hast du zum Tempel deiner Herrlichkeit gemacht, zum Ort der Heiligung und Sitz deiner Weisheit, zu Erstlingen deiner Auserwählung hast du die Deinen gemacht, du, unser Gott. Damit dir in diesem Tempel ein annehmbares Opfer dargebracht wird, bringst du vorher auf wunderbare Weise uns Opfergaben von deinen Geschenken zum Opfern dar, damit so geopfert wird, wie es sich ziemt und gehört. Und es wird dir in der Tat niemals ein annehmbares Opfer dargebracht werden, wenn dir nicht das geopfert wird, was du vorher zum Opfern gegeben hast. Schließlich hat einer deiner Gläubigen, Abraham (vgl. Gen 22,1–19), richtig geopfert, was ihm befohlen war, indem er nicht tötete, Kain aber hat nicht geopfert, obwohl er ein Opfer darbrachte (vgl. Gen 4,3–6), weil die unterschiedlichen Absichten der Opfernden einen Unterschied bei dem ganzen Opfer bewirken nach dem jeweiligen Verdienst. Aber glücklich der, dessen Eifer zum Geloben und Gelübde du anfachst und dem du zuvorkommst, dessen Opfer du annimmst und, einmal angenommen, bewahrst. Aber wie oft vertreibt dich, Herr, unser Gott, die blinde Nachlässigkeit menschlichen Wahnsinns aus diesem deinem Tempel,

tiens hostias legitimas diversus amor errantium impedit, ut
sicut templum tuum ex nostra pravitate deseris, sic etiam
sabbata vel holocaustomata nostra averseris. „Recedentes
autem a te in terra scribentur“ et pacem mutantes bella
reperiunt, ubi primum distantiam libertatis et servitutis 5
agnoscunt. Sed quia pater es, filios desertores non deseris,
fugitivos retrahis, contumaces plagis reflectis, ut vel: „Sola
vexatio“, sicut ait propheta, „det intellectum auditui“ et
eorum „lata via spinis tuis septa“ fiat eis occasio „priorem
maritum requirendi“.   10

Sic ergo, domine, vasa tua per profanos hostes, qui „in
porta Ierusalem solium suum collocaverunt“, in Babylonem
transportata, per amicos tuos locis et sedibus suis retracta
resignas et „forata per armillam tuae misericordiae colubri
maxilla“ praedam excutis et reportas. Et: „Haec mutatio 15
dexterae excelsi“, quando deductos ad inferos pie reducis et
de tenebris, tu vera lux, lumen facis. Quis | autem donorum | 301
tuorum excellentiam praescriptis infusam vasculis explicet,
quibus thesaurum tuum in vasis fictilibus recondis et in
amore tui corda mortalium flammam ignis facis? Quid est 20
autem „Deus noster nisi ignis consumens“? Cum igitur corda
humilium tibi templum paras, quid restat nisi ut ipsa domus
vehementer ardeat, quae flammam vehementem portat? „In

wie oft verhindern die verschiedenen Leidenschaften der Irrgläubigen das rechtmäßige Opfer, so daß du, ebenso wie du deinen Tempel wegen unserer Verworfenheit verläßt, so auch unseren Sabbat und unser Brandopfer verschmähst! „Aber die sich abwenden von dir, werden in die Erde geschrieben werden" (Jer 17,13), und sie tauschen den Frieden und finden den Krieg, sobald sie den Abstand zwischen Freiheit und Knechtschaft erkennen. Aber weil du Vater bist, verläßt du nicht deine Söhne, die dich verlassen haben, du holst die Flüchtigen zurück, mit Schlägen bringst du die Störrischen zur Umkehr, so daß „sogar nur noch das Entsetzen", wie der Prophet sagt, „dem Gehör Einsicht geben wird" (Jes 28,19) und ihr „breiter Weg, gesäumt von deinen Dornen" (vgl. Hos 2,8), ihnen Gelegenheit gibt, „wieder nach ihrem früheren Gatten zu suchen" (vgl. Hos 2,9).

So also führst du, Herr, deine Gefäße, die durch die weltlichen Feinde, die „am Tor von Jerusalem ihren Sitz aufgeschlagen haben" (vgl. Jer 1,15), nach Babylon gebracht und durch deine Freunde wieder zurückgeholt wurden, an ihre angestammten Plätze und Wohnsitze zurück, und du reißt die Beute aus „dem Kinnbacken der Schlange, die durch die Armspange deines Mitleids durchbohrt ist" (vgl. Ijob 40,21 Vg.), und trägst sie zurück. Und: „Das ist der Wechsel der rechten Hand des Höchsten" (Ps 77,11: Vg. Ps 76,11), da du ja die, die in die Unterwelt gestoßen wurden, liebevoll wieder zurückführst und aus der Finsternis Licht machst, du wahres Licht. Wer aber könnte deine ausgezeichneten Gaben erklären, die in die oben beschriebenen Gefäße gefüllt werden, durch die du deinen Schatz in irdenen Gefäßen verbirgst und durch die du in der Liebe zu dir die Herzen der Sterblichen zu einer feurigen Flamme machst? Was ist aber „unser Gott, wenn nicht ein verzehrendes Feuer" (Hebr 12,29)? Wenn du also die Herzen der Demütigen dir zum Tempel bereitest, was bleibt dann übrig, als daß das Haus selbst, das eine heftige Flamme trägt, heftig brennt? „In

Syon ignem excitas et in Ierusalem caminum facis." Minori
quidem igne purgas nos et relevas, maiore vero tuae maiestatis archano ad lumen aeternitatis admissos inexplebi-
liter satias. „Bibunt et sitiunt", quia dulce, dulce nimis,
quod inveniunt. Quid ibi, o rex noster dulcedinis et vitae, 5
suavitatis et gratiae, ubi visio tua vocatis et assumptis ad te
iustitiae solem infundit et inexhausti amoris ignem succen-
dit? Haurit ibi sancta sponsa tua certissimo visu, quod nunc
capit indubitanter auditu, et plus erit de suscepta gratia
liberi stuporis quam fuerit in exilio de patria illa profundi 10
rumoris. Ibi sanctae sempiternitatis praesentissimus status
sicut non angustat civem caelestem ex memoria praeter-
itorum, ita non sollicitat de incerto futurorum, sed semper
idem ad semper idem, sicut provectu beatitudinum morta-
litatem, ita omnem excedit mutabilitatem, et haec totius 15
gratiae inventae clausula et quasi limes quidam aeternalis
iustitiae, interminabile gaudium de securitate susceptae
gratiae et numquam velle nec posse peccare.

O aeterna securitas, o secura aeternitas. Ubi est, mors,
contentio tua? „Ubi est, mors, stimulus tuus?" Ubi, deus 20
noster, unicae sponsae tuae vigiles et insani persecutores,
ubi tortionum et passionum dolores? Ubi furentis mundi
furores pauperculam tempestate convulsam turbine gravi
semper exagitantes? Ubi versutiae malitiosorum, argutiae

Zion entfachst du ein Feuer, und in Jerusalem hast du einen glühenden Ofen" (Jes 31,9). Mit einem Feuer, das noch ziemlich schwach ist, reinigst du uns und richtest uns auf, mit dem schon größeren Geheimnis deiner Hoheit aber sättigst du unerschöpflich diejenigen, die zum Licht der Ewigkeit zugelassen sind. „Sie trinken und sind durstig" (vgl. Ijob 5,5), weil süß ist, allzu süß, was sie finden. Was gibt es dort, o unser König, an Lieblichkeit und Leben, an Süße und Gnade, wo dein Anblick diejenigen, die zu dir gerufen und erhoben sind, durchtränkt mit der Sonne der Gerechtigkeit (vgl. Mal 3,20) und in ihnen das Feuer unerschöpflicher Liebe entzündet? Dort erblickt und sammelt deine heilige Braut in vollkommener Gewißheit die Dinge auf, die sie jetzt ohne Zweifel im Hören ergreift, und es wird mehr freiwilliges Staunen über die empfangene Gnade geben, als es vorher in der Verbannung bodenloses Gerede gab über jenes Vaterland. So wie dort der allgegenwärtige Zustand heiliger Dauer den Himmelsbürger nicht mit der Erinnerung an Vergangenes ängstigt, so beunruhigt er ihn auch nicht mit der Unsicherheit der Zukunft, sondern immer ist er derselbe bei immer demselben, und ebenso wie er durch den Zuwachs an Seligkeiten der Sterblichkeit entgeht, so entgeht er auch jeder Veränderung. Und dies ist nun der Schlußpunkt der gefundenen Gnade in ihrer Gesamtheit und gewissermaßen eine Art Grenzwall der ewigen Gerechtigkeit, die unbegrenzte Freude über die empfangene Gnade, nämlich niemals sündigen zu wollen oder zu können.

O ewige Sicherheit, o sichere Ewigkeit! Tod, wo ist dein Kampfgeist? „Wo ist, Tod, dein Stachel?" (1 Kor 15,55). Wo, unser Gott, sind die Wächter deiner einzigen Braut und die wahnwitzigen Verfolger, wo sind die Schmerzen von Qual und Leid? Wo sind die Wutausbrüche einer tobenden Welt, die immer eine arme Frau, vom Unwetter verfolgt, mit schwerem Sturm umhertreiben? Wo ist die Verschlagenheit der Böswilligen, wo die Winkelzüge der

philosophorum, colobistarum commercia, dolosa|rum men- | 302
tium ficta commenta? „Periit memoria eorum cum sonitu",
et: „Confractus est malleus universae terrae", beatam autem pauperculam, „quam in modico et in puncto dereli-
quisti, in miserationibus magnis congregasti", hortumque 5
deliciarum penitus aperuisti, ut quae fuit „socia passionum,
sit amodo socia consolationum".

Deus aeternae gloriae inaestimabilis, gratiae incomprehensibilis, maiestate inaccessibilis, quae te dulcedo com-
pulit, ut tantum bonum, bonum omnium bonorum ratio- 10
nali creaturae sine ulla tui diminutione communicares,
„hominem ad imaginem tuam et similitudinem factum",
lapsum prostratum, tu verus deus, verus homo factus,
relevares et sic reformares, ut cruentis impiorum manibus
iniuriatus ignominiosae morti cederes? Quid responde- 15
bimus, quid retribuemus, quid obtendere possumus? Gratis grati te amemus, gratis serviamus, quod sumus, quod
possumus, domino tibi, deo nostro offeramus. Tu enim
domine, deus noster, omnia in sapientia fecisti, altior caelis, caelis inclinatis descendisti, salutem nostram operatus 20
es in medio terrae, id est in utero virginali et quem pie
formasti, potenter reformasti, quia caelum et terra et in
his cuncta creata non suffecerant hominis redemptioni,
quippe propter quem cuncta creasti cunctisque sub caelo
praeposuisti. „Ubi ergo abundavit iniquitas, abundavit et 25

Philosophen, die Geschäfte der Wechsler, die erfundenen
Lügen listiger Gemüter? „Die Erinnerung an sie ist mit
dem Getöse untergegangen" (Ps 9,7 Vg.G), und „zerbrochen ist der Hammer der ganzen Welt" (Jer 50,23), die
selige arme Frau aber, „die du nur wenig und einen Augen-
blick verlassen hast, hast du heimgeholt in großem Erbarmen" (Jes 54,7), und den Garten der Wonnen hast du
vollkommen geöffnet, damit die, „die Gefährtin im Leiden
gewesen ist, von jetzt an auch Gefährtin bei den Tröstungen
sei" (vgl. 2 Kor 1,7).
Du Gott, unmeßbar in ewiger Herrlichkeit, unbegreiflich in deiner Gnade, unzugänglich in deiner Hoheit, welche süße Milde hat dich veranlaßt, daß du an einem so
großen Gut, dem Gut aller Güter, die vernünftige Kreatur
ohne irgendeine Verminderung deinerseits teilhaben läßt,
daß du „den Menschen, der nach deinem Bild und in deiner
Ähnlichkeit geschaffen ist" (Gen 1,26), der gefallen und
niedergestreckt war, daß du, wahrer Gott, in Wahrheit
Mensch geworden, diesen wieder erhoben und so wieder-
hergestellt hast, daß du dich sogar in die blutigen Hände
der Gottlosen gegeben und einem schändlichen Tod unter-
zogen hast? Was werden wir antworten, was werden wir
dir zurückgeben, was können wir vorbringen? Dankbar
wollen wir dich umsonst lieben, umsonst wollen wir dir
dienen, was wir sind, was wir können, wollen wir dir, dem
Herrn, unserem Gott, darbringen. Denn du, Herr, unser
Gott, hast alles in Weisheit geschaffen, höher als die Himmel bist du von den Himmeln, die sich neigten, herabgestiegen, du hast unsere Rettung bewirkt mitten auf der
Erde, das heißt im Schoß einer Jungfrau, und mächtig hast
du den erneuert, den du einst gnädig erschaffen hast, weil
Himmel und Erde und alles, was darinnen geschaffen war,
nicht genügten, um den Menschen wieder loszukaufen, um
dessentwillen du ja überhaupt alles geschaffen hast und ihn
über alle Dinge unter dem Himmel gesetzt hast. „Wo aber
ein Überfluß an Ungerechtigkeit herrscht, da fließt auch

gratia", iuxta tenebras nostras gratiae tuae radius emicuit,
iuxta ignominiam nostram gloria multiplicata est, et „no-
vissima nostra prioribus meliora facta sunt". Itaque plus
suscepti recepimus quam proiecti perdidimus, status noster
altior est quam casus profundus.   5

Nec tamen, domine, idcirco ruere amodo debemus, ut
fortius surgamus, sed in te fortiter stare, ne ruamus. „Forti-
tudinem meam ad te custodiam, quia deus susceptor meus es,
deus meus, misericordia mea." Non est tamen desperandum
filiis tuis, quos bonae fecisti spei, si quis eis in hac aerumnosa 10
peregrinationis arca vel in | hac solita humanae caecitatis | 303
ignorantia obrepserit error, si tamen cura vigilantis paeni-
tentiae vulnus patens obtexerit et emplastrum lacrimosi ge-
mitus morbum peccati congruenter obleverit. Quem enim,
deus noster, haberes amicum, si omnem perderes hostem 15
virtutum? Si virga tua censoria a mandatis tuis cunctos ab-
errantes sententiae mortis addiceret, quis tecum nuptias agni
in paradysi deliciis celebraret? Quantum rudi et novellae
sponsae tuae quasi florenti arbusculae fructum tulisses, si
Saulum furibundum et iam in ovilia tua grassantem lupum 20
delevisses. Si perissent omnes contrarii legibus tuis, quos
faceres amicos ex inimicis? Multis itaque filiorum tuorum
offendiculis obviat pretium fusi pro nobis sanguinis tui, quo
illud: „Quod erat contrarium cruci tuae triumphans affixisti."

---

[192] Gemeint ist natürlich *Ecclesia* als Braut Christi.
[193] Es wird auf die Zeit verwiesen, als sich Paulus, vor seiner Bekehrung
Saulus, aktiv an der Christenverfolgung in Jerusalem beteiligte (vgl. Apg
22,3 f).

die Gnade über" (Röm 5,20). Neben unserer Finsternis
leuchtet der Strahl deiner Gnade hell auf, neben unserer
Schmach zeigt sich die Herrlichkeit um ein Vielfaches vermehrt, „und unsere letzten Dinge werden besser als die
früheren werden" (vgl. Mt 12,45). Deshalb haben wir mehr
empfangen, weil wir aufgenommen wurden, als wir verloren haben, weil wir verstoßen wurden, unser Stand ist
höher, als unser Fall tief war.

Aber dennoch müssen wir, Herr, nicht darum von jetzt
an stürzen, damit wir um so stärker wieder aufstehen,
sondern wir müssen in dir tapfer stehen, damit wir nicht
stürzen. „Meine Stärke will ich bei dir bewahren, weil du,
Gott, es bist, der mich aufnimmt, mein Gott, mein Erbarmen" (Ps 59,10f: Vg. Ps 58,10f). Dennoch darf man nicht
an deinen Söhnen verzweifeln, denen du gute Hoffnung
mitgegeben hast, wenn in dieser mühseligen Arche der Pilgerschaft oder in dieser üblichen Unwissenheit menschlicher Verblendung etwa irgendein Irrglaube sie beschleicht,
wenn nur die wachsame Sorge der Reue die offene Wunde
zudeckt und ein Pflaster von Tränen und Seufzen die Krankheit der Sünde wieder angemessen verschließt. Denn wen
hättest du, unser Gott, zum Freund, wenn du jeden Feind
der Tugenden verderben würdest? Wenn die Rute deiner
richterlichen Gewalt alle diejenigen dem Tod überliefern
würde, die von deinen Geboten abweichen, wer würde
dann mit dir in den Wonnen des Paradieses die Hochzeit
des Lamms feiern? Wieviel Frucht hättest du deiner unkundigen und jungen Braut[192] gebracht, gleichsam einem eben
erblühenden jungen Baum, wenn du den wütenden Saulus,
der schon als Wolf in deinem Schafstall umging[193], vernichtet hättest? Wenn alle zugrunde gegangen wären, die sich
deinen Gesetzen widersetzt haben, wen hättest du dann aus
Feinden zu Freunden gemacht? Deshalb tritt den vielen
Vergehen deiner Söhne als Lösegeld dein Blut entgegen, das
für uns vergossen wurde, mit dem „du jenen Schuldbrief,
der gegen uns sprach, im Sieg an dein Kreuz geheftet hast"

Nec leve quidem pretium dare pro morte nostra vitam filii
tui, „cuius livore sanatur" aegritudo nostra, in cuius sepul-
tura reviviscimus et gratis venundati sine argento redimi-
mur. Tu vere domine, deus, quid esset in homine, nosti, cui
sapientiae rationisque decus tantum indidisti, ut „invisibi-   5
lia tua per ea, quae facta sunt, intellecta conspiceret" homo
teque legitimi ordinis iure sequendo cunctis creatis praefer-
ret amorem tuum cultu pietatis amplexando. Quantae enim
praestantiae natura humana fuerit beatae libertatis conscia,
proscriptae monstrat multiplex gratia, quae cuncta rationis   10
expertia discernit et iudicat nec tamen ipsa ulli naturae nisi
volens subiaceat.

Restat igitur vivaci intellectu rerum pondera librare, mentis
intuitum ad antiqua saecula retorquere, ruinam praeceden-
tium subsequentium statu metiri, restat ardentissimis affec-   15
tibus donorum tuorum insignibus intendere, quibus nos a
„conformatione saeculi" labentis avocas, et imaginem tuam
tenebris adinventionum nostrarum obscuratam reformas et
ad unum quaerendum, quod est | necessarium, mentem in | 304
multa sine fructu divisam, providentissime doctor, excitas.   20
Tua enim factura sumus, „creati in Christo Iesu in operibus
bonis, quae praeparasti deus noster, ut in illis ambulemus.
Unum est igitur necessarium. Una est enim columba tua,
perfecta tua, una est matris suae, electa genitricis suae, unus"

---

[194] Zum Gedanken der Einheit *(unitas sacramenti),* der im folgenden
thematisiert wird, vgl. *Spec. virg.* 5, oben 376,16, mit Anm. 86.

(Kol 2,14). Es ist allerdings kein Lösegeld von leichtem
Gewicht, für unseren Tod das Leben deines Sohnes hinzugeben, „durch dessen Wunde unsere Krankheit geheilt
wird" (vgl. 1 Petr 2,24), in dessen Grab wir wieder lebendig
und ohne Silbergeld zurückgekauft werden, die wir umsonst verkauft wurden. Du, wahrer Herr und Gott, hast
erkannt, was im Menschen war, dem du so viel an Weisheit
und Vernunft zur Zierde verliehen hast, damit der Mensch
„dein unsichtbares Wesen aus den Dingen, die geschaffen
sind, erkennen und verstehen kann" (Röm 1,20) und deine
Liebe allen Geschöpfen vorzieht, indem er dir nach dem
Recht gesetzmäßiger Ordnung nachfolgt und dich in frommer Verehrung umarmt. Denn über welche Bevorzugung
die menschliche Natur verfügt, die sich ihrer seligen Freiheit bewußt ist, das zeigt der Verbannten die vielfältige
Gnade, die alles, was der Vernunft entbehrt, unterscheidet
und beurteilt, und dennoch soll sie sich selbst überhaupt
nicht der Natur unterwerfen, wenn sie nicht will.

Es bleibt nun also, mit lebendiger Einsicht das Gewicht
der Geschehnisse zu wägen, den Blick des Geistes zurück
auf vergangene Jahrhunderte zu lenken, den Sturz der Vorangegangenen am Zustand der Nachfolgenden zu messen,
es bleibt, im glühenden Verlangen nach deinen Geschenken
auf die Zeichen zu achten, mit denen du uns „von der
Gleichförmigkeit der Welt" (Röm 12,2), die schwankt,
zurückrufst und dein Bild, das durch die Finsternis unserer
Ausflüchte verdunkelt war, wiederherstellst und den Geist,
der sich fruchtlos in viele Richtungen verteilt hat, wieder
antreibst, du vorausschauender Lehrer, um „nach dem Einen zu suchen, was notwendig ist" (vgl. Lk 10,42).[194] „Denn
deine Geschöpfe sind wir, geschaffen in Christus Jesus zu
guten Werken, die du, unser Gott, vorbereitet hast, damit
wir in ihnen unseren Weg gehen" (Eph 2,10). „Darum ist
das eine Einzige notwendig" (vgl. Lk 10,42). „Denn eine
Einzige ist deine Taube, deine Vollkommene, die Einzige
ist sie ihrer Mutter, auserwählt von der, die sie geboren hat"

in Ecclesiaste tuo „ex mille reperitur, unus in probatica
piscina sanatur, unus de decem mundatis" gratias agit, David quoque „unam petiit". Ergo modis omnibus: „Unum
est necessarium." Si enim unum dividimus, alteritas singulae partis rem et nomen amittit unitatis, sectioque totius in 5
partes numerum facit pluralitatis partiumque multiplicatio
totius minoratio est. Quicquid summae detrahis, numero
partium addis.

Quae est igitur ista admirabilis unitas tantae diligentiae
studio requirenda, tam necessarie appetenda, ut hac in- 10
venta non ultra dividamur in multa? Quid est hoc unum,
quo adepto omnis corporalis et spiritalis indigentiae ter-
minatur necessitudo et succedit omnium bonorum fructu
comitata beatitudo? „Audi Israel. Dominus deus tuus unus
est. Unus enim deus et pater omnium, qui super omnes et 15
per omnia et in omnibus nobis." Hoc illud unum est, per
quod caelum et terra componitur, spiritus et caro, quorum
diversus impetus, perfecte confoederantur, sitis et esuries,
sudor et aestus statu aeternitatis permutantur, causarum,
negotiorum, artium, studiorum multimodorum, timorum, 20
amorum, cupiditatum, gaudiorum inutilium, spei metus-
que, vanitatum, simul omnium error varius et incertus in
hoc uno damnatur. Nox enim, domine, mundana, caligosa,
tempestuosa, gressibus humanis infinite periculosa iam
praecessit, dies autem gratiae caelestis appropinquabit, dies 25

---

[195] Der folgende Text wiederholt in nur geringfügig geänderter Form das
Eingangs- und Schlußlied, das das gesamte Werk wie in einem Rahmen
zusammenfaßt.

(Hld 6, 9). Bei deinem Jesus Sirach steht: „Ein einziger wird
unter Tausenden gefunden" (vgl. Sir 6, 6), und „ein einziger
wird im Schafteich geheilt" (vgl. Joh 5, 4), und „ein einziger
von den zehn Geheilten" (Lk 17, 15) sagt Dank. Auch
David „hat ein Einziges erbeten" (vgl. Ps 27, 4: Vg. Ps 26, 4).
Also ist auf jede Weise „nur ein Einziges notwendig" (Lk
10, 42). Wenn wir nämlich das Eine teilen, so verliert jede
Hälfte des einzelnen Teiles das Wesen und den Namen der
Einheit, und das Zerschneiden des Ganzen in Teile bewirkt
zwar eine Vermehrung der Zahl, aber die Vervielfältigung
der Teile eine Wertminderung des Ganzen. Was du von der
Gesamtheit abziehst, das fügst du der Anzahl der Teile
hinzu.

Was ist also diese bewundernswerte Einheit, die mit so
großer Sorgfalt und Eifer gesucht werden, mit solcher Not-
wendigkeit erstrebt werden muß, daß wir, wenn sie einmal
gefunden ist, nicht weiter in viele Teile geteilt werden? Was
ist dieses Eine, nach dessen Erlangung jedem notwendigen
körperlichen und geistigen Bedürfnis eine Grenze gesetzt
ist und auf das die Seligkeit folgt in Begleitung der Frucht
alles Guten? „Höre, Israel. Der Herr, dein Gott, ist der
Einzige" (Dtn 6, 4). „Denn der eine Einzige ist Gott und
Vater aller, der über allem und durch alles und in uns allen
ist" (Eph 4, 6). Dies ist jenes Einzige, durch das Himmel und
Erde zusammengefügt sind, Fleisch und Geist, deren unterschiedliche Antriebe vollkommen miteinander versöhnt werden, Durst und Hunger, Schweiß und Hitze im Zustand der
Ewigkeit ausgetauscht werden; der ganz verschiedenartige
und ungewisse Irrweg von Prozessen und Geschäften, von
Künsten und Studien vielerlei Art, von Ängsten, Leidenschaften und Begierden, von unnützen Vergnügungen, Hoffnung,
Furcht und Eitelkeiten, der Irrweg von all diesen Dingen
wird in diesem Einen gleichzeitig verurteilt. Denn schon,
Herr, ist die Nacht dieser Welt vorgeschritten[195], düster und
stürmisch und voller Gefahren ohne Ende für die Schritte
des Menschen, aber es naht der Tag der himmlischen Gnade,

| interminabilis gloriae, dies decoris et gratiae, dies sollem- | 305
nitatis et laetitiae, dies, inquam, quam tu, lucens aeterno
splendore lux, fecisti, in qua caeli terraeque omnis ornatus
perficitur, quando nativus decor hominis victo mortis vinculo restauratur, quando liberum arbitrium hominis per- 5
fecta iustitiae libertate liberatur, quando regis aeterni
sponsa dotalibus insignita deliciis, ipsa columba, soror et
amica sponso suo perfectissimo amoris igne copulatur, ubi
sponsa cum sponso laetatur, et una per unum aeternaliter
gloriatur. 10

O bonum omnium bonorum, o summa omnium beatitudinum, domine deus noster, qui non in vano civitatem
tuam Ierusalem, matrem nostram in principio totius creaturae fundasti, cuius te fundamentum esse voluisti, supra
quod lapides pretiosissimos dolatura digna politos in sa- 15
pientia tua ordinasti et in magna gloria dedicare proposuisti.
Quod igitur bene incepisti, melius perfecisti. Post fletum
gaudia, post viam patriam, post certamen promisisti victoriam. Tu itaque domine, pax plena, deliciosa dulcedo tuorum
vocatorum, qua fervoris in te scintilla tui flammascunt, quo 20
ardoris in te camino calescunt, qui dum saecula peracta
vicerunt, triumphos suos in te recognoscunt, tu enim iam
terminati causa certaminis, tu gloria militis triumphantis.
Quae ergo laudis in te xenia coacervabunt, quos amodo
nullus hostis nec homo nec angelus, nec internus nec extra- 25
neus a laudibus tuis impediunt, ubi nulla de praeteritis pae-
nitudo, timor nullus de futuris, longe omne fastidium, quia

der Tag nie endender Herrlichkeit, der Tag von Glanz und
Gnade, der Tag von Festlichkeit und Freude, der Tag, sage
ich, den du gemacht hast, Licht, von ewigem Glanz leuchtend, an dem alle Zierde von Himmel und Erde sich vollendet, da die ursprüngliche Würde des Menschen wieder-
hergestellt wird, weil die Fessel des Todes gesprengt ist,
wenn der freie Wille des Menschen in der vollkommenen
Freiheit der Gerechtigkeit frei wird, wenn des ewigen Königs Braut, ausgezeichnet mit den köstlichen Hochzeitsgaben, seine Taube, Schwester und Freundin sich mit ihrem
Bräutigam im Feuer vollkommener Liebe vereint, wo die
Braut mit dem Bräutigam jauchzt und die Einzige im Einzigen ewiglich frohlockt.

O Gut aller Güter, o Gipfel aller Seligkeiten, Herr,
unser Gott, der du nicht vergeblich deine Stadt Jerusalem,
unsere Mutter, im Anfang aller Schöpfung gegründet hast,
deren Fundament du selbst sein wolltest, auf dem du die
kostbarsten Steine, fein geschliffen und entsprechend be-
hauen, in deiner Weisheit der Ordnung nach aufgeschich-
tet hast und die Anordnung gabst, sie in großer Herrlichkeit zu weihen. Darum hast du um so besser vollendet,
was du gut begonnen hast. Nach dem Weinen hast du
Freude versprochen, nach der Wanderung Heimkehr, nach
dem Kampf den Sieg. Darum bist du, Herr, der volle
Friede, die erquickende Süße deiner Berufenen, durch diesen Funken an Leidenschaft entbrennen die Deinigen zu
dir, durch diesen glühenden Ofen wärmen sie sich an dir,
die ihre eigene Herrlichkeit in dir wiedererkennen, indem
sie die vergangene Weltlichkeit besiegt haben. Denn du
bist der Grund für den schon jetzt beendeten Streit, du bist
der Ruhm des siegenden Streiters. Welche Geschenke werden also die zum Lob für dich aufhäufen, die von jetzt an
kein Feind mehr, weder Mensch noch Engel, weder innerlich noch äußerlich, hindert am Lobpreis für dich, wo es
keine Strafe für Vergangenes gibt, keine Angst vor Zu-
künftigem, aller Überdruß weit entfernt ist, weil die Lei-

sitibundus ardor tuae visionis multiplicat sine fine vim
perfectissimi amoris? Quid ibi iocunditatis et gloriae, suavitatis et gratiae, salutis et gaudii, ubi rerum omnium origo
visu puri cordis hauritur, ubi lucis indefectivae radius inre-
verberato oculo sentitur, ubi „panis | angelorum habens in   5 | 306
se omne delectamentum et omnem suavitatis saporem cor
hominis confirmat torrensque tuae voluptatis exuberat",
ubi totius gratiae plenitudo semper attenditur, quae nullo
cogitatu licet dilatati cordis concluditur. Restat amodo deus
et rex noster, peregrinanti patria, paupertate tabescenti glo- 10
ria, famelico satietas, vincto libertas, consolatio flenti, misericordia miseranti, pacifico paterna hereditas, mundicor-
di plena dei visio, tibi Christo recte compatienti omnium
beatitudinum plena perfectio et perfecta plenitudo. Vocatos
itaque tuos et iustificatos, unctione sancta sanctificatos   15
vivax gratia tua semper praecucurrit et pie comitata de te,
rege et sacerdote filios tuos regales et sacerdotales ministros
effecit, „qui non ex sanguinibus neque ex voluntate carnis
neque ex voluntate viri, sed ex deo nati sunt". Generis igitur
et officii communio tibi adoptivos commendat, numquid   20
dignitas et gloria separat? Quid secretorum tuorum con-
scius ille mysteriarches ait? „Carissimi, filii dei sumus, et
nondum apparuit, quid erimus. Scimus quoniam, cum

denschaft, die nach deinem Anblick dürstet, ohne Ende die
Kraft vollkommener Liebe vermehrt? Was wird es dort an
Frohsinn und Herrlichkeit geben, an Süße und Gnade, an
Heil und Freude, wo im Anblick eines reinen Herzens der
Ursprung aller Dinge ausgeschöpft wird, wo der Strahl
ungebrochenen Lichts von dem Auge wahrgenommen
wird, das nicht geblendet ist, wo „das Brot der Engel, das
in sich alle Erquickung und allen süßen Geschmack birgt
(vgl. Weish 16, 20), das Herz des Menschen stärkt (Ps 104, 15:
Vg. Ps 103, 15) und wie ein Sturzbach die Wonne an dir
überströmt" (vgl. Ps 36, 9: Vg. Ps 35, 9), wo alle Aufmerksamkeit immer auf die Fülle der Gnade gerichtet ist, was
sich mit keiner gedanklichen Überlegung, sondern nur mit
der eines weit geöffneten Herzens erfassen läßt? Von jetzt
an, du unser Gott und König, steht für den Pilger das
Vaterland bereit, die Herrlichkeit für den, der in Armut
verschmachtet, Sättigung für den Hungrigen, Freiheit für
den Gefesselten, Trost für den Weinenden, Erbarmen für
den Elenden, das Erbe vom Vater für den Friedfertigen, der
vollkommene Anblick Gottes für den, der reinen Herzens
ist, und die volle Vollendung und vollendete Fülle aller
Seligkeiten für den, der gemeinsam mit dir, Christus, in
richtiger Weise leidet. Deshalb ist deine lebendige Gnade
immer deinen Berufenen und Gerechtfertigten, die durch
das heilige Öl geheiligt sind, vorangelaufen, und in frommer Gemeinschaft mit dir, du König und Priester, hat sie
deine Söhne zu königlichen und priesterlichen Dienern
gemacht, „die nicht aus dem Blut und nicht aus dem Willen
des Fleisches und auch nicht aus dem Willen eines Mannes
geboren sind, sondern aus Gott" (Joh 1, 13). Trennt daher
etwa Würde und Ruhm diejenigen, die die Gemeinschaft
von Herkunft und Amt dir als Adoptivsöhne empfiehlt?
Was sagt jener Mitwisser deiner verborgenen Gedanken,
jener Anführer und Eingeweihte deiner Geheimnisse?
„Meine Lieben, wir sind Kinder Gottes, und es ist noch
nicht erschienen, was wir sein werden. Aber wir wissen, daß

apparuerit, similes ei erimus, quoniam videbimus eum sic-
uti est." Similitudinem iuxta quendam modum suae gratiae
concessit, aequalitatem exclusit. Quid illic deus et dominus
noster, rex et iudex noster audiemus? Quid a te dicendum
putamus? Quid aliud nisi: „Veni in hortum meum, soror   5
mea, sponsa, messui myrram meam cum aromatibus meis,
comedi favum cum melle meo, bibi vinum meum cum lacte
meo? Iam enim hiems transiit, ymber abiit et recessit, flores
apparuerunt, vineae florentes odorem dederunt et vox tur-
turis audita est in terra nostra. Surge, propera, amica mea,   10
veni de Libano, veni coronaberis."

   Deus de deo, lux animae nostrae lumen | dans nobis | 307
spiritalis intelligentiae, qua via properabimus ad te nisi
praecesseris, qua veritate videnda videbimus nisi nos illu-
minaveris, quam vitam habebimus nisi prius in te tuo mu-   15
nere vixerimus? Quis in hortum istum deliciarum, quem
promittis, intrabit nisi gratia „viae, veritatis et vitae" diri-
gendo, illuminando, vivificando praecesserit? Beata anima,
deus et rex noster, cuius conscientia hortum habet deliciarum et prata suaveolentium aromatum, ubi rationabilis   20
sensus plantaria virtutum excolit, culta spiritus sanctus
infundit, et idem fructum in eis et colligit et custodit. In hoc
horto tribulus peccati locum non habet, urtica vitiorum et
carnalium incentivorum non urit, non absinthium amari-

wir ihm ähnlich sein werden, wenn er einmal erschienen ist, da wir ihn ja sehen werden, wie er ist" (1 Joh 3, 2). Die Ähnlichkeit hat er erlaubt entsprechend der Art seiner Gnade, die Gleichheit hat er ausgeschlossen. Was werden wir dort hören, du unser Gott und Herr, du unser König und Richter? Was glauben wir, was dann von dir gesprochen werden soll? Was anderes, wenn nicht dies: „Komm in meinen Garten, meine Schwester, meine Braut, ich habe meine Myrrhe geschnitten mit meinen Gewürzen, ich habe die Wabe mit meinem Honig gegessen, ich habe meinen Wein getrunken mit meiner Milch" (Hld 5, 1). „Denn schon ist der Winter vergangen, der Regen hat sich verzogen und ist vorbei, die Blumen zeigen sich, die Schößlinge der Reben geben ihren Duft ab, und man hört den Schlag der Turteltaube in unserem Land" (Hld 2, 11 f.). „Stehe auf, eile herbei, du meine Freundin, komm herab vom Libanon, komm und laß dich bekränzen" (Hld 4, 8 Vg.).

Gott von Gott, du Licht unserer Seele, das uns die Erleuchtung geistiger Einsicht gibt, auf welchem Weg sollen wir zu dir eilen, wenn du nicht vorangegangen bist, durch welche Wahrheit werden wir sehen, was wir sehen sollen, wenn du uns nicht erleuchtest, welches Leben werden wir haben, wenn wir nicht vorher in dir durch dein Geschenk gelebt haben? Wer wird in diesen Garten der Wonnen, den du versprichst, eintreten, wenn nicht das Gnadengeschenk von „Weg, Wahrheit und Leben" (vgl. Joh 14, 6) im Lenken, im Erleuchten und im Beleben vorangegangen ist? Glücklich die Seele, du unser Gott und König, die in ihrem Bewußtsein den Garten der Wonnen und die Wiesen voll süß duftender Kräuter in sich trägt, wo ein vernünftiger Sinn die angelegten Pflanzungen der Tugenden sorgfältig pflegt, der heilige Geist die gepflegten Beete begießt und eben dieser auch die Frucht auf ihnen einsammelt und bewahrt. In diesem Garten hat der Trieb der Sünde keinen Platz, die Brennessel von Lastern und fleischlichen Anfechtungen brennt nicht, kein Wermut ver-

tudinem exhalat, sed verecundiae rosa redolet, caritatis ar-
det viola, castitatis albescunt lylya, sanctae opinionis balsama sudant, orationum thura fumigant et tota messis red-
olentis gratiae sic fructificat, ut nihil sterilitatis admittat,
nihil insuave producat, nihil ante tempus decutiat culto- 5
remque vigilem pingui germinis ubertate respiciat. In hac
arca deliciosa, Christe, mollem lectulum sternis, ibi spiritus
tuus requiescit et de templo floridae conscientiae caelestem
paradysum efficit.

Erit igitur vita florens in omnibus, virtus vivens in om- 10
nibus, quia tu, deus, eris omnia in omnibus. Quomodo? Ut
sancta civitas et electa mansio tua sic a te inhabitetur, ut de
vita vivat, de luce tua luceat, de pace tua quiescat, de gratia
suscepta grates referat, ut sit de gloria tua gloriosa, potens
de inventa potentia, sapiens de tua sapientia, iusta de iusti- 15
tia, de virtute virtuosa, de aeternitate perpetua, quicquid
boni, quicquid felicitatis, honoris, inmutabilitatis, incor-
ruptionis est, de gratia tua interminabili sumit, id est amodo
requiem sine labore, diem sine nocte, vitam sine morte, ubi
mensis ex mense, sabbatum ex sabbato, gaudium de gaudio, 20
ut totum sit in te gaudiorum materia, quod quinis subiacet
sensibus per aeterna | oblectamenta. | 308

Merito, deus et rex noster, cum haec attendimus, nihil
quaerimus, quod est extra nos, nisi quo eget, quod est extra
nos. Sollemnitas nostra non est in hac mundi arca misere 25
voluptuosa, quia plena miseria, et male gaudet homo, cum
de veritate tua non gaudet, sed de figmento. Vulgus vanitati

---

[196] Üblich ist im allgemeinen das Bild von der Rose, die vor Liebe glüht,
und vom Veilchen, das in Bescheidenheit duftet. Allerdings warnt die Stelle
Spec. virg. 1, oben 82,4, vor vorschneller Korrektur des Textes, da dort
ebenfalls von der *rosa verecundiae* die Rede ist, daneben allerdings vom
‚Veilchen der Demut'.

strömt seine Bitterkeit, sondern die Rose der Bescheidenheit duftet wieder, es glüht das Veilchen der Liebe[196], weiß
glänzen die Lilien der Keuschheit, es trieft der Balsam
heiligen Rufs, der Weihrauch der Gebete steigt rauchend
auf, und die gesamte Ernte der duftenden Gnade bringt in
solcher Weise Frucht hervor, daß sie nichts an Unfruchtbar-
keit zuläßt, nichts hervorbringt, was nicht süß wäre, nichts
vor der Zeit abschneidet und durch die Fülle reichen Wachs-
tums die Sorgfalt des Gärtners erweist. In diesem köstlichen
Gehäuse breitest du, Christus, ein weiches Lager aus, wo
dein Geist sich ausruht und aus dem Tempel eines blühenden Gewissens das himmlische Paradies schafft.

Es wird also blühendes Leben in allen sein, lebendige
Tugend in allen, weil du, Gott, alles in allem sein wirst. Auf
welche Weise? Damit die heilige Stadt und deine auserwählte Bleibe so von dir bewohnt wird, daß sie vom Leben
lebt, von deinem Licht leuchtet, in deinem Frieden ruht,
von der empfangenen Gnade den Dank zurückgibt, daß sie
herrlich ist von deiner Herrlichkeit, mächtig von der gefundenen Macht, weise aus deiner Weisheit, gerecht aus der
Gerechtigkeit, tüchtig von der Tugend, beständig von der
Ewigkeit. Sie nimmt, was immer es an Gutem, was es an
Glückseligkeit, Ehre, Unveränderlichkeit, Unbestechlich-
keit gibt, von deiner grenzenlosen Gnade, das heißt von
jetzt an Ruhe ohne Mühsal, Tag ohne Nacht, Leben ohne
Tod, wo Monat auf Monat folgt, Sabbat auf Sabbat, Freude
auf Freude, so daß alles, was den fünf Sinnen zu ewigem
Ergötzen unterworfen ist, Grund ist für die Freuden in dir.

Wenn wir auf diese Dinge achten, du unser Gott und
König, dann suchen wir mit Recht nichts mehr, was außerhalb von uns liegt, ausgenommen das, was wir brauchen,
was außerhalb von uns ist. Unser hohes Fest findet nicht in
diesem Gehäuse der Welt statt, das beklagenswert ergötz-
lich, weil voll von Elend, ist, und auf schlechte Weise emp-
findet der Mensch Freude, wenn er sich nicht an deiner
Wahrheit erfreut, sondern an einem Trugbild. Die Volks-

et ostentui deditum semper sanctorum festa requirit, non
colit. Quaerit extra se, quod est, si saperet, intra se. Quaerit
unum diem ad fructum conceptae vanitatis et ineptiarum,
nec attendit distantiam veritatis et figurae per ipsius sollem-
nitatis sacramentum. Sed cultor iustitiae vitae semper inten- 5
dens speculativae semper diem festum habet in se, quia gaudium habet de veritate, nec dies festus eum, sed ipse proficiens
in te magis sanctificat diem. Laetatur enim, unde gaudent
angeli, nec gravi pressura poterit gaudium istud intercidi.
Iusto semper dies festus est. Opus servile sabbato suo non 10
admiscet, quia libertatem in te possidens iugum vitiorum
abhorret. Currit igitur in fide et spe, donec perfecta caritate
requiescat in te, ubi timor omnis excluditur, quia quid electus timeat, non invenitur: „Cum enim mortale nostrum induerit immortalitatem, et corruptibile nostrum induerit incor- 15
ruptionem, cum mors absorpta fuerit in victoria", et principium suum repetit, immo reperit perfectae libertatis nova
creatura, „cum venerit, quod perfectum est, et evacuatum
fuerit, quod ex parte est", et quod „nunc per speculum et in
aenigmate, tunc autem facie ad faciem viderimus", nihil erit 20
ultra nisi amor unus omnium in una civitate per te, deus
noster, sollemnizantium, ubi civis non excluditur nec hostis
ultra admittitur. Patet ergo vocatis ad te, quid promiseris,

menge, die sich Eitelkeit und Schau hingibt, sucht zwar immer die Feste der Heiligen auf, aber sie verehrt sie nicht. Sie sucht außerhalb von sich, was in ihr liegt, wenn sie nur weise wäre. Sie sucht für einen einzigen Tag den Lohn für ihre Eitelkeit und Albernheiten zu empfangen und achtet nicht auf die Distanz zwischen Wahrheit und Abbild (sc. der Wahrheit) durch das Geheimnis des Festes selbst. Aber wer die Gerechtigkeit verehrt und ausübt und sich immer um ein Leben in Betrachtung bemüht, trägt auch immer den Festtag in sich, weil er seine Freude aus der Wahrheit bezieht, und es macht nicht der Festtag ihn heilig, sondern vielmehr heiligt er selbst den Tag, weil er in dir Fortschritte macht. Denn er freut sich aus dem Grund, aus dem auch die Engel sich freuen, und es wird auch nicht möglich sein, diese Freude durch schwere Bedrängnis zu unterbrechen. Für den Gerechten ist jeder Tag ein Festtag. An seinem Sabbat wird er nicht die Arbeit eines Knechtes zulassen, weil er in dir die Freiheit besitzt und darum vor dem Joch der Laster zurückschreckt. Darum läuft er in Glaube und Hoffnung, bis er in vollkommener Liebe ausruht in dir, wo jede Furcht ausgeschlossen ist, weil sich nichts finden läßt, was der Auserwählte fürchten könnte: „Denn was sterblich an uns ist, das wird sich mit Unsterblichkeit bekleiden, und was vergänglich an uns ist, das wird sich bekleiden mit Unvergänglichkeit, weil der Tod aufgehoben ist im Sieg" (1 Kor 15, 53 f), und die neue Schöpfung strebt in vollkommener Freiheit zu ihrem eigenen Ursprung zurück, ja findet ihn in der Tat, „wenn kommen wird, was vollkommen ist, und entleert wird, was Stückwerk ist, und wir das, was wir jetzt nur im Spiegel und dunklem Rätsel sehen, dann aber von Angesicht zu Angesicht erblicken werden" (1 Kor 13, 10.12). Dann wird es nichts mehr geben außer der einen einzigen Liebe aller, die in einer einzigen Stadt in dir, unser Gott, das hohe Fest feiern, wo kein Bürger ausgeschlossen und kein Feind mehr zugelassen wird. Darum öffnet sich für die, die zu dir berufen sind, das, was du versprochen

quid in effectu promissi perfeceris. Veritas quae promisit,
quia falli non potuit, totum ad quod fides credentium vigi-
lavit, exhibuit. Si enim falleret, veritas non esset, ac per hoc
frustra ventura crederentur, si promissa non exhiberentur.
| Sed bona sanctis tuis ab antiquis ordinata sic in regione 5 | 309
vivorum claruerunt, ut per mortem resurrectionemque filii
tui, morte nostra prima et secunda deleta, vita nostra vivens
in te totum aeternaliter reciperet, quod temporaliter doluit
perdidisse, quia nos a tuo bono contigit aberrasse. Te ipsum
igitur, deus noster, in dono mercedis exhibes, qui vera 10
dilectione praedestinatos ad vitam praecessisti sub-
sequentes, in gratia subsequens praecedentes.

Explicit speculum virginum.

P.: Ecce Theodora, tandem per prolixiores sermonum cir-
cuitus speculum virginum pro posse nostro monstrando 15
potius quam fabricando exhibuimus et ad stationem finiti
operis Christo favente fessi pervenimus. Tuum est iudicare,
si fructuose vel in vanum videamur cucurrisse, quae inpor-
tunis inquisitionibus tuis tantum acervum florum de scrip-
turarum prato videris congessisse.   20
T.: Res quaelibet imperfecta iudicium probabile non ad-
mittit, quia proximum est improbationi, quod detrahit perfectioni. Itaque si iuxta promissum tuum praemissis ultima

hast, was du in Einlösung des Versprechens vollendet hast.
Weil die Wahrheit in dem, was sie versprochen hat, nicht
getäuscht werden konnte, hat sie vollkommen erfüllt, wo-
für die Gläubigen in festem Vertrauen gewacht haben.
Denn wenn sie täuschte, wäre sie nicht die Wahrheit, und
darum würde man vergeblich an die kommenden Dinge
glauben, wenn das Versprochene nicht eingelöst würde.
Aber die Güter, die deinen Heiligen von alters her bestimmt sind, erstrahlten so im Bereich der Lebendigen, daß
unser Leben, nachdem unser erster und zweiter Tod aufgehoben war, durch den Tod und die Auferstehung deines
Sohnes lebendig in dir, alles für die Ewigkeit in sich auf-
nahm, was es in der Zeitlichkeit unter Schmerzen verloren
hatte, weil wir ja von deiner Güte abgeirrt sind. Dich selbst
also, unser Gott, bringst du dar im Geschenk deiner Belohnung, der du denen, die vorbestimmt sind zum Leben und
die Nachfolge leisten, in wahrer Liebe vorangegangen bist,
den Vorangehenden aber in Gnade nachgefolgt bist.

Es endet der Jungfrauenspiegel.

P.: Siehe, Theodora, schließlich haben wir nun doch auf
ziemlich ausgedehnten Wegen in unseren Gesprächen den
Spiegel der Jungfrauen vollendet, unserem Vermögen entsprechend und mehr im Hinweisen als in eigener Erfin-
dung, und mit Christi Hilfe sind wir erschöpft bis zum
Endpunkt des fertigen Werkes gelangt. Bei dir liegt es nun
zu beurteilen, ob wir diesen Lauf mit Gewinn oder vergeblich vollendet haben, da du mit deinen ungestümen Fragen
offenbar eine solche Fülle von Blumen von der Wiese der
heiligen Schrift zusammengetragen hast.
T.: Eine unvollendete Sache, gleich welcher Art, erlaubt
kein positives Urteil; denn das, was man an der Vollständigkeit vermißt, rückt das Urteil sehr nahe an eine Mißbil-
ligung. Wenn aber in Übereinstimmung mit deinem Versprechen den vorangegangenen Untersuchungen eine letzte

responderint, si explicito operi limae labor accesserit, cursus vel laboris tui meo iudicio non pigebit. Succedat effectus promissis et sic calamo suspenso feriabis.

P.: Cuius modi negligentiae me arguas, apertius insinues.

T.: Florem liminari paginae praefixisti, quem cum suis 5 septiformis gratiae quibusdam appendiciis in fine opusculi nostri resolvendum promisisti, id est qualiter spiritus sanctus per multa donorum carismata diffusus et divisus, tamen patri et filio statu aeternitatis consubstantialis sit et unicus. Quibus resolutis quid restat nisi clausula consummati ope- 10 ris?

P.: Debitorem me quidem in his recolo, sed o utinam tuis studiis sufficeret tandem speculi huius latitudo. Poteris enim in eo | non solum faciem tuam, sed et omne corpus | 310 imaginari, ut noveris, quid assit vel desit tuo ornatui. Vere 15 scripturarum notitia exulantis Adae lucerna est, qua nos praeeunte noctem ipsam praecurrimus, qua naturaliter caligamus. O quanta dulcedine fluit ad mentes pastum vitae quaerentes favus sapientiae, qui sanis infusus intellectibus eo magis, quo sentitur, sititur. Dic ergo sponso caelesti, 20 quae voto scripturarum aestuas prorsus insatiabili. Dic: „Indica mihi, ubi cubes, ubi pascas in meridie.“

Erörterung entspricht, wenn dem ausgeführten Werk noch
die Mühe der Feinarbeit zuteil wird, dann wird nach meinem Urteil auch dich eine erneute Aufnahme deiner Arbeit nicht verdrießen. Deinem Versprechen soll die Aus-
führung folgen, und dann magst du die Feder aus der Hand
legen und müßig sein.

P.: Gib deutlicher Auskunft, von welcher Art die Nachlässigkeit ist, deren du mich beschuldigst.

T.: Du hast auf die Titelseite unserer Schrift eine Blume gemalt, von der du versprochen hast, daß du sie zusammen mit ihren Zusätzen der siebenfachen Gnade am
Ende unseres kleinen Werkes erklären wolltest, das
heißt, wie der heilige Geist, der sich in vielen Gnadengeschenken verströmt und verteilt, dennoch mit dem Vater
und dem Sohn im Zustand der Ewigkeit wesensgleich ist
und ein einziger. Wenn dies beantwortet ist, was bleibt
dann noch übrig außer einem Schlußwort für das vollendete Werk?

P.: Zwar bekenne ich mich in dieser Sache als dein
Schuldner, aber ich wünschte wirklich, der Umfang dieses
Spiegels würde endlich deinem Eifer genügen. Denn du
wirst in ihm nicht nur dein Gesicht, sondern deinen
ganzen Körper abgebildet finden, sobald du erkannt
hast, was deinen Schmuck ergänzt, was ihm fehlt. Denn
in der Tat ist die Kenntnis der heiligen Schrift die Leuchte
für Adam in der Verbannung. Wenn diese uns voran-
leuchtet, können wir sogar der Nacht davonlaufen, in der
wir für gewöhnlich im Finsteren tappen. O mit welcher
Süße fließt der Honig der Weisheit in die Herzen derer, die
die Speise des Lebens suchen, und die vernünftige Einsicht, in die er eingesickert ist, dürstet um so mehr nach
ihm, je mehr sie von ihm gekostet hat. Sprich also du, die
du weiterhin brennst in unersättlicher Hingabe an die
heilige Schrift, sprich zu deinem himmlischen Bräutigam: „Sage mir, wo du ruhst, wo du weidest am Mittag"
(Hld 1,7).

T.: De pastu vel requie ista requirerem, si responsum ad inquisita reciperem.

P.: Lux temporis meridiani semper altior, ferventior splendidiorque ceteris horis diurnis est, in qua Christi sponsae sanctus amor et intentio perfectaque scientia signi- 5 ficata est, sicut ait apostolus: „Caritatem legis esse plenitudinem", quae dum fervet in deo, nihil umquam mali operatur in proximo. Ibi igitur sponsi sedes et pastus est, ubi sanctae virginis conscientia perfecta scientia repleta est. Ea enim, „quae desursum est sapientia, primum quidem pudi- 10 ca est, deinde pacifica, modesta, suadibilis, bonis consentiens, plena misericordia et fructibus bonis". In hoc igitur meridie cubat, cui locum sancta conscientia praeparat. Verum quia floris de virga Iesse prodeuntis expositiunculam efflagitas, rursus videtur mihi flos idem ponendus et plan- 15 tandus in virga stirpis Iesse, ut melius innotescat ex pictura, si quid dignum proferri potest ex scriptura. Facilior enim ad intellectum per oculos sensus est, ubi praemonstrat ratio invisibilis, quod ostendere vis verbis secuturis. Fabricemus ergo „cum columnis septenis donis domum sapientiae", 20 quibus sensu mistico ordi|natis et ad florem praedictum | 311 sustentandum eius gratia erectis miremur et mirando laudemus affluentissimam divinorum munerum exuberantiam, quod omne pacis praesidium, omne salutis firmamentum

---

[197] Wie üblich wird in einem beschreibenden Vorverweis auf das folgende Bild 12 (Haus der Weisheit), unten nach 992, hingewiesen, wobei der Autor nicht vergißt, auf das erste Bild des ganzen Zyklus (Bild 1, oben nach 160) zu verweisen, das das Thema von der Wurzel Jesse schon einmal anklingen ließ.

T.: Was es mit diesen Dingen der Weide und der Ruhe auf sich hat, würde ich schon fragen, wenn ich auf meine Fragen Antwort bekäme.

P.: Das Licht der Sonne steht um die Mittagszeit immer höher und ist glühender und glänzender als zu den übrigen Stunden des Tages, womit die heilige Liebe der Braut Christi, ihre vollkommene Aufmerksamkeit und Einsicht bezeichnet sind, „so", wie der Apostel sagt, „daß die Liebe die Erfüllung des Gesetzes sei" (Röm 13, 10), die niemals irgendetwas Schlechtes dem Nächsten antun kann, solange sie glüht in Gott. Dort ist nämlich der Sitz und die Weide des Bräutigams, wo das Gewissen der heiligen Jungfrau von der vollkommenen Einsicht erfüllt ist. Diese Einsicht aber „ist die Weisheit, die von oben kommt, die zunächst einmal keusch ist, dann friedfertig, bescheiden, bereit, sich überzeugen zu lassen, einverstanden mit dem Guten, voll von Mitleid und reich an guten Früchten" (Jak 3, 17). Darin ruht also am Mittag der, dem das reine Gewissen einen Platz bereitet. Weil du aber nach einer kurzen Erklärung für die Blume verlangst, die aus der Wurzel Jesse hervorgeht, müssen wir, so will mir scheinen, eben diese Blume noch einmal hier aufzeichnen und im Reis aus der Wurzel Jesse wieder einpflanzen[197], damit aus dem Bild um so deutlicher klar wird, wenn etwas Wertvolles aus dem Text vorgetragen werden kann. Denn die Wahrnehmung mit den Augen verhilft leichter zur Einsicht, wo die Belehrung, die ja nicht sichtbar ist, vorher auf das hinweist, was man dann mit den folgenden Worten zeigen will. Wir wollen also nun „mit den sieben Gaben als Säulen das Haus der Weisheit" (vgl. Spr 9, 1) errichten; laß uns staunen über deren Anordnung nach einem geheimnisvollen Sinn, und wie sie durch seine Gnade errichtet wurden, um die oben genannte Blume zu tragen, und im Staunen wollen wir den überströmenden Überfluß an göttlichen Geschenken preisen, weil der ewige Baumeister in diesem Gebäude für uns den ganzen Hort des Friedens, das ganze Firmament des Heils

architectus aeternus in hoc aedificio nobis super aedifican-
dis prospexit et fructus multiformis gratiae ex flore singulari profluentes gratis flos de virga procreatus gratis ecclesiae dispertivit. Attende igitur.

Explicit X.   5

vorgesehen hat über dem, was da gebaut werden soll, und
ohne Gegenleistung die Blume, die aus der Wurzel erwach-
sen ist, der Kirche die Früchte der vielfältigen Gnade zu-
geteilt hat, die umsonst aus dieser einzigartigen Blüte hervorbrechen. Sei darum aufmerksam.

Es endet das zehnte Buch.

Incipit XI.   312

P.: „Fundamentum aliud", ait apostolus, „nemo potest po-
nere praeter id, quod positum est, qui est Christus. Super
quod fundamentum quia diversi diversa aedificant, pro
qualitate cuiusque structurae praemia digna sortiuntur. Ali- 5
us quidem ligna, fenum, stipulam, alius aurum, argentum,
lapides pretiosos apponit, sed ignis examinat, quisquid ap-
posuerit." Foedus matrimoniale studium quidem in alter-
utrum placendi disponit, ideoque vilia quaedam et flammis
obnoxia congerit, „virgo vero quae cogitat, quae domini 10
sunt", quomodo placeat ei, cui se probavit, pretiosissima
quaedam et digna digno fundamento componit. Verum
haec brevis sermonis absolutio cunctos uniformiter comprehendit, qui collocati in fidei fundamento pro vario
suarum intentionum motu aut profectu nobilis structurae 15
suae gloriantur aut detrimento flammis obortis vulnerantur.
Qui itaque sereno mentis aspectu sapientem architectum
attenderit, „Christum dei virtutem et dei sapientiam", quantam domum septem columnis de rupe gentilis duritiae ex-
cidens erexerit, exemplo interiori informatur ad hoc intu- 20
endum, quid huic fundamini, cui tota septem columnarum
fabrica innititur, apponendum sit, nec latebit quam conve-
nienter his septenis columnis flos septenis calamis suis
occurrat, in quo septiformis gratia requievit. Ipso igitur

---

[198] Das Haus der Weisheit ist zu sehen auf Bild 12, unten nach 992.

Es beginnt das elfte Buch.

P.: „Niemand kann einen anderen Grund legen", sagt der
Apostel, „außer dem, der gelegt ist, der Christus ist" (1 Kor
3,11). „Weil auf diesem Fundament die einen so, die anderen anders bauen, erhalten die einzelnen die Belohnungen,
die der Beschaffenheit eines jeden Bauwerks entsprechen.
Denn der eine bringt Holz, Heu und Stroh herbei, der
andere Gold, Silber und kostbare Steine, aber im Feuer
wird geprüft, was jeder beigebracht hat" (vgl. 1 Kor 3,12f).
Da ja nun die eheliche Verbindung unstreitig auf das Bemühen angelegt ist, daß einer dem anderen gefalle und
deshalb nur Geringes anhäuft, das noch dazu den Flammen verfallen ist, „eine Jungfrau aber, die an die Dinge
denkt, die des Herrn sind" (1 Kor 7,34), wie sie ihm gefalle,
dem sie sich empfohlen hat, häuft sie außerordentlich kost-
bares Baumaterial auf, das eines würdigen Fundamentes
würdig ist. Diese kurze Darlegung zum Schluß unseres
Gesprächs faßt nun in der Tat einheitlich alle die zusammen, die auf das Fundament des Glaubens gegründet, entsprechend dem unterschiedlichen Antrieb ihrer Bemühungen, entweder frohlocken aufgrund des Wachsens ihres
edlen Baus oder verletzt werden durch seinen Verlust,
wenn die Flammen ihnen entgegenschlagen. Wer deshalb in
der Schau eines heiteren Gemüts seine Aufmerksamkeit auf
den weisen Baumeister richtet, nämlich „Christus, Gottes
Kraft und Gottes Weisheit" (1 Kor 1,24), welch großes
Haus er aufgerichtet hat[198], mit seinen sieben Säulen, gehau-
en aus dem Felsen heidnischer Härte, der wird durch das
innere Vorbild befähigt, auf das zu schauen, was diesem
Fundament, auf dem das ganze Gebäude mit seinen sieben
Säulen ruht, noch hinzugefügt werden muß, und ihm wird
nicht verborgen bleiben, wie die Blume mit ihren sieben
Zweigen in völliger Übereinkunft den sieben Säulen entspricht, auf denen die siebenfache Gnade sich zum Ausruhen niedergelassen hat. Wenn darum er selbst, über den

calamum dirigente, de quo loquimur, inquisitioni tuae sa-
tisfacere conabimur, sed primum de virtute septenarii, qui
constat ex tribus partibus suis, pauca loquamur.

T.: Praemissis cuiuslibet rei dinoscendae argumentis fa- 313
cilior patet aditus ad conspectum veritatis. Equidem nu- 5
mero septenario, si bene memini, celebrior numerus in
scripturis non invenitur, ac per hoc quantae soliditatis sit in
partibus suis, in eius perfectione monstratur.

P.: Verissime. Consideratis igitur septenarii partibus ad
perfectionem plenitudinis eius facile pervenimus. Quomo- 10
do enim notitiam totius habebit, quem partium ignorantia
confundit?

T.: Quia totum et partes relationis vocabula sunt, non
mirum est, si totum non apprehendit, qui a partium scientia
deficit. Dic ergo. 15

P.: Tribus sui generis speciebus septenarius constat, vel
ex uno videlicet et VI vel ex duobus et quinque aut ex tribus
et quattuor. Nullus sane numerus multiplicitate sua fe-
cundior, suis partibus perfectior. Et de prima quidem eius
parte unus, qui monas, id est unitas dicitur, fons est et origo 20
omnium numerorum, utpote ad individua et usque ad deum,
ad animam, ad vitam virginalem se extendens. Nihil enim
virgini aptius quam unitas, quae dum iugabilis vitae foedera
nectere nescit, tempora sua individuorum lege percurrit.
Porro senarius, qui uni coniunctus septenarium facit, non 25
mediocris potentiae est, quia solus ex omnibus numeris, qui

---

[199] Zur Siebenzahl und den folgenden Erörterungen vgl. MEYER/SUN-
TRUP, *Mittelalterliche Zahlenbedeutungen* 479–565.

wir sprechen, unsere Feder lenken wird, so wollen wir
versuchen, deiner Frage zu genügen, aber zuerst wollen wir
einiges Wenige über die Kraft der Siebenzahl[199] besprechen,
von der feststeht, daß sie sich auf drei Arten in ihre Teile
gliedern läßt.

T.: Der Zugang zum Erkennen der Wahrheit eröffnet
sich leichter, wenn zuvor die Argumente zur Unterscheidung der Angelegenheit dargelegt wurden, was immer es
auch sein mag. Allerdings läßt sich, wenn ich mich recht
erinnere, in der heiligen Schrift keine Zahl finden, die
berühmter wäre als die Zahl Sieben, und in ihrer Vollkommenheit zeigt sich darum auch, wieviel Festigkeit in ihren
Teilen liegt.

P.: Das ist vollkommen wahr. Wenn wir darum die einzelnen Teile der Siebenzahl betrachtet haben, gelangen wir
leicht zu ihrer vollkommenen Fülle. Denn wie soll einer
Kenntnis vom Ganzen haben, den Unkenntnis von den
Teilen in Verwirrung bringt?

T.: Weil das Ganze und die Teile Worte von gegenseiti-
gem Bezug sind, ist es nicht verwunderlich, wenn der das
Ganze nicht begreift, dem es an Kenntnis der Teile mangelt.
Sprich also.

P.: Die Siebenzahl besteht aus drei Formen eigener Art,
und zwar natürlich aus Eins und Sechs oder aus Zwei und
Fünf oder aus Drei und Vier. Es gibt wirklich keine Zahl,
die in ihrer Vielfalt ergiebiger, in ihren Teilen vollkommener wäre. Von ihrem ersten Teil ist nun in der Tat die Eins,
die ‚Monas‘, nämlich Einheit, genannt wird, die Quelle und
der Ursprung aller Zahlen, zumal sie sich auf das Unteil-
bare erstreckt bis hin zu Gott, zu der Seele, zum jungfräulichen Leben. Denn nichts ist für die Jungfrau passender als
die Einheit, da sie ja ihre Zeit nach dem Gesetz von Einzel-
wesen verbringt, und es nicht kennt, Verträge für ein ehe-
liches Leben zu schließen. Weiter ist die Sechs, die, verbunden mit der Eins, die Siebenzahl ergibt, eine Zahl von nicht
geringem Vermögen, weil sie als einzige von allen Zahlen

intra X sunt, de suis partibus constat. Habet enim medie-
tatem et tertiam partem et sextam partem.

T.: Quae nam sunt partes istae?

P.: Medietas tria sunt, tertia pars duo, sexta pars unum,
quae omnia sex efficiunt. Quid autem senarius in scripturis 5
divinis multipliciter positus mysterii contineat, quis sermo
resolvat? Et haec de septenarii prima parte. Secunda vero
eius pars duo et quinque sunt. Primus iste binarius ex
unitate defluxit et apte quinario iungitur, qui numerus
solus omnia, quae videntur sensuali motu spirantia, com- 10
plexus est. Porro tertia pars de tribus constat et | quatuor, | 314
quae pars quantae potentiae sit, totius hominis naturalis
ordo depingit.

T.: Quomodo?

P.: Habes in anima tres naturas, irascibilitatem, con- 15
cupiscibilitatem, rationalitatem, in corpore vero quattuor
ut mundus constas elementis, habes in his tribus et quatuor
ex tribus quidem sanctae trinitatis fidem, ex quatuor vero
sancti evangelii rationem, et innumeram similium de tertia
septenarii parte habes digressionem. Si igitur iste numerus 20
septenarius in se suisque partibus tantae potentiae dino-
scitur, quis sufficiat absolvere, quanta suae propagationis
plenitudine tam in humanis quam in divinis distendatur?
Dicitur isto numero homo concipi, formari, edi, vivere, ali
ac per omnes aetatum gradus per hunc numerum tradi se- 25
nectae. Haec manifestissimis ostendi possent exemplis,
quomodo liniamenta membrorum, forma humana, partus,

unter Zehn aus nur ihr eigenen Faktoren besteht. Sie hält nämlich die Mitte, sowohl den dritten wie den sechsten Teil.

T.: Was sind denn diese Teile?

P.: Die Mitte ist drei, der dritte Teil zwei, der sechste Teil eins, die alle die Sechs ausmachen. Aber welche Untersuchung könnte deutlich machen, was an Geheimnis die Sechs enthält, die an vielen Stellen in der heiligen Schrift vorkommt? Soviel zunächst über die erste Möglichkeit zur Teilung der Sieben. Die zweite Teilungsmöglichkeit besteht nun aus zwei und fünf. Der erste Teil ist die Zweizahl, die sich aus der Einheit ableitet und passend der Fünf verbunden wird, die als einzige Zahl alles umfaßt, was anscheinend mit der Bewegung der Sinne zu tun hat. Weiterhin besteht die dritte Art der Teilung aus drei und vier; von wie großem Vermögen diese Teilung ist, das zeigt die natürliche Anlage des ganzen Menschen.

T.: Wie das?

P.: Du hast in der Seele drei Anlagen von Natur aus, nämlich die Fähigkeit zu Zorn, Begierde und Vernunft, in deinem Körper aber bestehst du wie die Welt aus vier Elementen, und du hast bei dieser Drei und Vier von der Drei den Glauben an die heilige Dreieinigkeit, von der Vier aber den Hinweis auf das heilige Evangelium; und noch ungezählte ähnliche Unterscheidungen kannst du von dieser dritten Teilungsmöglichkeit der Zahl Sieben ableiten. Wenn sich also diese Zahl Sieben in sich und in ihren Teilen als so mächtig erweist, wer wäre da in der Lage zu erklären, mit welcher Fülle an Wachstum sie sich in den menschlichen Dingen ebenso ausbreitet wie in den göttlichen? Man sagt, daß der Mensch in dieser Zahl empfangen wird, Gestalt gewinnt, geboren wird, daß er lebt, ernährt und durch alle Abschnitte seiner Lebenszeit hindurch in dieser Zahl schließlich dem Greisenalter überantwortet wird. Diese Dinge könnten an handfesten Beispielen gezeigt werden, wie die Umrisse der Glieder, die menschliche Gestalt, die Geburt,

quomodo corporis positio interius et exterius armonia quadam septenarii numeri ab artifice summo disposita sint,
qualiter etiam in rerum naturis caeli et terrae numerus iste
suam demonstret efficaciam, sed ne huiusmodi considera-
tio nos ab incepto longius avertat explicandae numeri huius 5
potentiae, divinae paginae calamus nobis occurrat. Nec
enim frustra sex dierum operibus explicitis septimo demum
die factorem rerum requievisse scriptura commemorat eun-
demque diem benedixisse et sanctificasse, cuius misterii
rationem alterius est temporis indagare. Habes numerum 10
istum, ubi „septuplum ultio dabitur de Cain, de Lamech
vero septuagies septies", in arcam Noae „septena et septena
de mundis" includuntur, et „trecentis et XVIII vernaculis"
Abraham hostis atteritur et praeda revocatur, in quo numero
septenarius quadragies septies cum quinario, qui eiusdem 15
septenarii numeri tertia pars | est, ostenditur. Quid quod | 315
idem „Abraham agnas septenas coram Abimelech inposuis-
se legitur" in testimonium, quod servitus bis septenorum
annorum pro filiabus Laban in Mesopotamiam Iacob deti-
nuit, quod Pharao per VII spicas et totidem boves penuriam 20
vel exuberantiam totius regionis figurantes futura praevi-
dit? Iob testante nos dominus „VI tribulationibus probat,
in septima liberat", Moyses septimo die ad dominum in
montem vocatur et de hoc numero multipliciter in utensi-
libus tabernaculi ordinandis instruitur, quo etiam numero 25

---

[200] Die etwas konstruierte Berechnung für die Zahl von Abrahams Knechten dürfte folgendermaßen gemeint sein: 7 mal 40 = 280; dazu 7 mal 5 =
35 = 315; da die 5 zugleich die *tertia pars,* das heißt eine der drei Teilungs-
möglichkeiten der Siebenzahl bildet, ist noch die 3 dazuzuzählen, also 315
+ 3 = 318. Die Anzahl der Bischöfe auf dem Konzil von Nizäa (325 n. Chr.)
soll ebenfalls 318 gewesen sein, was aber wohl symbolisch zu verstehen
ist, vgl. ORTIZ DE URBINA, *Nikaia* 966.

wie die Einrichtung des Körpers innerlich und äußerlich
nach einer gewissen Harmonie der Siebenzahl von dem
höchsten Schöpfer vorgenommen wurde, wie auch in den
Naturgegebenheiten von Himmel und Erde diese Zahl ihre
eigene Wirksamkeit erweist; aber damit Überlegungen dieser Art uns nicht allzu weit von unserem Vorhaben ablen-
ken, die Bedeutung dieser Zahl zu erklären, soll die heilige
Schrift selbst unserer Feder zu Hilfe kommen. Denn nicht
umsonst erinnert die heilige Schrift nach Darlegung des
Sechstagewerks daran, daß am siebten Tag endlich der
Schöpfer der Dinge ausgeruht habe und eben diesen Tag
gesegnet und geheiligt habe, wobei es einem späteren Zeit-
punkt vorbehalten bleibt, den Grund für dieses Geheimnis
zu erforschen. Du findest diese Zahl, wo „siebenfache Rache für Kain gegeben werden soll, für Lamech aber sieben-
undsiebzigfache" (Gen 4, 24), und in die Arche Noachs
wurden „sieben und sieben von den reinen Tieren" (Gen
7, 2) eingeschlossen, und durch „318 Knechte Abrahams"
(Gen 14, 14) wurde der Feind aufgerieben und die Beute
zurückgeholt, wobei sich in dieser Zahl die Sieben zeigt in
siebenmal vierzig zusammen mit der Fünf, die ja als dritter
Teil in eben dieser Siebenzahl vorhanden ist.[200] Was aber
bedeutet es, daß eben derselbe „Abraham sieben Lämmer
vor Abimelech niedergelegt haben soll" (Gen 21, 27 f) zum
Zeichen dafür, daß der Knechtsdienst für die Töchter La-
bans Jakob zweimal sieben Jahre in Mesopotamien fest-
hielt (vgl. Gen 29, 20–30), daß der Pharao in den sieben
Ähren und ebenso vielen Rindern, die den Mangel und den
Überfluß eines ganzen Landes im Abbild zeigten, die Zukunft voraussah (vgl. Gen 41, 1–7)? Nach dem Zeugnis
Ijobs „prüft uns der Herr in sechs Trübsalen, in der siebten befreit er uns" (Ijob 5, 19), am siebten Tag wurde Mose
zum Herrn auf den Berg gerufen (vgl. Ex 24, 16), und ihm
wurden Anweisungen erteilt, nach dieser Zahl die Gegen-
stände in der Stiftshütte in vielfältiger Weise zu ordnen
(vgl. Ex 37, 23; Num 23, 1; 8, 2), und nach dieser Zahl führte

quadraginta duabus mansionibus idem populum dei sexies
VII per deserta transponit, et gentes VII gladio divino dele-
vit, quomodo VI diebus operari iussus sit, septimo ab opere
cessare, quomodo: „Apprehendent VII mulieres virum
unum, et Iohannes VII ecclesiis scribit." Sed quo progredi- 5
mur? Quid de „templo Salomonis VII annis aedificato",
octavo anno dedicato, ipso etiam numerum istum insinu-
ante: „Da partes VII nec non et VIII", quid de patre ipsius,
qui „septies in die laudem domino canit", quid de populo
dei septuaginta annis captivo et, ut infinita transiliam, Ma- 10
theus genealogiam Christi per patres sexies VII contexuit,
ubi Lucas Christum dominum per LXXVI patres transduxit
eumque quasi florem multiplicatae per ramos suos radicis
in summitate ipsius septuagesimi numeri septimum ex-
posuit? Haec, filia, ad | insinuandam numeri septenarii 15 | 3*
potentiam cum praefatis partibus suis tribus praelibata sint,
nunc ad florem beatae virginis figuralibus significationibus
excellentissimum mentis intuitum dirigamus ipsoque sua-
vitatem odoris nobis aspirante, quomodo super eundem
florem requievit septiformis gratiae spiritus, divisus qui- 20
dem in donis, unicus vero, id est patri filioque consubstantialis simul et verbis paucis quaeramus.

T.: Nihil acceptius, nihil studiis nostris salubrius gratiam
floris huius exponere, ad quem totius operis nostri videtur
summa pendere.   25

derselbe auch das Volk in 42 Stationen sechsmal sieben Tage durch die Wüste (vgl. Num 33, 1–49), sieben heidnische Völker hat er mit seinem göttlichen Schwert vernichtet (vgl. Dtn 7, 1), wie ihm auch befohlen wurde, an sechs Tagen zu arbeiten, am siebten Tag aber von der Arbeit zu ruhen (vgl. Ex 23, 12), und wie „sieben Frauen einen einzigen Mann ergreifen" (Jes 4, 1), und „Johannes an sieben Kirchen schreibt" (Offb 1, 4). Aber wohin schreiten wir vor? Was ist mit dem Tempel Salomos, „der in sieben Jahren erbaut wurde" (vgl. 1 Kön 6, 38), im achten Jahr aber geweiht wurde, wobei er selbst auch auf diese Zahl hinweist: „Mache sieben Teile oder auch acht" (Koh 11, 2), und was ist mit seinem Vater, der „siebenmal am Tag dem Herrn ein Loblied sang" (Ps 119, 164: Vg. Ps 118, 164), was mit dem Volk Gottes, das siebzig Jahre in Gefangenschaft lag (vgl. Jer 25, 11; 29, 10), und, um weitere Beispiele ohne Ende zu übergehen, was hat Matthäus den Stammbaum Christi über sechsmal sieben Generationen zurückverfolgt (vgl. Mt 1, 2–17), während Lukas Christus, den Herrn, über 76 Generationen zurückführt (vgl. Lk 3, 23–38) und ihn wie eine Blume, die sich aus ihrer Wurzel vielfältig verzweigt, auf der Höhe der Zahl 70 selbst als siebte zur Schau stellte? Soviel, Tochter, sei vorweg gesagt, um die Bedeutung der Zahl Sieben mit ihren oben genannten drei Teilen deutlich zu machen. Jetzt wollen wir den Blick unseres Herzens auf die Blume der seligen Jungfrau lenken, die so hervorragend in Zeichen und Bildern hervortritt. Und wenn er selbst uns den süßen Duft einhaucht, wollen wir auch sogleich mit wenigen Worten danach fragen, wie auf eben dieser Blume der Geist der siebenfältigen Gnade sich zur Ruhe niedergelassen hat, unterteilt allerdings in Gaben, aber doch ein einziger, das heißt wesensgleich mit dem Vater und dem Sohn.

T.: Nichts ist angenehmer, nichts für unsere Bemühungen nützlicher, als das Gnadengeschenk dieser Blume darzulegen, an der der Höhepunkt der Vollendung unseres ganzen Werkes zu hängen scheint.

P.: Dicitur itaque super hunc florem: „Requiescere spiritus sapientiae et intellectus, consilii et fortitudinis, scientiae et pietatis, timoris etiam domini, quod totum perfectionem et plenitudinem significat permanens in eo, cui data est omnis potestas in caelo et in terra, in quo sunt omnes 5 thesauri sapientiae et scientiae reconditi, in quo habitat omnis plenitudo divinitatis corporaliter." Ipse igitur flos florens, sapiens et sapientia, intelligens et intellectus, ipse consulens et consilium, fortis et fortitudo, ipse sciens omnia et perfecta scientia, ipse consequenter pius et pietas, 10 „ipse timor, qui est sapientia", faciens fideles suos caste timentes eo timore, qui „permanet in saeculum saeculi", ut fiant sine fine gaudentes. Christus igitur „virtus dei et sapientia" non inmerito hoc, quod est in istorum graduum primo spiritus sancti, sortitur vocabulum, quia quicquid 15 recte sapit, ab ista gratia est, quod sapit. Denique dicitur ipsa sapientia mobilis et stabilis, ubi nos non parum exercere videtur ipsa vis quaestionis.

T.: Plane duo haec satis videntur contraria et verbo vel sensu admodum sibi repugnantia. 20

P.: Poterit nobis haec resolvere, qui unus et idem novit dona sua prout vult et quibus vult dispertire. Igitur de mobilitate sapientiae | sic habes scriptum, quoniam: „Mo- | 317 bilior omnium est sapientia. Attingit autem ubique propter suam munditiam et nihil coinquinatum incurrit in eam. 25 Attingit ergo a fine usque ad finem fortiter et disponit omnia suaviter."

P.: Deshalb heißt es, daß auf dieser Blume „der Geist der Weisheit und der Erkenntnis ruhe, der Überlegung und der Stärke, des Wissens und der Frömmigkeit, aber auch der Geist der Gottesfurcht" (Jes 11,2), was die ganze Vollkommenheit und Fülle bezeichnet, die andauert in ihm, „dem alle Macht im Himmel und auf der Erde gegeben ist" (Mt 28,18), „in dem alle Schätze der Weisheit und der Erkenntnis verborgen liegen, in dem alle Fülle der Gottheit leibhaftig wohnt" (Kol 2,3.9). Denn er selbst ist die Blume und blüht, er ist weise und die Weisheit, verständig und der Verstand, er selbst ist ratend und der Rat, stark und Stärke, er selbst weiß alles und ist das vollkommene Wissen, er selbst ist des weiteren fromm und die Frömmigkeit, „er selbst ist die Gottesfurcht, die Weisheit ist" (Ijob 28,28), er macht die Seinen, die an ihn glauben, zu reinen Gottesfürchtigen in dieser Furcht, „die bleibt von Ewigkeit zu Ewigkeit" (Ps 19,10: Vg. Ps 18,10), so daß sie ohne Ende fröhlich werden. Darum hat Christus, „Gottes Kraft und Weisheit" (1 Kor 1,24), zu Unrecht diese Bezeichnung erhalten, die an den Anfang jener Stufen des heiligen Geistes gehört, weil das, was richtig weise ist, von jener Gnade stammt, worin er weise ist. Deshalb nennt man die Weisheit selbst beweglich und fest, wobei uns die Bedeutung dieser Frage an sich nicht wenig auf die Probe zu stellen scheint.

T.: Allerdings scheinen diese beiden Begriffe vollkommen gegensätzlich und sich sowohl in der Bezeichnung wie im Sinn völlig zu widersprechen.

P.: Diese Frage wird uns der beantworten können, der als einziger und immer gleicher seine Gaben auszuteilen versteht, wie er will und wem er will. Du hast nämlich über die Beweglichkeit der Weisheit folgendes Schriftzitat, daß „die Weisheit beweglicher als alles andere ist. Sie berührt aber wegen ihrer Reinheit alles, und nichts Schmutziges begegnet ihr" (Weish 7,24 f Vg.). „Darum berührt sie von einem Ende bis zum anderen alles und ordnet es voll Güte" (Weish 8,1).

T.: Quid non mobilitatis in sapientia invenitur, quae
attingere ubique perhibetur? Sed quae sit haec in sapientia
mobilitas vel stabilitas, qualiter attingat a fine usque ad
finem fortiter, disponens omnia suaviter, paucis absolve.

P.: Mobilis sapientia dicitur in creaturis disponendis et 5
gubernandis, stabilis autem in statu divinitatis, in inmutabilitate suae aeternitatis. Cum igitur ordinem rerum mutabilium disponit et ordinat ordo ab aeterno inmobilis, duo
haec, quae quasi repugnantia videntur, quanta unitate conveniant, perpenditur. 10

T.: Patet admodum stabilitas ista vel mobilitas divinae
sapientiae, stabilitas quidem, ut ais, in inmortalitate, in
incorruptione et inmutabilitate, mobilitas vero in creaturae
gubernatione, sed quid sit, quod „nihil coinquinatum in-
currit in eam", ne abscondas. 15

P.: Exemplum ponendum est. Radius solis cum per munda vel inmunda loca spargitur, nonne aequali puritate et
deponitur et levatur? „Habet argentum venarum suarum
principia", quia fundamentum et fontem divinae sapientiae
non movet aut inquinat vanitas et error mundanae philoso- 20
phiae. Attingit autem a fine usque ad finem, a principio
spiritalis creaturae pertingens usque ad mortem corporis
vel a fine usque ad finem, a principio cuiusque creaturae
usque ad terminum eius, id est aut perditionis vel in melius
commutationis, sola enim divina sapientia comprehendit, 25
quo libretur modo quod creavit, attingit recte inchoando,

T.: Gibt es irgendetwas an Beweglichkeit, das sich nicht in der Weisheit finden läßt, von der ja erwiesen ist, daß sie überall Hand anlegt? Aber von welcher Art diese Beweglichkeit und diese Festigkeit in der Weisheit sind, wie sie von einem Ende zum anderen tapfer Hand anlegt und alles mit Güte ordnet, das erkläre mit wenigen Worten.

P.: Die Weisheit wird beweglich genannt bei der Ordnung und Lenkung der Schöpfung, fest aber im Stand ihrer Göttlichkeit, in der Unwandelbarkeit ihrer ewigen Dauer. Dadurch, daß also die Ordnung, von Ewigkeit an unbeweglich, die Reihenfolge der wechselhaften Dinge lenkt und einrichtet, kann man genau abwägen, in wie großer Einheit diese beiden Dinge zusammenpassen, die sich gewissermaßen gegenseitig zu bekämpfen scheinen.

T.: Diese Festigkeit und andererseits Beweglichkeit der göttlichen Weisheit sind nun vollkommen klar, und zwar die Festigkeit, wie du sagst, in der Unsterblichkeit, in der Unverweslichkeit und Unveränderlichkeit, die Beweglichkeit aber in der Lenkung der Schöpfung; was aber das bedeutet, daß „ihr nichts begegnet, was beschmutzt ist" (Weish 7, 25 Vg.), das sollst du nicht weiter verborgen halten.

P.: Man muß ein Beispiel anführen. Wenn sich der Strahl der Sonne über reine und unreine Orte ausbreitet, senkt und erhebt er sich da nicht dennoch in gleichbleibender Reinheit? „Es gibt einen Anfang für die Adern des Silbers" (Ijob 28, 1 Vg.), weil Eitelkeit und Irrlehre weltlicher Weisheit die Grundlage und die Quelle göttlicher Weisheit nicht erschüttern oder beschmutzen können. Sie reicht aber von einem Ende zum anderen, indem sie sich ausbreitet vom Anfang der Schöpfung im Geist bis zum Tod des Körpers, oder von Ende bis Ende, vom Anfang eines jeden Geschöpfs bis zu seinem Ziel, das heißt entweder seiner Verdammung oder seiner Änderung zum Besseren, denn allein die göttliche Weisheit erfaßt, mit welchem Maß gewogen wird, was er erschaffen hat, sie legt Hand an, indem sie richtig beginnt

recte quod incipit consummando. Sequitur in flore nostro
spiritus intellectus | et hic subtilis et mundus. Divinus | 318
intellectus sensum omnem antecellit et superat, quia
quicquid rationalis creaturae ceteris animantibus praestat,
filius dei suae naturae subtilitate praevenerat. Interius 5
enim, id est in secreto ipsa divinitas habet, quod nullo
instruente intelligit, nostra autem natura datam animae
intelligentiam aetate, studiis et arte informat et acuit. Dis-
tributionibus igitur spiritus sancti intellectus sensus humanus excitatur, divinus intellectus, quod erat ante tempora- 10
lem rerum omnium cursum, quod erit, quod est, simul
contemplatur. Proinde: „Intellectus bonus omnibus facien-
tibus eum“, hoc est qui, quod recte, quod bene intelligunt,
sapienter ad animae fructum perducunt. Vis nunc de sub-
tilitate eius aliqua cognoscere?   15

T.: Quicquid boni rectique obtuleris, non abnuo, dum-
modo proficiam floris huius fructu beato.

P.: Apostolus ait: „Vivus est sermo dei et efficax et pene-
trabilior omni gladio ancipiti et pertingens usque ad divisionem animae ac spiritus, compagum quoque et medul- 20
larum, et discretor cogitationum et intentionum cordis, et
non est ulla creatura invisibilis in conspectu eius, omnia
enim nuda et aperta sunt oculis eius.“

T.: Magnae quidem divinae subtilitatis intellectus est, sed
quod ait apostolus, pertingere eum ad divisionem animae 25
ac spiritus, discretionem istam minus intelligo, quid sit
inter animam et spiritum, cum constet animam simplicem
quandam esse naturam insecabilem et indivisibilem.

und richtig vollendet, was sie begonnen hat. Es folgt nun
bei unserer Blume der Geist der Erkenntnis, und dieser ist
fein und rein. Die göttliche Einsicht geht aller Wahrnehmung voran und überragt sie, weil der Gottessohn in der
Feinheit seiner Veranlagung schon in dem vorangegangen
war, was immer die übrigen Lebewesen der vernunftbegabten Schöpfung übertrifft. Denn innerlich, das heißt im
Verborgenen, besitzt die Gottheit an sich schon, daß sie
versteht, ohne daß einer sie anweist, unsere Natur aber muß
den Verstand, der dem Geist verliehen ist, nach Lebensalter,
in Studien und Wissenschaft ausbilden und schärfen. Der
menschliche Sinn für Einsicht wird darum durch die Anordnungen des heiligen Geistes angeregt, die göttliche Einsicht dagegen bedenkt gleichzeitig, was schon vor dem
Zeitablauf aller Dinge gewesen ist, was sein wird und was
ist. Weiterhin „besitzen gute Einsicht alle die, die nach ihr
handeln" (Ps 111,10: Vg. Ps 110,10), das heißt diejenigen,
die das weise bis zum Erfolg für die Seele durchführen, von
dem sie eingesehen haben, daß es richtig und gut ist. Willst
du nun einiges über ihre Feinheit erfahren?

T.: Was du nur an Gutem und Richtigem vorbringen
wirst, winke ich nicht ab, wenn ich nur Fortschritte mache
durch die selige Frucht dieser Blume.

P.: Der Apostel sagt: „Lebendig ist das Wort Gottes,
wirksam und schärfer als jedes zweischneidige Schwert,
und es dringt durch, bis es Seele und Geist scheidet, und
auch Gelenk und Mark, und es ist ein Richter über die
Gedanken und Absichten des Herzens, und es bleibt nicht
irgendein Geschöpf unsichtbar vor seinem Angesicht, denn
alles liegt nackt und offen vor seinen Augen" (Hebr 4,12 f).

T.: Allerdings ist die Einsicht von außerordentlicher
göttlicher Feinheit, aber was der Apostel sagt, daß sie sich
auf die Teilung von Seele und Geist beziehe, da verstehe ich
diese Unterscheidung zwischen Seele und Geist kaum, da
doch feststeht, daß die Seele gewissermaßen eine einfache
Natur hat, untrennbar und unteilbar.

P.: Anima quidem, ut ais, simplex substantia est, nullis
commixta vel sumpta creaturis, non igne, non aere, non
terra vel aqua, sed eadem anima contemplando et discer-
nendo suae naturae vel altiora vel inferiora spiritus nomen
accepit, eo quod vis ipsius intelligentiae quaeque recte di-   5
iudicat et discernit. Unde alio loco idem apostolus: „Deus",
inquit, „pacis sanctificet vos per omnia, et integer | spiritus | 319
et anima et corpus servetur." Spiritum igitur ipsius animae
rationalitatem intellige, quae virtus quaedam animae cum
suis appendiciis est, id est intellectu, voluntate, memoria,   10
animo, sensu consubstantialis, immo totum una anima.

T.: Quid est quod spiritus integritatem tantopere commendat, quasi particulariter idem spiritus suam naturam
interdum excedat?

P.: Spiritus integer est, cum spiritu vivimus, spiritui ac-   15
quiescimus, in spiritualibus non erramus, quae virtus
quaedam spiritualis intelligentiae est, discernens a natura-
libus motibus animae sensualitatem corporalis incompe-
tentiae. De hoc spiritu alio loco Paulus Chorinthiis: „Ego
quidem", inquit, „absens corpore, praesens autem spiritu,   20
iam iudicavi eum ut praesens, qui sic operatus est, in
nomine domini nostri Iesu Christi, congregatis vobis et
meo spiritu cum virtute domini Iesu tradere huius modi in
interitum carnis." Porro quod mundus divinus intellectus
dicitur, sic accipe. Sicut deus dicitur bonus, pius et iustus   25
non accidentaliter, sed substantialiter, sic mundus spiritus
intellectus, id est ipsa munditia, a quo venit omne, quod

P.: Die Seele besteht in der Tat, wie du sagst, aus einer
einzigen Substanz, mit keinem Element der Schöpfung
vermischt oder von ihm aufgenommen, nicht mit Feuer,
nicht mit Luft, nicht mit Erde oder Wasser, sondern eben
diese Seele empfängt den Namen des Geistes, indem sie
betrachtet und unterscheidet, was im Verhältnis zu ihrer
Natur höher oder niedriger ist, weil die Kraft ihrer Einsicht
alle Dinge richtig beurteilt und unterscheidet. Daher sagt
der Apostel an anderer Stelle: „Der Gott des Friedens",
sagt er, „möge euch in allem heiligen, und Geist, Seele und
Leib mögen unversehrt bewahrt werden" (1 Thess 5,23).
Verstehe darum unter dem Geist die Vernunft der Seele
selbst, die gewissermaßen die Kraft der Seele mit ihren
Zusätzen ist, das heißt wesensgleich mit Einsicht, Willen,
Gedächtnis, Mut und Gefühl, in der Tat eine einzige Seele
in allem.

T.: Was bedeutet das, daß er so sehr die Unversehrtheit
des Geistes betont, gleich als würde derselbe Geist, zerlegt
in Teile, bisweilen über seine Natur hinausgehen?

P.: Der Geist ist unversehrt, indem wir durch den Geist
leben, beim Geist ausruhen, im Geist nicht irren, was gewissermaßen die Fähigkeit geistlicher Einsicht ist, die die
sinnliche Wahrnehmung der körperlichen Unzulänglichkeit trennt von den natürlichen Regungen der Seele. Über
diesen Geist schreibt Paulus an anderer Stelle an die Korinther: „Ich habe allerdings", sagt er, „obwohl ich körperlich
abwesend bin, im Geist aber anwesend, schon mein Urteil
über ihn, der so getan hat, gefällt, als wäre ich anwesend, im
Namen unseres Herrn Jesus Christus, da ihr und mein Geist
versammelt sind mit der Kraft unseres Herrn Jesus, um
einen von dieser Art dem Untergang des Fleisches zu überliefern" (1 Kor 5,3–5). Daß die göttliche Einsicht außerdem
rein genannt wird, das mußt du so auffassen: So wie Gott
als gut, fromm und gerecht bezeichnet wird, nicht akziden-
tell, sondern seinem Wesen nach, so ist der Geist der Einsicht rein, das heißt die Reinheit selbst, von der alles kommt,

mundum est. „Iam vos", inquit, „mundi estis propter ser-
monem, quem locutus sum vobis." Sermo dei mundos facit
filios dei, qui fons totius munditiae, verbum est ipse filius
dei. Et apostolus: „Fide", inquit, „mundans corda eorum",
et: „Christum per fidem habitare in cordibus vestris." Si 5
igitur per fidem credentium corda permundat ipse Christus, qui in cordibus eorum habitat, mundum igitur in eis
intellectum informat, cui naturaliter mundus semper praesens alieni auxilii nihil usurpat.

T.: „Quis potest facere mundum de inmundo conceptum 10
semine? Nonne is, qui solus est mundus?" Sed in anteriora
contende.

P.: Sequitur in ordine septiformis gratiae spiritus consilii, 320
unicus et longe prospiciens. Quis sic animae consulit ut
spiritus sanctus? Quis Matheo, quis Zacheo, quis regibus, 15
quis ducibus, quis mundi praepotentibus amatoribus pom-
posa rerum visibilium ornamenta, quis corporum oblecta-
menta quaeque relinquere consuluit et ad invisibilia fide
pendere vel spe et caritate properare? Quis sub iugum suave
virginum iuvenumque milia misit et mittere non desinit, 20
quis nobiles, fortes, divites, sophistas personis quantum ad
saeculum rebus, ingenio, infirmitate, genere multo inferio-
ribus subdi persuasit nisi consiliarius ille, a quo nobis salutis et vitae, iuris et aequi consilium ab aevo defluxit?
Nonne vocabulum eius habes in propheta, quem spiritus 25
unxerat iste, quod sit „admirabilis consiliarius, deus fortis",

was rein ist. „Ihr seid schon rein", sagt er, „wegen des
Wortes, das ich zu euch gesprochen habe" (Joh 15,3). Denn
das Wort Gottes macht die Söhne Gottes, der der Quell
aller Reinheit ist, zu Reinen, das Wort aber ist der Sohn
Gottes selbst. Und der Apostel sagt: „Durch den Glauben
reinigt er ihre Herzen" (Apg 15,9), und „daß Christus
durch den Glauben in euren Herzen wohnt" (Eph 3,17).
Wenn darum Christus selbst, der in den Herzen der Gläubigen wohnt, durch den Glauben ihre Herzen reinigt, dann
bildet er auch die Einsicht in ihnen rein aus, der er, von
Natur aus rein, immer zur Seite steht und für nichts fremde
Hilfe in Anspruch nehmen muß.

T.: „Wer könnte den rein machen, der aus unreinem
Samen empfangen ist? Nicht der, der als einziger rein
ist?" (Ijob 14,4 Vg.). Aber komm schnell wieder zum
Vorigen.

P.: Es folgt in der Reihe der siebenfachen Gnade der
Geist des Rates, einzig und weit vorausschauend. Wer berät
so die Seele wie der heilige Geist? Wer hat Matthäus (vgl.
Mt 9,9), wer Zachäus (vgl. Lk 19,5–8), wer den Königen,
wer den Fürsten, wer den mächtigen Liebhabern der Welt
geraten, den kostbaren Schmuck an sichtbaren Dingen, all
diese Ergötzlichkeiten des Leibes von sich zu lassen und
im Glauben den unsichtbaren Dingen anzuhängen und zu
ihnen in Hoffnung und Liebe zu eilen? Wer hat Tausende
von Jungfrauen und Jünglingen unter das süße Joch geschickt und hat nicht nachgelassen, sie weiter zu schicken,
wer hat die Vornehmen, Starken, Reichen und Gelehrten
überredet, sich Leuten zu unterwerfen, die, soweit es die
Welt betrifft, an Vermögen, Begabung, Unzulänglichkeit
und Geschlecht weit unter ihnen stehen, wenn nicht jener
beratende Geist, von dem uns von Ewigkeit her der Rat für
Heil und Leben, für Recht und Gerechtigkeit zugeflossen
ist? Und hast du nicht die Bezeichnung für ihn bei dem
Propheten, den eben dieser Geist gesalbt hatte, daß er
„wunderbarer Ratgeber sei, starker Gott" (Jes 9,6 Vg.),

et cetera? Nonne idem ad aeternum patrem: „Consilium“,
inquit, „tuum antiquum verum fiat“?

T.: Quod rogo consilium?

P.: Sicut in aeterno dei consilio ante mundum et tempora
mundi fuit creatio, qui etsi in re non erat, in aeterna tamen 5
ratione et consilio fuerat, sic quod deus dei filius de virgine
nasciturus erat, aeternum dei consilium praevenerat. Verum
ne divisionem inter dei consilium et deum facias, consilium
eius voluntas eius fuit. Porro voluntas dei deus est, quia non
ipse aliud est, aliud voluntas eius, sed hoc est ei velle, quod 10
ipse est. Ipse vero incommutabilis et aeternus est. De hoc
consilio quaerendo in scripturis quam multa occurrant,
sicut ait ipsa sapientia: „Ego sapientia habito in consilio et
eruditis intersum cogitationibus, meum est consilium, mea
est prudentia“, et cetera, quis dinumerare sufficiat, praeser- 15
tim cum omnia divini spiritus consilio sint vel acta vel
agenda, quae poscit in sui cursus dispositione generaliter
visibilium et invisibilium creatura? Ipse etiam magni con-
silii angelus est, et in alio loco scriptura: „Quis | adiuvit“, | 321
inquit, „spiritum domini?“, ostendens alterius consilii non 20
indigum vel auxilii, cuius virtus moderatur et continet
omne creatum. „Quis enim cognovit sensum domini? Aut
quis consiliarius eius fuit?“

T.: Geminus mihi fructus patet in huius spiritus consilii
gratia. Cui enim spiritus iste consiliator accesserit, dicto 25
citius in homine, quod consulit, perficit. Sed quaero, cur
unicus.

---

[201] Das Zitat geht auf eine LXX-Version von Jes 25,1 zurück, vgl. HIERO-
NYMUS, *in Is.* 8,25,1 (CCL 73,325): *LXX: domine deus meus, glorificabo
te; laudabo nomen tuum, quoniam fecisti admirabiles res, consilium antiquum verum; fiat.* Diese Bibelstelle wurde von mittelalterlichen Autoren
häufiger zitiert.

und so weiter? Und hat derselbe nicht zu dem ewigen
Vater gesagt: „Dein Ratschluß soll von alters her wahr
werden"[201]?

T.: Welcher Ratschluß, frage ich.

P.: Ebenso wie im ewigen Ratschluß Gottes schon vor
der Welt und den Weltzeitaltern die Schöpfung da war, die,
obwohl sie in Wirklichkeit nicht existierte, doch in ewiger
Überlegung und ewigem Ratschluß schon vorhanden war,
so ist auch der ewige Ratschluß Gottes dem schon vorangegangen, daß Gott als Sohn Gottes von einer Jungfrau geboren werden sollte. Du solltest aber keine Teilung zwischen
dem Ratschluß Gottes und Gott machen, denn sein Ratschluß ist sein Wille gewesen. Weiter ist Gottes Wille Gott,
weil nicht er selbst das eine ist, sein Wille aber das andere,
sondern für ihn ist Wollen das, was er selbst ist. Denn er
selbst ist unveränderlich und ewig. Wer könnte aufzählen,
wie viele Stellen über die Frage nach diesem Ratschluß in
der heiligen Schrift begegnen, so wie die Weisheit selbst
sagt: „Ich, die Weisheit, verweile im Rat, und ich bin zuge-
gen bei den kenntnisreichen Überlegungen, mein ist der
Rat, mein ist die Klugheit" (Spr 8, 12.14), und so weiter,
zumal alle Dinge nach dem Ratschluß des göttlichen Geistes geschehen sind oder noch geschehen müssen, die die
Schöpfung der sichtbaren und unsichtbaren Dinge in dem
Plan ihres eigenen Fortgangs allgemein fordert? Er selbst
ist auch der Engel des großen Rates, und an anderer Stelle
sagt die Schrift: „Wer hat dem Geist des Herrn geholfen?"
(Jes 40, 13), und zeigt damit, daß der weder eines anderen
Rates noch Hilfe bedarf, dessen Stärke die ganze Schöpfung
lenkt und umfaßt. „Denn wer hat des Herrn Sinn erkannt?
Oder wer ist sein Ratgeber gewesen?" (Röm 11, 34).

T.: Doppelter Gewinn steht mir im Gnadengeschenk
dieses geistlichen Rates zur Verfügung. Denn wem dieser
Geist als Ratgeber zu Hilfe kommt, der vollendet, was ihm
geraten ist, schneller als beim Menschen ein Wort gesprochen ist. Aber ich frage, warum er einzig ist.

P.: Non legisti, quid verba sapientiae suadeant per Salo-
monem?

T.: Quid nam?

P.: „Mille“, ait, „tibi amici sint, consiliarius unus.“ Plures
equidem consiliarii, sicut numero sic persaepe diversifican- 5
tur in dando consilio, dum in suo sensu quisque abundat et
quod sibi videtur, pronuntiat. At qui unicus est, unum
commendat, unum persuadet adire necessarium, et hoc
unum ipse est. Hoc unum ex consilio spiritus sancti Maria
quaerendum suscepit, „hoc unum“ et David „a domino 10
petivit“. Ex hoc etiam unicus, quia saepe dum mutat opus
et sententiam, non mutat consilium. Porro divini spiritus
consilium in hoc permaximum et unicum, quod omnem
creaturam singulari quadam in ipsa suae naturae diversitate
composuit et distinxit unitate.   15

T.: Hoc apertius repete.

P.: Essentia enim rerum visualium non ex pretio vel mole
consideranda est, sed idcirco est, quia unum est. Nec enim
moles vel pulchritudo rutilantis auri calamo levi dignitate
vel aestimatione suae naturae praeferri potest, sed per hoc 20
confertur alterum alteri et est, quia utrumque in sui natura
unum, non idem est. Quamvis igitur dispar utilitas in utris-
que, quia gloriae appetitus pretium maius contulit auro
quam calamo, natura tamen calamo suffraga|tur, ne proprie- | 322
tate sua carere videatur. Haec autem rerum omnium unitas 25

P.: Hast du nicht gelesen, wozu Salomo in den Weisheitssprüchen rät?

T.: Was denn?

P.: „Tausende sind dir Freunde", sagt er, „aber Ratgeber nur ein einziger" (Sir 6, 6). Zwar gibt es viele Ratgeber, aber ebenso viele, wie man nach ihrer Anzahl unterscheiden kann, ebenso viel unterschiedliche Ratschläge geben sie auch, indem ein jeder überströmt in seiner Ansicht und das verkündet, was ihm richtig scheint. Aber wer ein einziger ist, empfiehlt nur ein Einziges und überzeugt, daß man sich nur einem Einzigen, das notwendig ist, zuwenden muß, und dieses Einzige ist er selbst. Dieses eine Einzige, das gesucht werden muß, hat Maria nach dem Ratschluß des heiligen Geistes empfangen, dieses „eine Einzige hat" auch David „vom Herrn erbeten" (vgl. Ps 27, 4: Vg. Ps 26, 4). Auch darum ist er der Einzige, weil er seinen Rat nicht ändert, auch wenn er häufig sein Werk und sein Urteil ändert. Weiterhin ist der Rat des göttlichen Geistes darin besonders groß und einzigartig, daß er die gesamte Schöpfung, sogar in der Verschiedenartigkeit ihrer jeweils eigenen Natur, gewissermaßen in einer einzigartigen Einheit zusammengefaßt und unterschieden hat.

T.: Das wiederhole noch einmal deutlicher.

P.: Man muß das Wesen der sichtbaren Dinge nicht nach ihrem Preis oder Gewicht einschätzen, sondern danach, daß es ein einziges ist. Denn es kann nicht Gewicht und Schönheit von rötlich schimmerndem Gold einem leichten Rohr nach Würde und Wert der eigenen Natur vorgezogen werden, sondern das eine muß mit dem anderen darin verglichen werden und besteht darin, daß jedes von beiden in seiner Natur einzigartig ist und nicht dasselbe. Denn obwohl der Nutzwert beider unterschiedlich ist, weil das Verlangen nach Prunk dem Gold einen höheren Preis bringt als dem Rohr, begünstigt doch die Natur das Schreibrohr, so daß es nicht seiner besonderen Eigenheit zu entbehren scheint. Woher stammt aber diese Einheit aller Dinge,

unde nisi ab uno, quod vere est unum, quod est id, quod
est, quia sic est per se, ut quod habet, non trahat aliunde?
„Hoc vere unum, hoc necessarium“ suis intimans asseclis
unitatem, sine qua nullus pervenit ad veritatis agnitionem.

T.: Quid hoc unum?   5

P.: Deus. Porro „deus caritas est“. Ibi unum invenitur, ad
quod imitandum suos adhortatur rerum omnium principium. Recte igitur principium tuum repetis, si unitati studu-
eris. Inde unitatum omnium complexio rogat ad patrem pro
nobis: „Ut sint“, inquit, „unum sicut et nos unum sumus.“ 10
Quid longius de eo, quod sit unicus spiritus consilii, proce-
dimus? Qui consilio unitatis corda sua non admittunt, ad
nihilum tendunt.

T.: Ut audio nihil est tutius quam esse unum in uno, et si
non admonitione vel exemplo irrationabilis creaturae.   15

P.: Recte intelligis.

T.: Quomodo sit longe prospiciens, ad ornatum sacri
floris annecte praemissis.

P.: Facilis est intellectus iste. Vis attendere delonge
prospicientem?   20

T.: Etiam.

P.: Intemporalis iste spiritus prospexit ab aevo in aevum,
ab aeternitate in aeternitatem, a principio fabricae mundanae usque ad terminum vel mutationem eius, prospexit
incarnationem filii dei venturam, priscae legis abolitionem, 25
gentium vocationem, ecclesiam in aeternitate cum sponso
suo gavisuram et regnaturam, immo prospexit „in aeternum et ultra“.

wenn nicht von dem Einen, was wahrhaftig das Eine ist, weil es das ist, was ist, weil es so aus sich ist, daß es nicht von anderswoher das bezieht, was es hat? „Dieses wahrhaft Eine, dieses Notwendige" (Lk 10, 42) macht seine Anhänger vertraut mit der Einheit, ohne die keiner zur Erkenntnis der Wahrheit gelangen kann.

T.: Was ist dieses Eine?

P.: Gott. Weiter „ist Gott Liebe" (1 Joh 4, 16). Dort findet man das Eine, wo der Urgrund aller Dinge die Seinen zu seiner Nachahmung ermahnt. Du suchst also in richtiger Weise zu deinem Urgrund zurückzukommen, wenn du dich um die Einheit bemühst. Darum bittet auch der Inbegriff aller Einheit beim Vater für uns: „Daß sie eins seien", sagt er, „wie auch wir eins sind" (Joh 17, 11). Was schreiten wir aber noch weiter voran in der Frage, daß der Geist des Rates ein einziger sei? Die ihre Herzen nicht dem Rat der Einheit öffnen, die streben zum Nichts.

T.: Wie ich höre, gibt es nichts, was sicherer wäre, als ein Einziges im Einen zu sein, auch wenn dies nicht durch Ermahnung oder Beispiel der unvernünftigen Schöpfung deutlich wird.

P.: Das verstehst du richtig.

T.: Aber knüpfe zum Schmuck der heiligen Blume noch an das Obige an, wie das ‚weit vorausschauend' zu verstehen ist.

P.: Da ist die Einsicht leicht. Willst du achten auf den, der von weit her vorausschaut?

T.: Ja, gewiß.

P.: Dieser Geist, zeitlos, hat von Zeitalter zu Zeitalter, von Ewigkeit zu Ewigkeit vorausgesehen, vom Anfang der Schöpfung der Welt bis zu ihrem Ende und ihrer Änderung, er hat das Kommen der Fleischwerdung des Gottessohnes vorausgesehen, die Abschaffung des alten Gesetzes, die Berufung der Heiden, daß die Kirche sich mit ihrem Bräutigam in Ewigkeit freuen und herrschen werde, ja er hat vorausgeschaut „in Ewigkeit und darüber hinaus" (Ex 15, 18).

T.: Prospectus iste remotus a sensu nostro videtur, quomodo ab aevo in aevum, ab aeterno in aeternum et ultra
prospexerit.

P.: Quid ait in apocalipsi Iohannis filius dei? „Ego sum",
inquit, „alfa et omega, primus et novissimus, principium et 5
finis." A apud Graecos, Latinos et Hebraeos principium est
elementorum, ω vero | finalis elementorum apud <Grae- | 323
cos>. Ipse igitur principium, ante quem nullus, finis, post
quem nullus, principium, a quo sumunt ea, quae sunt,
initium, finis vero, in quo cuncta terminantur. „Finis legis 10
Christus ad iustitiam omni credenti." Longe ergo prospicit,
licet nulli loco maiestate desit vel umquam defuerit, prospicit ab aevo in aevum. Novit ante mundi principium, quid
fuerit, quid in aeternitatis gloria sanctorum futurum sit,
immobilis manens et omnia mobilia vel mutabilia transili- 15
ens. Quod igitur erat, est et erit, omnia simul intuetur, nec
eius praesentiae quicquam decedit de praeteritis, nihil accedit de futuris. Quod igitur dicitur ,prospiciens longe', tantum valet ac si diceretur ,omnia praesciens', quia omnium
notitiam retinens. Sed quod scriptum est: „In aeternum et 20
ultra" discernitur creator a creatura. Cui redemptae licet
aeternitatem daturus sit, ipse tamen ultra procedit, quia sine
initio manens et fine, hominum et angelorum aeternitatem
praecedens procedit.

T.: Satis admodum docuisti, quomodo longe prospiciat, 25
cuius visum aeternum nec loci nec temporis intervallum
angustat. Exequere cetera, ne probentur tua vacillare promissa.

---

[202] Alle Hss schreiben hier *apud Hebraeos,* was in *apud Graecos* verbessert
werden muß. Ist daraus zu schließen, daß weder Hebräisch- noch Griechischkenntnisse bei dem Autor vorhanden sind?

T.: Diese Vorausschau scheint weit entfernt von unserer Wahrnehmung, wie er von Zeitalter zu Zeitalter, von Ewigkeit zu Ewigkeit und darüber hinaus vorausgeschaut hat.

P.: Was sagt der Sohn Gottes in der Apokalypse des Johannes? „Ich bin", sagt er, „Alpha und Omega, der erste und der letzte, Anfang und Ende" (Offb 22, 13). Das α ist bei den Griechen, Lateinern und Hebräern der erste der Buchstaben, das ω bei den Griechen[202] der letzte Buchstabe. Denn er selbst ist der Anfang, vor dem keiner ist, er ist das Ende, nach dem keiner ist, der Anfang, von dem die Dinge, die sind, ihren Beginn nehmen, das Ende aber, in dem alles sein Ziel findet. „Denn das Ende des Gesetzes ist Christus für jeden, der auf die Gerechtigkeit vertraut" (vgl. Röm 10, 4). Er schaut also weit voraus, zugegeben, daß es ihm an keinem Ort oder jemals an Hoheit fehlt oder fehlen wird, er schaut voraus von Ewigkeit zu Ewigkeit. Vor dem Anfang der Welt hat er erkannt, was gewesen ist und was sein wird in der ewigen Herrlichkeit der Heiligen, wobei er selbst immer unveränderlich bleibt und alles Bewegliche und Veränderliche überspringt. Was also war, was ist und was sein wird, alles betrachtet er zugleich, und nichts von seiner Gegenwart schwindet dahin mit den vergangenen Dingen, und nichts kommt hinzu mit den Zukünftigen. Wenn also gesagt wird ‚weit vorausschauend‘, so meint das soviel, als wenn gesagt würde ‚alles im voraus wissend‘, weil er die Kenntnis von allem bei sich bewahrt. Aber daß geschrieben steht: „In Ewigkeit und darüber hinaus" (Ex 15, 18), da wird der Schöpfer von der Schöpfung unterschieden. Auch wenn er der wieder erlösten Schöpfung Ewigkeit verleihen wird, so geht er selbst dennoch darüber hinaus, weil er ohne Anfang und ohne Ende bleibt und voranschreitet, indem er vor der Ewigkeit von Menschen und Engeln vorangeht.

T.: Du hast jetzt genug erklärt, wie der weit vorausschaut, dessen ewigen Blick kein Abstand von Raum und Zeit einengt. Berichte nun von dem Übrigen, damit sich deine Versprechungen nicht als leer erweisen.

P.: Additur in ordine spiritus fortitudinis et idem certus
et securus. Si quaeritur fortitudo eius, robustissimus est.
„Fortitudo eius sicut fortitudo rinocerotis", quae similitudo
praerogativam roboris singularis ostendit, quia robur omne
Christi fortitudini succumbit. Fortis siquidem in domum 5
fortis intravit, vasa rapta forte ligato diripuit, et „dum fortis
caute minus atrium suum custodit, fortior illo superveniens
fortem subegit, arma subvertit, spolia distribuit". Ipse igitur
„fortis et potens, potens in proelio, in brachio fortitudinis
suae" Aegyptum mundi huius carne velatus intravit, prae- 10
donis antiqui, | colubri tortuosi iura dissipavit, „victa aspide, | 324
basilisco, leone et dracone", id est diabolo, morte, peccato
et Antichristo, singulari conflictu comminutis claustris in-
fernalibus cum hoste veterano non dubitavit manum con-
serere et captivata captivitate potentissima gloria trium- 15
phare. „Quis appendit tribus digitis molem terrae et libravit
in pondere montes et colles in statera? Quis adiuvit spiritum
domini, aut quis consiliarius eius fuit et ostendit illi? Ecce
dominus sicut fortis egredietur, sicut vir proeliator sus-
citabit zelum. Quis", inquit, „similis mei? Manus mea 20
fundavit terram et dextera mea mensa est caelos", et de his
in infinitum modum. Quis, rogo, milia martyrum — oportet
enim nos de capite interdum ad corpus descendere — ad

P.: In der Reihe folgt nun der Geist der Stärke, und
dieser ist fest und sicher. Wenn man nach seiner Stärke
fragt, so ist sie von außerordentlicher Kraft. „Denn seine
Stärke ist wie die Stärke des Nashorns" (Num 23,22),
wobei dieser Vergleich auf einen Vorrang an einzigartiger
Kraft hinweist, da jede Kraft der Stärke Christi unterlegen
ist. Ein Starker hat die geraubten Gefäße wieder an sich
gebracht, sofern er in das Haus des Starken eingedrungen
ist, nachdem er den Starken gebunden hat, und „während
der Starke sein eigenes Haus zu wenig bewacht, kommt
der, der stärker ist als er, und unterwirft den Starken und
nimmt seine Waffen und verteilt seine Beute" (vgl. Lk
11,21 f). Er selbst aber, „stark und mächtig, mächtig im
Kampf mit der Stärke seines Armes" (Ps 24,8: Vg. Ps 23,8;
vgl. Ps 89,11: Vg. Ps 88,11), hat Ägypten betreten, ver-
hüllt im Fleisch dieser Welt, hat die Rechte des alten
Räubers, der gewundenen Schlange, zerstreut, und hat,
„nachdem Schlange und Basilisk, Löwe und Drache besiegt waren" (vgl. Ps 91,13: Vg. Ps 90,13), das heißt Teufel,
Tod und Sünde und der Antichrist, nicht gezögert, in
einem einzigartigen Kampf, nachdem die Riegel der Hölle
aufgebrochen waren, sich mit dem alten Feind in ein
Handgemenge einzulassen und schließlich nach Knech-
tung der Knechtschaft in mächtiger Herrlichkeit zu trium-
phieren. „Wer läßt an drei Fingern die Masse der Erde
hängen und wägt nach Gewicht die Berge und die Hügel
auf der Waage? Wer hat dem Geist des Herrn geholfen,
oder wer war sein Ratgeber und zeigte ihm etwas?" (Jes
40,12 f). „Siehe den Herrn, wie ein Starker wird er hinausgehen, wie ein Krieger wird er die Leidenschaft anstacheln"
(Jes 42,13). „Wer ist mir ähnlich?" (Jes 44,7), sagt er. „Meine Hand hat die Erde gegründet, und meine Rechte den
Himmel ausgespannt" (Jes 48,13) und so weiter über diese
Dinge bis ins Endlose. Wer hat, so frage ich, Tausenden
von Märtyrern eingegeben — es ist nämlich nötig, daß wir
bisweilen von dem Haupt zum Leib hinabsteigen —, die

tolerandas ignis et ferri, maris, hominum, bestiarum passiones, tortiones mortium dedit superare frameas millefor-
mes? Nonne idem: „Super quem requievit spiritus fortitudinis"? Nihil igitur divino spiritu fortius, nihil robustius,
cuius voluntati subest possibilitas, hoc est, cuius velle posse 5
est.

T.: Virtus divini roboris quanta constet, si lingua taceat,
rerum machina clamat. Sed quomodo certus?

P.: Non ignoras, quod incertitudinis vocabulum incon-
stantiae, fragilitatis et mutabilitatis testimonium est? Quod 10
in spiritum dei non cadit, quia unus semper et idem est, et
in magnis et in minimis semper aequalis valentiae est.
Homo vero nunc potens, nunc impotens, immo quod saepe
vult mente, viribus non potest. Nihil igitur incertius non
posse quod vis, immo nolle interdum quod poteris.   15

T.: Quomodo posset omne, quod vellet, qui „numquam
in eodem statu permanet"?

P.: Spiritus autem dei sicut providus ad consulendum, sic
certus, sic fortis ad auxiliandum, nihil omnino certius ipsius
praesentia est, quia ubi, quando, quomodo, id est si digne 20
quaesieris, | invenis, nec tamen variatur loco et tempore, cui | 325
hoc est cum patre et filio esse, quod est certum esse. Si
responsa a falsis prophetis, qui somnia vana vident et men-
dacia sui cordis divinant, quaesieris, incertum est omne,
quod audis, „labor labiorum ipsorum", rivus incertitudinis. 25
Attende Micheam et turbam prophetarum coram Achab et

tausendfältigen Martern zu überwinden, um die Leiden von Feuer und Schwert, des Meeres, der Menschen und Tiere zu ertragen und die Todesqualen? Ist es nicht derselbe, „auf dem der Geist der Stärke ruht" (vgl. Jes 11,2)? Denn nichts ist stärker als der göttliche Geist, nichts kraftvoller als der, bei dem das Können seinem Willen unterworfen ist, das heißt, dessen Wollen Können ist.

T.: Wie groß die Kraft göttlicher Stärke ist, das verkündet laut der Bau der Welt, wenn die Zunge schweigt. Aber wie ist es mit dem ‚sicher'?

P.: Weißt du nicht, daß die Bezeichnung Unsicherheit ein Zeugnis für mangelnde Standhaftigkeit, für Zerbrechlichkeit und Wankelmut ist? Diese Bezeichnung trifft nicht auf den Geist Gottes zu, weil er immer der Eine und Derselbe ist, sowohl in den großen wie in den kleinsten Dingen immer von gleicher Wirkungsmacht. Der Mensch ist dagegen einmal mächtig, das andere Mal schwach, ja er vermag in der Tat mit seinen Kräften häufig nicht das, was er in seinem Geist will. Darum ist nichts unsicherer, als nicht zu können, was du willst, ja bisweilen sogar nicht zu wollen, was du kannst.

T.: Wie könnte einer alles vollbringen, was er will, da „er doch niemals in demselben Zustand verbleibt" (Ijob 14,2 Vg.)?

P.: Aber so wie der Geist Gottes vorausschauend ist zum Rat, so ist er sicher, so ist er stark zur Hilfe, nichts überhaupt ist sicherer als seine Gegenwart, weil du ihn findest, wo, wann und wie du ihn suchst, das heißt, wenn du ihn würdig suchst, und dennoch verändert er sich nicht in Ort und Zeit, dem dieses mit Vater und Sohn gemeinsam ist, daß er sicher ist. Wenn du aber Antworten von falschen Propheten suchst, die leere Träume sehen und die Lügengespinste ihres eigenen Herzens verkünden, dann ist alles unsicher, was du hörst, „mühsames Werk ihrer Lippen" (Ps 140,10: Vg. Ps 139,10), ein Strom der Unsicherheit. Achte auf Micha und die Schar der Propheten, die vor Ahab und

Iosaphat prophetantes, quam certus dei spiritus in uno, incertus in multis, adeo quod mendacibus credulus compellitur in ruinam, veridicus salvatur per gratiam.

T.: Non mirandum posse decipi divino semper spiritui contrarium regem ab eo, qui erat spiritus mendax in ore 5 vana prophetantium, cum et boni persaepe incerto spiritu seducantur, sicut propheta, quem leo occidit, quia ieiunare iussus comedit. Certus igitur in omnibus spiritus domini, quia eius certitudo semper consonat veritati. Perge modo.

P.: Securitas fortitudini vicina est, dum fortis quisque 10 securus in his est, in quibus infirmo et debili terror adest. Dicitur autem securus sine cura, hoc est, quem cura non angit in rebus procurandis, quippe cui servit ad libitum ipse ordo procurationis. Unde illud est de membris Christi, quantum in ipsis est peccato reluctantibus: „Secura mens 15 quasi iuge convivium." In gratia enim vel libertate mentis convivantur, quo nec curis mundialibus nec culpis actualibus vel gravantur vel ligantur. Est igitur securus iste spiritus fortitudinis, hoc est sibi constans, liber, immobilis, inperturbabilis, iudicans in tranquillitate, disponens reges et 20 regna, inconcussa suae virtutis excellentia.

T.: Scrupulum apostolicis verbis obiecisse videris in hoc verbo securitatis.

P.: Audio.

Joschafat weissagten, wie sicher der Geist Gottes in dem
einen war und wie unsicher in den vielen, so sehr, daß der,
der den Lügnern glaubte, ins Verderben getrieben wurde,
der aber die Wahrheit sagte, in Gnade gerettet wurde (vgl.
1 Kön 22, 6–37).

T.: Man sollte sich nicht wundern, daß der König, der
sich immer gegen den göttlichen Geist stellte, von dem
lügnerischen Geist im Munde der Propheten getäuscht
werden konnte, die eitlen Wahn verkündeten, wo doch
sogar die Guten häufig vom unsicheren Geist verführt
wurden, so wie jener Prophet, den der Löwe zerriß, weil er
gegessen hatte, obwohl ihm Fasten befohlen war (vgl.
1 Kön 13, 22.24). Darum ist der Geist des Herrn sicher in
allem, weil seine Sicherheit immer mit der Wahrheit über-
einstimmt. Fahre also fort.

P.: Die Sicherheit ist der Stärke unmittelbar benach-
bart, indem jeder Starke sicher ist in den Dingen, bei
denen die Schwachen und Gebrechlichen Schrecken über-
fällt. Sicher wird aber derjenige genannt, der ohne Sorge
ist, das heißt, den keine Sorge bei der Vorsorge für seine
Güter ängstigt, dem allerdings die Einrichtung der Vorsorge an sich beliebig zur Verfügung steht. Daher kommt
auch jenes Wort über die Glieder Christi, das jedenfalls bei
denen soweit gültig ist, die sich der Sünde widersetzen:
„Ein sicheres Herz ist wie ein Gastmahl ohne Ende" (Spr
15, 14 f). Denn in der Gnade und der Freiheit des Herzens
speisen sie zusammen, so daß sie weder von weltlichen
Sorgen noch von wirklicher Schuld belastet oder gefesselt werden. Es ist also dieser Geist der Stärke sicher, das
heißt in sich selbst ruhend, frei, unbeweglich und uner-
schütterlich, er richtet in Ruhe, er lenkt die Könige und
ihre Reiche, unerschüttert in der Vortrefflichkeit seiner
Kraft.

T.: Du scheinst bei dieser Erörterung über die Sicherheit
dem Wort des Apostels Zweifel entgegenzubringen.

P.: Ich höre.

T.: Nonne Paulus monuisse videtur omnes fideles dicens:
„Omnem sollicitudinem vestram in eum proicientes, quon-
iam ipsi cura est | de vobis"? Si igitur spiritus ipse securus | 326
dicitur, id est sine cura, et deum habere curam de nobis
Pauli sunt verba, alterum erit e duobus, aut eum non secu- 5
rum dices nos curando aut securum nos avertendo.

P.: Discretio verborum in scripturis sensum legentis eru-
dit, quae si non assit, intelligentiam legentis impedit, non
instruit. Quaero igitur primum, cura unde dicta sit.

T.: Si bene memini, curam dicunt a corde et uro. Quodsi 10
ad nodum istum solvendum admiseris, infirmis haud dubie
niteris argumentis.

P.: Quia quaestionem sensatis quidem solubilem, tibi, ut
videtur, inextricabilem movisse videris, non iniuria tua di-
xerim, nodum in scirpo quaeris. Attende Theodora. Spiri- 15
tus sanctus in suae aeternitatis simplicitate securus est et
tamen omne, quod creavit, sine angustia curat, quia sicut
creavit sine labore, quod est, sic continet, implet et ambit
sine angustia, quod creatum est. Non urit eum ad haec
disponenda, quae creavit, ulla cura vel sollicitudo, sed sicut 20
sola voluntate eius factum est, quicquid est, sic eius nutu
regitur et ordinatur, ut maneat et sit, quod ad aeternitatem
promerendam creatum est. Sequitur spiritus scientiae et
idem multiplex et disertus. Quid Christum latet, qui omnia
scit et cui omnia patent, „in quo", sicut superius dictum est, 25
„sunt omnes thesauri sapientiae et scientiae reconditi"?

---

203 An dieser Stelle herrscht Unsicherheit im Dialogwechsel. Die Hs **V**
gibt schon den „Wenn"*(Quodsi)*-Satz an Peregrinus, was sich inhaltlich
durchaus rechtfertigen läßt.
204 Der Autor des *Spec. virg.* greift hier auf das Sprichwort *quaerere in
scirpo nodum* zurück, das aus der lateinischen Komödie bekannt ist, vgl.
PLAUTUS, *Men.* 247 (o.S. LINDSAY). Gemeint ist: „Du suchst Schwierigkei-
ten, wo keine sind." Binsen haben keine Knoten, das heißt Verdickungen
am Stengel. Darum muß eine Suche danach vergeblich sein; vgl. OTTO,
Sprichwörter 312 f.

T.: Scheint nicht Paulus alle Gläubigen ermahnt zu haben, indem er sagt: „Werft alle eure Sorge auf ihn, denn er
trägt Sorge für euch" (1 Petr 5,7)? Wenn also der Geist
selbst sicher genannt wird, das heißt ‚ohne Sorge‘, und die
Worte des Paulus besagen, daß Gott für uns Sorge trägt,
wird nur eins von beiden Gültigkeit haben, entweder wirst
du ihn nicht als sicher bezeichnen, der für uns sorgt, oder
du nennst ihn sicher, wenn er sich von uns abwendet.

P.: Die Unterscheidung von Aussagen in der heiligen
Schrift bildet das Wahrnehmungsvermögen des Lesers aus,
wenn diese fehlt, dann hindert sie die Einsicht des Lesers
und fördert sie nicht. Darum frage ich zuerst, warum die
Sorge so genannt wird.

T.: Wenn ich mich recht erinnere, heißt sie Sorge, weil
das Wort von ‚Herz‘ und ‚Brand‘ kommt. Wenn du aber
zur Lösung dieses Knotens solche Dinge zuläßt, dann wirst
du dich unzweifelhaft auf schwache Beweise stützen.

P.:[203] Weil du nun in der Tat anscheinend eine Frage
aufgegriffen hast, die für Leute mit Verstand durchaus
lösbar ist, dir aber unentwirrbar erscheint, suchst du — ich
möchte das nicht zu deiner Beleidigung sagen — den Knoten in der Binse.[204] Merke auf, Theodora. Der heilige Geist
ist in der Einfachheit seiner ewigen Dauer sicher, und dennoch sorgt er für alles, was er geschaffen hat, ohne Bedrängnis, weil ebenso, wie er ohne Mühe das geschaffen hat, was
ist, so enthält, erfüllt und umkreist er auch ohne Bedrängnis
das, was geschaffen ist. Nicht brennt ihn bei der Ordnung
der Dinge, die er geschaffen hat, irgendeine Sorge oder
Unruhe, sondern so wie allein nach seinem Willen geschehen
ist, was ist, so wird auf seinen Wink das, was zum Gewinn
der Ewigkeit geschaffen ist, gelenkt und geordnet, damit es
bleibt und besteht. Es folgt der Geist der Erkenntnis, und
dieser ist ebenso vielfältig und beredt. Was bleibt Christus
verborgen, der alles weiß und vor dem alles offen liegt, „in
dem", wie schon oben gesagt wurde, „alle Schätze der Weisheit und der Erkenntnis aufbewahrt liegen" (Kol 2,3)?

Novit igitur omnia, „per quem facta sunt omnia", qui est
infra et super omnia. De cuius scientia David: „Mirabilis",
inquit, „facta est scientia tua ex me, confortata est et non
potero ad eam."

T.: Christum quidem „plenum gratiae et veritatis" et 5
scientiae omnis sacra pagina clamat, sed quod „super eum
nunc spiritum sapientiae, | nunc spiritum scientiae requie- | 327
visse" propheta pronuntiat, differentia, quaeso, utriusque
non lateat, praesertim cum et apostolus haec ita distinguat:
„Alii datur", inquiens, „sermo sapientiae, alii sermo scien- 10
tiae." Nostra enim natura, quod scit, sapit, quod sapit et
hoc scit, de divina si idem intelligendum sit?

P.: Non est ita, ut in omnibus nobis scientia et sapientia
sint indifferentia, ut, quod scimus, sapiamus.

T.: Discerne igitur brevi diffinitiuncula, quomodo voce 15
similia sensu sint dissimilia.

P.: Accipe. Sapientia est aeternarum rerum cognitio in-
tellectualis, scientia vero temporalium rerum cognitio rationalis. Illa pertinet in deo ad divina contemplanda, ista ad
humana propter deum disponenda, ubi quid cui sit praepo- 20
nendum, tuo iudicio committendum est.

T.: Magna prorsus utriusque distantia.

P.: Igitur non omne sapimus, quod scimus. Quanti Christiani philosophi de caelestibus disputant, quam vera, quam
subtilia de bonis futuris scientia sua comprehendunt nec 25

Denn er kennt alles, „durch den alle Dinge gemacht sind"
(Joh 1,3), der in allem und über allem ist. Über seine
Erkenntnis sagt David: „Die Erkenntnis von dir ist für
mich zum Staunen, sehr stark ist sie, und ich werde nicht
zu ihr kommen" (Ps 139,6: Vg. Ps 138,6).

T.: Allerdings verkündet die ganze heilige Schrift, daß
Christus „voll der Gnade und der Wahrheit" (Joh 1,14) und
der Erkenntnis sei, aber daß der Prophet erklärt, daß „auf
ihm bald der Geist der Weisheit, bald der Geist der Erkenntnis geruht habe" (Jes 11,2), da soll der Unterschied
von beiden, ich bitte dich, nicht verborgen bleiben, zumal
auch der Apostel dies so unterscheidet, wenn er sagt: „Dem
einen wird die Rede von der Weisheit gegeben, dem anderen die Rede von der Erkenntnis" (1 Kor 12,8). Unsere
Natur ist nämlich weise, weil sie erkennt, und weil sie weise
ist, erkennt sie dies auch, muß man es da vielleicht bei der
göttlichen Natur in gleicher Weise verstehen?

P.: Es ist nicht so, daß in uns allen Erkenntnis und
Weisheit ohne Unterschied vorhanden sind, so daß wir
schon weise wären, weil wir erkennen.

T.: Darum bestimme in einer kurzen Erklärung den
Unterschied, wie diese beiden Dinge in der Bezeichnung
ähnlich, ihrem Sinn nach verschieden sind.

P.: So höre. Die Weisheit ist das geistige Erfassen der
ewigen Dinge, die Erkenntnis aber das Erfassen der zeitlichen Dinge mit dem Verstand. Erstere bezieht sich auf
Gott zur Betrachtung der göttlichen Dinge, letztere aber
auf die Ordnung der menschlichen Dinge Gottes wegen;
deinem Urteil muß nun überlassen werden, wo was wem
vorzuziehen ist.

T.: Der Abstand zwischen beiden ist allerdings groß.

P.: Darum sind wir nicht vollkommen weise, weil wir
erkennen. Wie viele christliche Philosophen führen über
die himmlischen Dinge Auseinandersetzungen, wie Wahres, wie Feinsinniges begreifen sie über die zukünftigen
Dinge in ihrer Erkenntnis, und dennoch haben sie mit

tamen studiis suis hoc efficiunt, ut sapiant, quod sciunt.
Vitae dulcedinem ex scientia non praegustant, ac per hoc
etiam mensa referta fame laborant. Amor igitur vitae per
spiritum sanctum in se movet sapientiam, disciplinae dili-
gentia in anima fundat scientiam. Quamvis igitur alterum 5
pro altero poni saepissime reperiatur, proprietas tamen
utriusque, id est scientiae et sapientiae, ut praedictum est,
distinguitur. Multi igitur quod sciunt, non sapiunt.

T.: Videtur mihi nihil beatius in hac vita quam utrumque
possidere de spiritus sancti gratia. Verum quia propheta 10
distinguit in capite, quod apostolus in corpore et ibi in
capite: „O altitudo divitiarum sapientiae et scientiae dei,
quam incomprehensibilia sunt | iudicia eius et investigabi- | 328
les viae eius", quomodo in Christo requieverit spiritus
uterque, id est spiritus sapientiae et scientiae, immo unus 15
idemque, paucis absolve.

P.: Paulus ait: „Christum dei virtutem et dei sapientiam,
in quo sunt omnes thesauri sapientiae et scientiae abscon-
diti." Quem igitur dicit sapientiam, in eodem dicit esse
sapientiam, in eodem dicit et scientiam. Ipse igitur, quod 20
vere scit, vere sapit, eius sapientia ipse est, eius scientia ipsa
est. „Non potest filius a se facere quicquam nisi quod viderit
patrem facientem. Quaecumque enim ille facit, similiter et
filius facit." Hoc ideo posui, quia non est alia sapientia vel
scientia patris, alia filii, alia spiritus sancti, sed omnium una, 25
quia deitatis substantia una. Differentiam tamen huiusmodi

ihren eigenen Studien nicht bewirkt, daß sie weise sind,
weil sie erkennen. Die Süße des Lebens kosten sie nicht
vorher aufgrund ihres Wissens, und darum leiden sie an
Hunger, obwohl der Tisch schon gedeckt ist. Es erregt also
die Liebe zum Leben durch den heiligen Geist in sich die
Weisheit, sorgfältige Zucht legt in der Seele den Grund des
Wissens. Obwohl man allerdings sehr häufig finden kann,
daß das eine anstelle des anderen gesetzt wird, muß man
doch die Eigenheit von beiden, das heißt von der Erkenntnis
und der Weisheit, unterscheiden, wie es oben gesagt wurde.
Darum sind viele nicht weise, auch wenn sie erkennen.

T.: Nichts erscheint mir seliger in diesem Leben, als von
der Gnade des heiligen Geistes beides zu besitzen. Denn
der Prophet hat wirklich am Haupt unterschieden, was der
Apostel am Leib und dort am Haupt unterschieden hat: „O
Tiefe des Reichtums an Weisheit und Erkenntnis Gottes,
wie unbegreiflich ist sein Urteilsspruch und wie uner-
forschlich sind seine Wege!" (Röm 11,33). Wie aber auf
Christus der Geist beider ausruhen wird, nämlich der Geist
der Weisheit und der Erkenntnis, in der Tat immer der Eine
und Derselbe, das erkläre mit wenigen Worten.

P.: Paulus sagt, „daß Christus Gottes Kraft und Gottes
Weisheit sei, in dem alle Schätze der Weisheit und der
Erkenntnis verborgen liegen" (1 Kor 1,24; Kol 2,3). Er
nennt ihn also Weisheit, von dem er sagt, daß in ihm sowohl
Weisheit liege wie auch Erkenntnis. Er selbst ist also wirklich weise, weil er wirklich erkennt, er selbst ist seine
Weisheit, sie ist seine Erkenntnis. „Der Sohn kann nicht
irgendetwas von sich aus tun, wenn er nicht gesehen hätte,
daß der Vater es tut. Denn was auch immer jener tut, das
tut auch der Sohn in gleicher Weise" (Joh 5,19). Ich habe
dies darum festgestellt, weil die Weisheit und Erkenntnis
des Vaters nicht etwa eine andere ist als die des Sohnes und
wieder eine andere als die des heiligen Geistes, sondern es
ist eine einzige bei allen, weil ja auch das Wesen der Gottheit
ein einziges ist. Dennoch wirst du folgenden Unterschied

in sapientia et scientia filii dei sic poteris advertere, quia
quod scit, sapit, id est omnium rerum omnia solus discernit
et, quale sit, diiudicat, quod nostrae naturae non accidit.
Denique quam sit multiplex spiritus idem, quid attinet
dicere, cum unus spiritus late pateat universali ecclesiae in 5
donorum caelestium mirabili distributione? „Unicuique
enim datur manifestatio spiritus ad utilitatem. Alii quidem
per spiritum datur sermo sapientiae, alii sermo scientiae
secundum eundem spiritum, alteri fides in eodem spiritu,
alii gratia sanitatum in uno spiritu, alii operatio virtutum, 10
alii prophetia, alii discretio spirituum, alii genera lin-
guarum, alii interpretatio sermonum. Haec autem omnia
operatur unus atque idem spiritus dividens singulis, prout
vult, et subiungit. Sicut enim corpus unum est et membra
habet multa, omnia autem corporis membra, cum sint mul- 15
ta, unum corpus sunt, ita et Christus. Etenim in uno spiritu
omnes nos unum et omnes in uno spiritu potati sumus."
Videsne quam multiplex spiritus et tamen unus? Amplius.
„Divisiones", inquit, „gratiarum sunt, idem autem spiritus,
et divisiones ministrationum sunt, idem autem dominus, et 20
divisiones operationum sunt, idem vero deus, qui operatur
| omnia in omnibus", et ad Effesios: „Unicuique", inquit, | 329
„nostrum data est gratia secundum mensuram donationis
Christi, dedit enim quosdam apostolos, quosdam prophetas", et cetera.   25
   T.: Miror quod tam multi de uno fonte rivi procedunt
nec validis meatibus suis fontis venas exhauriunt.

in der Weisheit und Erkenntnis des Gottessohnes bemerken können, weil er weise ist in dem, was er erkennt, das heißt, weil er allein alles bei allen Geschehnissen entscheidet und beurteilt, wie es ist, was unserer Natur nicht zukommt. Was ist es schließlich von Belang zu erklären, wie vielfältig dieser Geist ist, da ein einziger Geist bei der wunderbaren Verteilung der himmlischen Gaben der gesamten Kirche weit offensteht? „Denn einem jeden wird die Offenbarung des Geistes zum Nutzen gegeben. Dem einen wird nämlich durch den Geist die Fähigkeit gegeben, von der Weisheit zu reden, dem anderen, von der Erkenntnis zu reden nach demselben Geist, wieder einem andern ist der Glaube in demselben Geist verliehen, einem anderen, die Gnade zu heilen in dem einen Geist, einem anderen das Werk der Tugenden, einem anderen die Weissagung, einem anderen die Unterscheidung der Geister, einem anderen unterschiedliche Arten von Sprachen, einem anderen die Auslegung der Rede. Dies bewirkt aber alles der eine einzige und selbe Geist, der unter den einzelnen teilt und verbindet, wie er es will. Denn so wie es einen einzigen Leib gibt und er viele Glieder hat, aber alle Glieder des Körpers sind, auch wenn sie viele sind, sind sie doch ein einziger Körper, so ist es auch mit Christus. Denn wir sind alle in einem einzigen Geist eins, und alle sind wir in einem einzigen Geist getränkt" (1 Kor 12, 7–13). Siehst du, wie vielfältig dieser Geist ist und dennoch ein einziger? Weiter. „Es gibt eine Teilung bei den Gnadengeschenken", sagt er, „aber es ist derselbe Geist, es gibt eine Teilung bei den Ämtern, aber es ist derselbe Herr, es gibt eine Teilung bei den Werken, aber es ist derselbe Gott, der alles in allen wirkt" (1 Kor 12, 4–6), und zu den Ephesern sagt er: „Einem jeden von uns ist die Gnade nach dem Maß der Gabe Christi gegeben, denn die einen macht er zu Aposteln, die anderen zu Propheten" (Eph 4, 7.11), und so weiter.

T.: Ich wundere mich, daß so viele Flüsse aus der einen Quelle hervorgehen und doch mit ihren gewaltigen Strömen die Wasseradern der Quelle nicht erschöpfen.

P.: Si fons iste suis meatibus posset exsiccari, de perfectione vel plenitudine spiritus huius inminuta posses iure
causari. Qui ergo omnibus omnia prout vult dividit, virtus
et opus eius ex indefectiva voluntate procedit. Rivos huius
multiplicitatis nunc sitit ecclesia, quae olim donis divinitus 5
acceptis et his diversis in amore processit aeternitatis. Quid
ergo ait? „Quis", inquit, „mihi det, ut sim iuxta menses
pristinos, quando mihi petra fundebat rivos olei?"

T.: Qui sunt, rogo, rivi olei?

P.: Divisiones gratiarum superius praedictarum. Quid 10
multa? „Omnia flumina intrant mare et mare non redundat." Quare? „Quia exeunt de mari, ut iterum fluant." A
deo virtutum omnium gratia redundat in sanctos, sed ipsius
virtus aeterna nec partiendo minuitur nec recipiendo dona,
quae partitur, augetur.   15

T.: Quam sit multiplex spiritus, attendo, quomodo sit
disertus, scire volo.

P.: De spiritus huius disertitudine plura nosti experi-
endo, legendo, audiendo magis ab aliis quam verbo nostro.
Dicitur enim spiritus sanctus disertus faciens disertos, 20
etiam sine studiis praecedentibus, quia lingua facile disse-
rit, quod spiritus sanctus interius sine verborum strepitu
dictaverit. „Linguas infantium facit disertas" eorum, qui
ab homine non didicerunt, quod sapienti disertitudine
protulerunt. Attende David pastoralis curae laborantem 25
officio, alterum vellicantem siccomoros in rubeto, alium

P.: Wenn diese Quelle von ihren eigenen Flußläufen ausgetrocknet werden könnte, dann könntest du dich mit Recht beklagen, daß dieser Geist in seiner Vollkommenheit und Fülle beeinträchtigt sei. Denn wer allen alles austeilt, wie er will, dessen Kraft und Werk gehen aus einem ungebrochenen Willen hervor. Nach den Strömen dieser Vielfalt dürstet jetzt die Kirche, die in der Liebe zur Ewigkeit vorangeschritten ist, nachdem einst die Gaben vom Himmel empfangen und verteilt wurden. Was sagt er also? „Wer gibt mir", sagt er, „daß ich wäre wie in meinen früheren Monaten, als der Felsen die Bäche von Öl über mich ausgoß?" (Ijob 29, 2.6).

T.: Ich frage, was diese Bäche von Öl sind?

P.: Es sind die Zuteilungen an Gnadengeschenken, von denen wir oben gesprochen haben. Was weiter? „Alle Flüsse münden in das Meer, und das Meer läuft nicht über." Warum? „Weil sie aus dem Meer heraustreten, um wieder zu fließen" (Koh 1, 7). Von Gott strömt die Gnade aller Tugenden im Überfluß auf seine Heiligen, aber dennoch wird seine ewige Tugend nicht verkleinert beim Austeilen, noch wird sie vergrößert beim Empfang der Gaben, die er austeilt.

T.: Ich verstehe, wie der Geist vielfältig ist, aber auf welche Weise er beredt ist, das möchte ich wissen.

P.: Über die Beredsamkeit dieses Geistes hast du schon viel aus Erfahrung, vom Lesen und Hören gelernt, mehr von anderen als durch unser Wort. Der heilige Geist wird nämlich beredt genannt, weil er beredsam macht, auch ohne vorangegangene Studien, weil die Zunge leicht das auseinandersetzt, was der heilige Geist innerlich ohne den Lärm von Worten vorgesagt hat. „Er macht die Zunge von denen, die keine Rednergabe besitzen, beredt" (Weish 10, 21), die nicht von einem Menschen gelernt haben, was sie in weiser Beredsamkeit vortrugen. Denke an David, der sich mühte in der Pflicht als sorgfältiger Hirte (vgl. Am 7, 14), denke an den anderen, der Feigen im Dornengestrüpp pflückte,

nummicolantem | in theloneo, piscatores etiam sine censu | 330
et verbo, quis istos fecit disertos? Nonne spiritus scientiae,
multiplex et disertus?

T.: Quid disertos dixeris, non video. Si facundiam in hoc
verbo vis intelligi, quomodo vatum oracula, apostolica 5
scripta et ipsa sancti spiritus misteria tam vili litterae teg-
mine operta defendis? Sonant enim, ut audenter dicam, in
plerisque locis magis rusticitatem quam disertitudinem.

P.: Audio. Sed dic mihi: „In sermone potentem" et „sapientiam inter perfectos loquentem", numquid pro diserto 10
recipis aut rusticano comparabis?

T.: Nullo modo brutae personae sermone potentem com-
paraverim vel sapientiam inter perfectos loquentem, valet
enim uterque, quod novit, valenter proferre.

P.: Quid hoc? Numquid peccatricem eloquentiam sanc- 15
tae rusticitati praeferendam aestimas?

T.: Immo nec aequiperandam, quia magis silentium sim-
plicis animae comprobo quam eloquentiae strepitum in
verbo pomposo.

P.: Recte tu quidem. Attende igitur, quid de domino, 20
quid de servo dictum sit: Erat autem „Iesus potens in
sermone, non sicut pharisaei", et cetera. Et illud: „Mira-
bantur autem omnes in doctrina eius", et Paulus: „Sapientiam", inquit, „loquimur inter perfectos", et alibi: „Non in

und an den anderen, der Münzen in der Zollstation einzog
(vgl. Mt 9,9), sogar an die Fischer, ohne Vermögen und
Stimme, wer hat diese beredt gemacht? Etwa nicht der
Geist der Erkenntnis, vielfältig und beredt?

T.: Was du über die Beredsamen gesagt hast, sehe ich
nicht ein. Wenn du willst, daß man unter diesem Wort die
Redegewandtheit versteht, wie verteidigst du da die Sprü-
che der Seher, die Schriften der Apostel und sogar die
Geheimnisse des heiligen Geistes, die nur unter einem so
geringen Mantel des Buchstabens zugedeckt sind? Denn sie
klingen, wie ich kühn behaupten möchte, an den meisten
Stellen mehr nach bäuerlicher Plumpheit als nach geschlif-
fener Beredsamkeit.

P.: Ich höre. Aber sag mir: Hältst du den für einen
Beredsamen, „der in der Rede mächtig ist" (Lk 24,19) und
„von der Weisheit spricht unter den Vollkommenen" (1 Kor
2,6), oder wirst du ihn einem bäurischen Menschen vergleichen?

T.: Keineswegs möchte ich mit einer ungehobelten Person den vergleichen, der mächtig ist im Gespräch oder der
unter Vollkommenen von der Weisheit spricht, denn jeder
von beiden vermag wirksam vorzutragen, was er erfahren
hat.

P.: Was weiter? Glaubst du denn etwa, daß man sündhaf-
te Redegewandtheit der heiligen Einfalt vorziehen muß?

T.: Die darf man nun in der Tat nicht vergleichen, weil
ich dem Schweigen eines einfachen Gemüts mehr zustim-
me als lärmender Redegewandtheit im hochtrabenden
Wort.

P.: Da hast du allerdings recht. Paß darum auf, was über
den Herrn, was über den Diener gesagt ist. Es war aber
„Jesus mächtig im Gespräch" (Lk 24,19), „nicht wie die
Pharisäer" (Mt 7,29), und so weiter. Und jenes Wort: „Es
staunten aber alle über seine Lehre" (Mt 22,33), und Paulus
sagt: „Wir reden von der Weisheit unter den Vollkommenen" (1 Kor 2,6), und an anderer Stelle: „Nicht in den

doctis humanae sapientiae verbis, sed in doctrina spiritus
virtutis spiritalia spiritalibus comparantes", et multa in
hunc modum, ubi vera facundia dici potest, ubi spiritus
sanctus loquentis doctor est. Quicumque enim veritati verba consona pronuntiat, disertitudinem eius testimonium   5
spiritus sancti confirmat.

T.: Hic occurrit, quod in hunc sensum Iob pronuntiavit:
„Numquid homo deo comparari potest, etiam cum perfectae fuerit scientiae?" Sed procede.

P.: Iam sextum septiformis gratiae gradum ascendamus,   10   33⋮
quamvis in his donis nihil aliud quam gratiae caelestis plenitudinem et perfectionem in hoc flore beato de virga Iesse
procedente requiramus: „Requiescit", inquit, „super eum
spiritus pietatis", et hic „suavis et benignus". Pietati enim
suavitas et benignitas proximae sunt, nec pietas est ullo   15
modo, si desunt cetera. Sed frustra pietatis efficaciam verbo
significare conamur, cum in hoc gradu maxime pendeat,
quod salutem humanam per filium dei pro nobis incarnati
insinuat. Est autem pietas benigni animi dulcedine auxilia-
trix ad omnes affectio. Haec enim virtus omnium virtutum   20
ductrix et mater est. Dicitur: „Legis perfectio caritas", sed
profundius et specialius quiddam possidet pietas. Cuius
virtutem Paulus admonens amplectendam: „Sobrie", inquit,
„et iuste et pie vivamus in hoc saeculo." Et item: „Est autem
quaestus magnus pietas cum sufficientia." Quadam igitur   25

gelehrten Worten menschlicher Weisheit, sondern in der
Lehre geistiger Tugend wollen wir Geistiges mit Geistigem
vergleichen" (1 Kor 2, 13), und vieles in der Art, wo von
wahrer Redegewandtheit gesprochen werden kann und der
heilige Geist der Lehrmeister des Redenden ist. Denn wer
immer Worte spricht, die mit der Wahrheit übereinstimmen, der bestätigt seine Beredsamkeit als ein Zeugnis des
heiligen Geistes.

T.: Hier kommt mir in den Sinn, was Ijob zu dieser Frage
gesagt hat: „Kann etwa ein Mensch mit Gott verglichen
werden, auch wenn er von vollkommener Erkenntnis
wäre?" (Ijob 22, 2 Vg.). Aber fahre fort.

P.: Laß uns jetzt zur sechsten Stufe der siebenförmigen
Gnade aufsteigen, obwohl wir in diesen Gaben nichts anderes suchen als die Fülle und Vollkommenheit der himmlischen Gnade in dieser seligen Blüte, die aus der Wurzel
Jesse hervorgeht. „Es ruht auf ihm", sagt er, „der Geist der
Frömmigkeit, und dieser ist lieblich und gütig" (vgl. Jes
11, 1 f; Weish 7, 22 f). Es sind nämlich die Lieblichkeit und
die Güte der Frömmigkeit ganz nahe verwandt, und Frömmigkeit kann es überhaupt nicht geben, wenn die anderen
fehlen. Aber vergeblich versuchen wir, die Wirkung der
Frömmigkeit mit einer Bezeichnung im Wort festzuma-
chen, weil am Erreichen dieser Stufe ganz besonders das
Heil für den Menschen hängt, das uns durch den Sohn
Gottes verheißen ist, der für uns Fleisch geworden ist.
Frömmigkeit bedeutet aber hilfreiche Hinwendung zu allen in der Süße eines gütigen Herzens. Denn diese Tugend
ist Führerin und Mutter aller Tugenden. Es heißt: „Die
Vollendung des Gesetzes ist die Liebe" (Röm 13, 10), aber
die Frömmigkeit besitzt etwas, was noch tiefer und eigen-
tümlicher ist. Paulus mahnt, daß man diese Tugend hegen
und pflegen muß, und sagt: „Wir wollen nüchtern und
gerecht und fromm leben in dieser Welt" (Tit 2, 12). Und
ebenso: „Es ist aber die Frömmigkeit mit Genügsamkeit
ein großer Gewinn" (1 Tim 6, 6). Durch einen gewissen

dilectionis praerogativa pietas regem saeculorum ad nos
inclinavit, humanitate nostra vestivit, et quem iudicium
damnaverat, mediatoris pietas reconciliat. Et pietatis quidem germen caritas est, sed caritatis radix pietas est. Quid
habebis in germine nisi prius possideas ex radicis vigore? 5
Caritas se extendit „ad deum, quem non videt" et proximum visum, pietas praecurrit conceptum infantem in utero
matris, nondum natum. Orat enim, ne fiat abortivum, quod
optat ecclesiae fieri fructum, dolet de perditis ecclesiae filiis
quasi mater omnium sit lege parientis. Quotiens iste flos et 10
fons pietatis „congregare voluit filios reprobos ut gallina
pullos suos", quotiens super eos ut mater ingemuit, nec
profecit. Sed haec virtus in flore nostro quousque durabit?
Vis nosse?

T.: Etiam.   15

P.: Usque ad dexteram et sinistram istam vocandam,
illam proiciendam.

T.: Pietatem quidem adverto in electis, iudicium solum 332
in damnandis.

P.: Nec in his deest pietas, si diligentius perscruteris 20
scripturas: „Tacui", inquit, „semper silui, patiens fui, sicut
pariens loquar."

T.: Quorsum ista similitudo?

P.: Attende. Cum dolore gravi pariens partum proicit,
quem diu non sine molestia gestavit. Sic pietatis fons inex- 25

Vorrang in der Liebe hat darum die Frömmigkeit den König
der Zeiten uns geneigt gemacht, sie hat ihn mit unserer
Menschlichkeit bekleidet, und die Frömmigkeit des Mittlers
hat den, den das richterliche Urteil schon verdammt hatte,
wieder in Versöhnung zurückgewonnen. Zwar ist die Liebe
ein Zweig, der aus der Frömmigkeit sprießt, aber die Wurzel
der Liebe ist die Frömmigkeit. Was wirst du am Zweig haben,
wenn du es nicht vorher in der Kraft der Wurzel besessen
hast? Die Liebe dehnt sich aus hin „zu Gott, den sie nicht
sieht" (1 Joh 4, 20), und zum Nächsten, den sie sieht, die
Frömmigkeit läuft dem Kind voran, das empfangen ist im
Mutterleib, aber noch nicht geboren. Denn sie betet, daß es
keine Fehlgeburt wird, weil sie wünscht, daß es für die Kirche
Frucht bringt, und sie trauert über die verlorenen Söhne der
Kirche, gleich als sei sie die Mutter aller nach dem Gesetz
der Gebärenden. Wie oft hat diese Blüte und dieser Quell
der Frömmigkeit „die verlorenen Söhne wieder sammeln
wollen wie eine Henne ihre Küken" (Mt 23, 37), wie oft hat
sie wie eine Mutter über sie geseufzt, und doch hat es nichts
genutzt! Aber zu welchem Zweck wird diese Tugend auf
unserer Blume andauern? Willst du es wissen?

T.: Ja sicher.

P.: Bis diese zur Rechten und zur Linken gerufen werden
kann, jene aber verstoßen werden muß.

T.: Ich erkenne die Frömmigkeit zwar bei den Auserwählten, bei denen, die verdammt werden sollen, allein
das Gericht.

P.: Auch bei diesen fehlt die Frömmigkeit nicht, wenn
du etwas genauer in der heiligen Schrift nachforschst: „Ich
habe geschwiegen", sagt er, „immer bin ich still gewesen
und war geduldig, jetzt will ich schreien wie eine Gebären-
de" (Jes 42, 14).

T.: Wohin führt dieser Vergleich?

P.: Paß auf! Unter großen Schmerzen bringt eine Gebä-
rende ihr Kind zur Welt, das sie über lange Zeit mit Mühe
getragen hat. So entläßt auch der unerschöpfliche Quell der

haustus non sine quadam commiseratione creaturam suam
a se removet, cuius pondus iniquitatis magna longanimitate
sustinuit. Mixta igitur semper pietati clementia creaturae
rationali repetere principium suum plagis, signis, verbis,
exemplis persuadere non desinit, ut foveat matris vice pie- 5
tas, quibus clementia pepercerit. Sed cardinem ipsius pietatis breviter revolvamus, ut quam caelestis ipsa virtus sit,
videamus. Habes in verbis beati Iob: „Hominis sapientiam
esse pietatem", cultum autem dei esse eandem pietatem. Ad
quem sensum Paulus: „Corporalis", inquit, „exercitatio ad 10
modicum utilis est, pietas autem ad omnia utilis est." Si
igitur hominis sapientia pietas est, pietas autem dei cultus
est et pietas ad omnia utilis est, attende, cui virtuti per
omnia virtus ista non dominetur, quae verbis et propheticis
et apostolicis sic insignitur. 15

T.: Magna quidem virtus pietatis, magnus et pius, qui
factus est particeps nostrae paupertatis. Sed quomodo suavis et benignus?

P.: „Suavis dominus universis et miserationes eius super
omnia opera eius." Et idem: „Quoniam tu, domine, suavis 20
et mitis et multae misericordiae omnibus invocantibus te."
Est autem suavitas in spiritu sancto divinae dulcedinis il-
lapsus in animam. Qua concepta non modo nullis exagi-
tatur anima molestiis vel corporalibus vel | spiritualibus, | 333
sed aestuans et languens sanctis desideriis cunctis grata 25

Frömmigkeit nicht ohne ein gewisses Mitleiden sein Geschöpf von sich, dessen Last an Ungerechtigkeit er mit
großer Langmut ertragen hat. Darum läßt die Milde, die
immer mit der Frömmigkeit verbunden ist, nicht nach, die
vernünftige Kreatur durch Heimsuchungen, Zeichen, Worte und Beispiele zur Rückkehr zu ihrem Ursprung zu
überzeugen, so daß die Frömmigkeit diejenigen wie eine
Mutter hegt und pflegt, die die Milde verschont hat. Aber
laß uns kurz zum Angelpunkt der Frömmigkeit selbst
zurückkehren, damit wir sehen, wie diese Tugend an sich
eine himmlische ist. Du hast es in den Worten des seligen
Ijob, „daß des Menschen Weisheit die Frömmigkeit ist"
(vgl. Ijob 28,28), die Verehrung Gottes aber eben diese
Frömmigkeit. Zu diesem Gedanken äußert sich Paulus so:
„Körperliche Übung ist nur in Maßen nützlich, aber die
Frömmigkeit ist nützlich zu allem" (1 Tim 4,8). Wenn also
des Menschen Weisheit die Frömmigkeit ist, die Frömmigkeit aber die Verehrung Gottes, und die Frömmigkeit zu
allem nützlich ist, dann achte darauf, ob es überhaupt eine
Tugend gibt, über die diese Tugend nicht herrscht, die
durch die Worte der Propheten und Apostel so ausgezeichnet wird.

T.: Groß ist allerdings die Tugend der Frömmigkeit, groß
und fromm ist der, der geschaffen wurde, um an unserer
Armut teilzuhaben. Aber wie ist der Geist lieblich und
gütig?

P.: „Der Herr ist lieblich in allem, und sein Erbarmen
erstreckt sich auf alle seine Werke" (Ps 145,9: Vg. Ps 144,9).
Und ebenso: „Denn du, Herr, bist lieblich und milde und
von großem Erbarmen gegenüber allen, die dich anrufen"
(Ps 86,5: Vg. Ps 85,5). Denn in Gestalt der Lieblichkeit hat
er sich in der Seele niedergelassen im heiligen Geist seiner
göttlichen Süße. Wenn die Seele diese empfangen hat, dann
wird sie nicht nur von keinen Beschwerden mehr umgetrie-
ben, weder von körperlichen noch von geistlichen, sondern
sie glüht und zerfließt in heiliger Sehnsucht, dankbar für

omnibusque pacifica, ad solum hoc oculos convertit, ad
quod quaerendum inveniendum sine commanentium of-
fensione, quantum in ipsa est, tempora sua percurrit, hoc
solum proclamans: „Filiae Ierusalem, fulcite me floribus,
stipate me malis, quia amore langueo."   5

T.: Quotiens in sanctitate bonorum, in ipso caelibatu et
sancti spiritus suavitate turbo malorum offendit, ut homo
bonis suavis, alteri sit gravis ipsa suavitate Christo hoc
conquaerente, qui ait: „Odio habuerunt me gratis", et de
his in infinitum modum!   10

P.: Scisne, obsecro, quanta boni malique differentia?

T.: Tantam, puto, quantam lucis et tenebrarum. Quaecumque enim contrariis feruntur efficientiis, necesse est
distare differentiis.

P.: Quid hoc quod radius solis oculos lippientes ex-   15
asperat?

T.: Aequaliter sentio.

P.: Non igitur mireris, si malus bonum odit, quia haec
inter eos offensionis materia, impetus diversus vel appetitus. Suavitas ista florem, de quo loquimur, tota possederat 20
nec locus asperitatis in hoc germine pullulabat. Dic ergo:
„O deus, quam suavis spiritus tuus in nobis." Qua suavitate
milia sanctorum aspersi suave iugum domini susceperunt
et, moribus suis iuxta apostolum „in suavitate, in spiritu
sancto" ordinatis, ad praemium, ad quod suave iugum du- 25
cebat, appetitum suum disposuerunt.

alles, friedfertig gegenüber allem und richtet nur auf dieses allein ihre Augen, was gesucht und gefunden werden muß, und ohne Ärgernis für ihre Mitmenschen, soweit es an ihr liegt, durcheilt sie ihre Zeit und ruft nur das allein aus: „Ihr Töchter Jerusalems, stützt mich mit Blumen, erquickt mich mit Äpfeln, denn ich werde schwach vor Liebe" (Hld 2, 5).

T.: Wie oft hat sich gegen die Heiligkeit der Guten, selbst gegen den Zölibat und die Lieblichkeit des heiligen Geistes ein Sturmwind der Bösen erhoben, so daß ein Mensch für die Guten zwar lieblich, für einen anderen aber gerade durch seine Lieblichkeit ärgerlich ist, wobei auch Christus dies beklagt, wenn er sagt: „Sie hassen mich ohne Grund" (Joh 15, 25), und noch weiteres in dieser Art ohne Ende.

P.: Weißt du, ich beschwöre dich, wie groß der Unterschied zwischen Gut und Böse ist?

T.: So groß, glaube ich, wie der zwischen Licht und Finsternis. Denn was immer von gegensätzlicher Wirkung ist, das muß notwendigerweise durch den entsprechenden Unterschied getrennt sein.

P.: Was bedeutet das, daß der Strahl der Sonne die Augen tränen läßt und entzündet?

T.: Ich denke, das Gleiche.

P.: Darum wirst du dich nicht wundern, wenn der Böse den Guten haßt, weil das zwischen ihnen der Grund für den Anstoß ist, nämlich unterschiedlicher Antrieb und unterschiedliches Begehren. Diese Lieblichkeit hatte aber die Blume, von der wir sprechen, vollkommen in Besitz genommen, so daß es keine Stelle gab, wo sich an diesem Zweig etwas Rauhes hätte entwickeln können. Darum sprich: „O Gott, wie lieblich ist dein Geist in uns" (vgl. Weish 12, 1). Von dieser Lieblichkeit benetzt, haben Tausende von Heiligen das süße Joch des Herrn auf sich genommen und haben, nachdem sie ihre Gewohnheiten entsprechend dem Wort des Apostels „in Lieblichkeit, im heiligen Geist" (2 Kor 6, 6) eingerichtet hatten, ihr Begehren auf die Belohnung hin ausgerichtet, zu der das süße Joch sie hinführte.

T.: De benignitate subinfer.

P.: Benignitas suavitatis et pietatis semper socia est. Est enim benignus animus quasi igne divini amoris decoctus, ferventissimis tractus affectibus ita, ut ultra aliorum gratia sui limitem iuris excurrat.   5

T.: Id ipsum apertius insinua.

P.: Non videtur tibi naturalis mensurae metas excedere, 334 qui videtur pro alio mortis extrema gustare, sicut fecit et docuit, in quo spiritus benignitatis perfecte requievit? Quomodo „bonus pastor animam suam in hac benignitate 10 pro ovibus caris" non deposuit? „Quis infirmatur", ait apostolus, „et ego non infirmor?" Nonne idem „anathema pro fratribus optat fieri"? Cogit igitur virtus haec ignita dare pro fratribus animas, sed et omne, quod in rebus possidet, ad utilitatem proximi retorquet. Laxa quidem 15 materia datur nobis in hac virtutis efficacia, sed brevi clausula effectus eius monstrandus est. Est enim benignitas cum quadam ardentissima morum suavitate diligentis animi conspersio. Quid hac clausulae brevitate lucidius, ubi paucis verbis ostenditur, quid Christus in „corpore suo, 20 quod est ecclesia" semper operetur? Quod ipsa igitur habet, ab eo accipit, qui pleniter et perfecte simul omnia possidet.

T.: Nihil verius.

P.: Ipse igitur spiritus paraclitus pussillanimes consolando, ipse donum dei, prout vult, dona sua fidelibus suis 25 dispertiens, fons vivus potans sitientes, caritas adunans fide

T.: Nun füge die Erklärung für die Güte hinzu.

P.: Die Güte ist immer Gefährtin von Lieblichkeit und Frömmigkeit. Denn ein gütiges Herz ist wie im Feuer göttlicher Liebe gekocht und so von heißem Verlangen getrieben, daß es um der anderen willen weit über die Grenze seiner eigenen Bestimmung hinausläuft.

T.: Eben das mache deutlicher klar.

P.: Scheint dir nicht der über das Ziel natürlichen Maßes hinauszugehen, der offensichtlich für einen anderen die äußerste Not des Todes kostet, ebenso wie der getan und gelehrt hat, auf dem der Geist vollkommener Güte sich zur Ruhe niedergelassen hat? Und hat denn nicht „der gute Hirte in dieser Güte sein Leben gelassen für seine lieben Schafe" (Joh 10,11)? „Wer ist schwach", sagt der Apostel, und „ich werde nicht schwach?" (2 Kor 11,29). Und „wünscht nicht derselbe zur Opfergabe für seine Brüder zu werden" (vgl. Röm 9,3)? Darum zwingt diese feurige Tugend, für die Brüder sein Leben zu geben, aber sie verwendet auch alles, was einer an Vermögen besitzt, zum Nutzen für den Nächsten. In der Wirksamkeit dieser Tugend verfügen wir zwar über vielfache Möglichkeiten, doch soll die Vielfalt ihrer Wirkung jetzt nur in einer kurzen Zusammenfassung gezeigt werden. Die Güte ist nämlich das Verströmen eines liebenden Herzens, sozusagen glühend im Liebreiz der Sitten. Was ist einleuchtender als die Kürze dieses Satzes, wo mit wenigen Worten gezeigt wird, was Christus immer „in seinem Leib, das ist die Kirche" (Kol 1,24), bewirkt? Denn was sie selbst besitzt, empfängt sie von ihm, der vollständig und vollkommen alles zugleich besitzt.

T.: Nichts ist wahrer.

P.: Der Geist selbst ist also der Tröster, indem er die Verzagten aufrichtet, er selbst ist Geschenk Gottes, indem er seine Gaben denen, die an ihn glauben, austeilt, wie er will, er ist der lebendige Quell, der den Durstigen zu trinken gibt, er ist die Liebe, die diejenigen in Glaube und

et moribus cultura dissidentes, ipse ignis faciens nos aman-
tes, spiritalis unctio refovens et perungens caelesti carisma-
te credentes, digitus propter donorum partitionem, quibus
ornat credentium mentes.

T.: Cum tam diversa genera de uno fonte potatur ecclesia, 5
frustra in acceptis donis inflatur praesumentis arrogantia,
qui non attendit: „Nihil potestis sine me facere", et „dies
formabuntur et nemo in eis." Et apostolus: „Quid habes",
inquit, „quod non accepisti? Si autem accepisti, quid glori-
aris, quasi non acceperis?" 10

P.: De flore flores colligis et te in ipsis donis profecisse
in hoc, quod dona caelitus collata non usurpas, ostendis.
Sed visne exemplificari, quid de hisdem donis dicimus?

T.: Omnia quae de donorum istorum partitione posuisti, 335
si nulla exempla suppeterent, solius verbi veritas et calculus 15
suo numero solidus sufficeret. Pone tamen, quod vis, quia
indubitanter crediderim solius dei esse, quod habemus in
donis spiritalibus. Dic igitur.

P.: Contigit te aliquando templum intrasse vitreo decore
illuminatum? 20

T.: Mecum ludis, cum adeo usus hic in ecclesiis praeva-
luerit, ut sine huiusmodi decore, quicquid ornamenti adhi-
bueris, nihil sit.

Sitten vereint, die durch ihre unterschiedliche Kultur getrennt sind, er selbst ist das Feuer, das uns zu Liebenden
macht, er ist die geistliche Salbung, die die Gläubigen mit
dem himmlischen Öl erquickt und einsalbt, er ist der Finger wegen der Zuteilung der Gaben, mit denen er die
Herzen der Gläubigen auszeichnet.

T.: Dadurch, daß die Kirche so verschiedene Gaben aus
einer einzigen Quelle trinkt, spielt sich der Dreiste in
seinem Hochmut vergeblich auf wegen der empfangenen
Gaben, weil er nicht auf das Wort achtet: „Nichts könnt
ihr ohne mich machen" (Joh 15,5), und „die Tage werden
geschaffen werden, und keiner von ihnen wird da sein" (Ps
139,16: Vg. Ps 138,16). Und der Apostel sagt: „Was hast
du, was du nicht empfangen hättest? Wenn du es aber
empfangen hast, was rühmst du dich, als hättest du es nicht
empfangen?" (1 Kor 4,7).

P.: Du sammelst Blüten von der Blume und zeigst, daß
du aufgrund der Geschenke selbst Fortschritte gemacht
hast darin, daß du die Gaben, die im Himmel zusammengetragen wurden, nicht für dich in Anspruch nimmst.
Aber willst du nicht an Beispielen erklärt bekommen, was
wir über eben diese Gaben sagen?

T.: Die Wahrheit des Wortes allein und die zuverlässige
Begründung durch die zugehörige Zahl würden genügen
für alles, was du über die Verteilung dieser Gaben festgestellt hast, auch wenn keine Beispiele zur Verfügung stün-
den. Erkläre dennoch, was du willst, weil ich ohne Zögern
glauben möchte, daß allein von Gott ist, was wir an geistlichen Gaben haben. Sprich also.

P.: Hast du vielleicht schon einmal ein Gotteshaus
betreten, das von Glasfenstern als Schmuck erleuchtet
war?

T.: Du treibst deinen Spott mit mir, da dieser Brauch in
den Kirchen so überhandgenommen hat, daß ohne einen
Schmuck dieser Art nichts etwas wert ist, was du sonst an
Verzierung angebracht hast.

P.: Cum igitur radius solis vitreum colorem splendore
suo pertraicit, cui variatum in pariete colorem assignare vis,
quem fenestra vitrea prodisse cognoscis?

T.: Solis radiis radio variatam parietis pulchritudinem
indubitanter applico, nec vitro, tamen quod habet propri- 5
um in hac accepta varietate, de sensu isto ullo modo sub-
traho.

P.: Optime tu quidem. Nisi enim solis splendor adesset,
color vitreus, quod in arte acceperat, in tenebris non mon-
straret. Accipe huius similitudinis exemplum in sole iusti- 10
tiae, in donorum suorum diversa partitione. Dona sua
membris suis, quorum ipse caput est, dividit et tamen in
ipsis donis suis, quod eis singulariter tribuit, ad effectum
partientium ipsa dona partita pervenire ipse disponit. Vitro
igitur per omnia non potest iste decor tralucens attribui, 15
cuius virtus et pulchritudo specialiter cognoscitur attri-
buenda tralucenti splendori.

T.: Verissima sententia tua, quia quicquid boni anima
naturaliter possidet, accessu divini luminis habet, quod
splendet. „Ipsius enim sumus factura, creati in Christo in 20
operibus bonis, in quo etiam vivimus, movemur et sumus.“

P.: Restat ultimus gradus, qui et primus, „initium enim 336
sapientiae timor domini“, qui super hunc florem requievisse et primus et ultimus dicitur, quia ubi sapientia est, ibi
timor, ubi timor est, ibi sapientia est.   25

P.: Wenn nun der Strahl der Sonne mit ihrem Glanz das farbige Glas durchdringt, wem willst du dann das reiche Farbenspiel auf der Wand zuschreiben, von dem du weißt, daß es aus dem Glasfenster hervorgegangen ist?

T.: Ohne Zögern schreibe ich den Strahlen der Sonne zu, daß die Schönheit auf der Wand durch den Strahl in verschiedenen Farben wechselt, und nicht dem Glas, aber irgendwie ziehe ich von dieser Beobachtung das wieder ab, was das Glas bei dieser empfangenen Farbenvielfalt an Eigenem besitzt.

P.: Ausgezeichnet sagst du das, in der Tat. Denn wenn der Glanz der Sonne nicht da wäre, dann würde das farbige Glas in der Dunkelheit nicht zeigen, was es in Kunstfertigkeit empfangen hat. Nimm dieses Beispiel zum Vergleich für die Sonne der Gerechtigkeit (vgl. Mal 3,20) bei der unterschiedlichen Zuteilung ihrer Gaben. Er teilt seine Gaben seinen Gliedern aus, deren Haupt er selbst ist, und dennoch bestimmt er selbst bei seinen eigenen Gaben, was er ihnen einzeln zuteilt, damit die geteilten Gaben zu einer Vollendung im Teil gelangen. Deshalb kann dem Glas nicht im Ganzen diese durchschimmernde Zierde zugeordnet werden, deren Kraft und Schönheit ganz besonders, wie man weiß, dem Glanz des durchdringenden Lichts zugesprochen werden muß.

T.: Dein Urteil ist vollkommen richtig, denn die Seele hat, was auch immer sie an Gutem von Natur aus besitzen mag, durch den Hinzutritt des göttlichen Lichts die Fähigkeit zu leuchten: „Denn wir sind sein Werk, geschaffen zu guten Werken in Christus" (Eph 2,10), „in dem wir auch leben, uns bewegen und sind" (Apg 17,28).

P.: Es bleibt der letzte Schritt, der auch der erste ist, „denn der Anfang der Weisheit ist die Furcht vor dem Herrn" (Ps 111,10: Vg. Ps 110,10), von dem gesagt ist, daß er, der Erste und der Letzte, auf dieser Blume ausgeruht habe, weil dort, wo die Weisheit ist, auch Gottesfurcht ist, und wo Gottesfurcht ist, dort ist Weisheit.

T.: Omnium graduum praedictorum istum difficillimum
mihi propheta posuisse videtur.

P.: Causam difficultatis huius ignoro.

T.: Quod filius dei omnia dispensationis suae tempora
nativitatis, passionis, resurrectionis spontanea voluntate 5
suscepit, quippe „potestatem habens ponendi animam et
iterum sumendi eam", timoris spiritum habuisse dicitur,
cum timor animam excruciet et totius gaudii conceptum in
homine superet.

P.: Oportet nos gemini timoris ostendere differentiam, 10
servilis et casti, ut ex altero cognoscas, quid assignes filio
dei, ex altero, quid nostrae humanitati. Et de servili quidem
timore et malo sic habes scriptum: „Nihil est timor nisi
praesumptionis adiutorium, proditio cogitationis auxi-
liorum, et dum ab intro minor est expectatio, maiorem 15
putat scientiam eius causae, de qua tormentum praestat."
Ecce timor malus. Aliter. Timor est, per quem menti fluc-
tuans angustia ex contrariorum expectatione generatur. Igitur tali timore numquam iustitia potest impleri, quia „perfecta caritas foras mittit timorem". Qui igitur servit, ne 20
puniatur, iustitiae locus apud se non esset, si peccanti par-
ceretur. Cultor iustitiae de solo timore, desiderio bono non
trahitur, sed ad malum vitandum stimulis ut pecus urgetur.
Spiritus huius timoris super filium dei minime requievit,
quia requiem non haberet, si timore servili timeret. Castus 25
sanctus | timor iste fuerat, quia verae sapientiae nomine | 337

T.: Mir scheint, daß der Prophet von allen Stufen, die oben beschrieben sind, diese als die schwierigste vorgestellt hat.

P.: Ich sehe keinen Grund für diese Schwierigkeit.

T.: Weil der Gottessohn alle zeitlichen Phasen seiner Heilsbestimmung, nämlich die der Geburt, Passion und Auferstehung, aus freiem Willen auf sich nahm, obwohl er natürlich „die Macht hatte, das Leben hinzugeben und es wieder zu nehmen" (Joh 10,18), wird gesagt, daß er den Geist der Furcht gehabt habe, obwohl doch die Furcht die Seele quält und alle empfangene Freude niederdrückt.

P.: Es ist nötig, daß wir den Unterschied der beiden Arten von Furcht aufzeigen, der knechtischen Furcht und der reinen, damit du aus der einen erkennst, was du dem Gottessohn zuordnest, aus der anderen, was unserer Menschennatur. Über die knechtische und schlimme Furcht findest du nun allerdings folgendes geschrieben: „Furcht ist nichts anderes als Zuflucht zur Vermutung, Verzicht auf Hilfe durch Nachdenken, und je kleiner innerlich die Erwartung von Hilfe ist, für desto wichtiger hält man die Kenntnis ihrer Ursache, von der die Qual herrührt" (Weish 17,11 f). Das ist also die schlimme Furcht. Anders ausgedrückt: Furcht ist es, durch die in Erwartung widriger Umstände Bedrängnis entsteht, die die Seele hin und her schwanken läßt. Darum kann von solcher Furcht die Gerechtigkeit niemals erfüllt werden, weil „die vollkommene Liebe die Furcht nach draußen schickt" (1 Joh 4,18). Wer also dient, um nicht bestraft zu werden, bei dem hätte die Gerechtigkeit keinen Platz, wenn der Sünder geschont würde. Wer so die Gerechtigkeit pflegt, läßt sich allein von Furcht, nicht von guter Sehnsucht leiten, um aber Böses zu vermeiden, wird er wie das Vieh vom Stachel angetrieben. Der Geist von Furcht dieser Art hat sich keineswegs auf dem Gottessohn niedergelassen, weil er keine Ruhe haben würde, wenn er sich in knechtischer Furcht fürchtet. Rein und heilig ist dagegen jene Furcht gewesen, weil sie im Namen der wahren Weisheit

stabat. Sic enim habes in Iob: „Timor domini ipsa est sapientia." Christus igitur deus et homo, qui ait: „Qui me misit, mecum est et non reliquit me solum, quia quae placita sunt ei, facio semper, qui peccatum non fecit nec inventus est dolus in ore ipsius", et cetera, sicut esuriem, sitim, 5 lassitudinem, crucem, mortem sic timorem et tristitiam suam sacramenta Christianae salutis effecit, quia „pro corpore suo, quod est ecclesia", caput ista suscepit sicque vulnus vulnere, mortem morte mutavit. Porro graece theos latine timor dicitur, eo quod deum colentibus timor adsit. 10 „Timor ergo domini gloria et glorificatio, laetitia et corona exultationis. Plenitudo sapientiae timere deum, quia timor castus timorem expellit servilem, replens pacem et salutis fructum." Videsne gemini timoris differentiam?

T.: Plane, nec apostolus hoc tacuit, adoptivos in conso- 15 latione filios alloquens: „Non accepistis", inquit, „spiritum servitutis iterum in timore, sed accepistis spiritum adoptionis filiorum, in quo clamamus ,abba, pater'." Sed adice, qualiter acutus et humanus.

P.: Non videtur tibi acutus timor iste, de quo David: 20 „Confige", inquit, „timore tuo carnes meas, a iudiciis enim tuis timui", et illud: „Sagittae tuae infixae sunt mihi", et alio loco: „A timore tuo parturivimus et concepimus spiritum salutis", et multa de hoc acuto timore in hunc modum.

---

[205] Zur Erklärung für die so nicht mögliche Gleichsetzung ist wohl eine Verwechslung von δέος = Furcht mit θεός = Gott anzunehmen. Die Hss schreiben übereinstimmend *theos* in lateinischer Umschrift.

feststand. So hast du es nämlich bei Ijob: „Die Furcht vor
dem Herrn ist die Weisheit selbst" (Ijob 28,28). Christus
war also Gott und Mensch, der sagt: „Der mich geschickt
hat, ist bei mir und hat mich nicht allein gelassen, weil ich
immer das tue, was ihm gefällt" (Joh 8,29), „der keine
Sünde getan hat und in dessen Mund sich auch keine List
findet" (1 Petr 2,22), und so weiter; ebenso wie Hunger,
Durst, Erschöpfung, Kreuz und Tod, so hat er auch seine
Furcht und seine Traurigkeit zum Geheimnis christlichen
Heils gemacht, weil er als Haupt diese Dinge „für seinen
Leib, das ist die Kirche" (Kol 1,24), auf sich genommen
und so Wunde durch Wunde, Tod durch Tod verwandelt
hat. Weiter bezeichnet man im Griechischen als ‚Theos',
was im Lateinischen Furcht genannt wird[205], damit die
Furcht denen um so mehr beistehe, die Gott verehren.
„Darum ist die Furcht des Herrn Ehre und Ruhm, Freude
und eine Krone des Jubels" (Sir 1,11). „Die Fülle der Weisheit ist es, Gott zu fürchten, weil reine Furcht die knechtische Furcht vertreibt und Frieden und die Frucht des Heils
verbreitet" (vgl. Sir 1,20; 23,27; 1,22). Willst du nicht den
Unterschied sehen zwischen den beiden Arten von Furcht?

T.: Sicher, denn auch der Apostel schweigt hierzu nicht,
wenn er seine angenommenen Söhne zum Trost anspricht:
„Ihr habt nicht einen Geist der Knechtschaft empfangen,
um wieder in Furcht zu fallen, sondern ihr habt den Geist
der Söhne empfangen, die an Kindes Statt angenommen
sind, in dem wir rufen ‚Abba, Vater'" (Röm 8,15). Aber füg
hinzu, wie der Geist scharf und menschlich ist.

P.: Erscheint dir diese Furcht nicht scharf, von der David
sagt: „Durchbohre mit deiner Furcht mein Fleisch, denn
ich habe Furcht vor deinem Gericht" (Ps 119,120: Vg. Ps
118,120), und jenes Wort: „Deine Pfeile haben mich getrof-
fen" (Ps 38,3: Vg. Ps 37,3), und an anderer Stelle: „In Furcht
vor dir sind wir in Wehen gelegen, und wir haben den Geist
des Heils empfangen" (vgl. Jes 26,18 Vg.), und noch vieles
weiter in dieser Art über die Schärfe der Furcht?

T.: Ut superiora repetamus, quod dicitur de filio dei:
„Coepit Iesus contristari et maestus esse" potest ad hunc
sensum referri, quia pavor et tristitia solent hominum con-
figere corda.

P.: Quod „coepit Ihesus contristari et maestus esse", 5
veritatem assumptae humanitatis comprobavit, porro non
timore patiendi | contristabatur, qui ad hoc venerat, ut ǀ 338
pateretur, sed iuxta patrum sententiam propter miserum
Iudam et apostolorum scandalum et reiectionem populi
Iudaeorum. Non igitur timore gravi vel acuto confixus est 10
filius dei, sed sicut voluit, in ipsa mortis acerbitate et malis
morti compendentibus conflixit. Sed hoc de filio dei.

T.: Quid de nobis?

P.: „Qui sine timore est, non poterit iustificari", quia ubi
timor non est, ibi dissolutio vitae est. Nullo igitur vitandi 15
malum timore compungitur, qui peccati delectatione dis-
solvitur. Timor igitur domini mentem perfecte possidens
facit eam quodam aestu tremoris liquescere et, si quid
profecerit, suis viribus non applicare. „Verba sapientis clavi
sunt in altum defixi", quia spiritus sancti mucro bis acutus 20
omnem peccati sensum confodit, ubi peccatricem animam
ad se perfecte convertit. Quod autem humanus est, homini
timore nihil aptius est. Ut enim generaliter comprehen-
dam, quid magis humanum quam timere, dolere, cupere,
gaudere, quae omnia in corpore Christi inveniuntur, cui 25

T.: Um auf das Obige zurückzukommen, was über den Gottessohn gesagt ist: „Jesus fing an, zu trauern und betrübt zu sein" (Mt 26,37), so kann das auf diesen Sinn bezogen werden, weil Schrecken und Trauer für gewöhnlich das Herz der Menschen durchbohren.

P.: Daß „Jesus anfing, zu trauern und betrübt zu sein" (Mt 26,37), beweist, daß er in Wirklichkeit die menschliche Natur annahm, andererseits trauerte er aber nicht aus Furcht vor dem Leiden, weil er ja deshalb gekommen war, um zu leiden, sondern nach der Meinung der Väter trauerte er wegen des elenden Judas (vgl. Joh 18,2–5), wegen des Ärgernisses der Apostel (vgl. Mk 14,27) und wegen der Zurückweisung durch das Volk der Juden (vgl. Lk 23,18–23). Der Gottessohn ist also nicht von schwerer und scharfer Furcht durchbohrt worden, sondern so, wie er es wollte, kämpfte er sogar in der Bitternis des Todes auch mit den Übeln, die mit dem Tod zusammenhängen. Aber soviel über den Gottessohn.

T.: Und was ist mit uns?

P.: „Wer ohne Furcht ist, der kann nicht gerechtfertigt werden" (Sir 1,28 Vg.), weil dort, wo keine Furcht ist, das Leben sich auflöst. Denn wer sich in der Lust der Sünde auflöst, der wird von keiner Furcht zur Vermeidung des Übels gepeinigt. Wenn also die Furcht vor dem Herrn den Geist vollkommen besetzt hält, dann bewirkt sie, daß er gewissermaßen in flimmernder Hitze vergeht und nicht seinen eigenen Kräften zuschreibt, wenn er irgend Fortschritte gemacht hat. „Die Worte eines Weisen sind wie Nägel, die tief eingeschlagen sind" (Koh 12,11), weil der Dolch des heiligen Geistes, doppelt scharf, jeden Sinn für die Sünde durchbohrt, sobald er eine sündige Seele vollkommen zu sich hingewendet hat. Was aber das ‚menschlich' betrifft, so ist nichts für den Menschen passender als die Furcht. Um es ganz allgemein zusammenzufassen: Was ist menschlicher als fürchten, trauern, wünschen und fröhlich sein, was sich alles im Leib Christi finden läßt, über

spiritus sanctus in donis suis et auxiliis, prout vult, domi-
natur? Quia igitur homines sumus, monet apostolus, ut
cum timore et tremore „salutem nostram operemur", ne
forte excidamus, si quod sumus obliviscimur. Humanum
quidem est hominem passionibus subiacere diversis, sed 5
passibilitates istae aliter homini in peccatis nato, peccatis
subdito accidunt, aliter filio dei sine peccatis concepto et
nato, quia qui victoriam in manu habuit, ista occurrerunt
sicut voluit. Nihil enim concupiscentiae vel delectationis
interius sensit. Paulus ait: „Video aliam legem in membris 10
meis repugnantem legi mentis meae", et cetera, quae sequuntur, et illud: „Velle quidem bonum adiacet mihi, per-
ficere autem bonum non invenio." Numquid hoc filius dei
dicere potuit, qui totum potuit, quod voluit?

T.: Quid dicam? Christus portavit iniquitates nostras, 15   33ᵛ
„cuius livore sanati sumus", ut homo passus, vicit ut deus.

P.: Satis vigilas. Ipsa enim virtus spiritus sancti domina-
batur in filio dei omni eius corporali passibilitati, quia con-
ceptus de spiritu sancto dei filius sanctitati suae vestigia pec-
catricis vitae admittere non potuit, quippe cuius decursus 20
naturalis sine omni humanae concupiscentiae macula fuit.
Et haec de septiformi gratia spiritus sancti, quae super florem de virga sacra prodeuntem requieverunt, collata suffi-
ciant, ceterum ex hoc te nolo moveri, quod ista dona septena
super filium dei propheta requievisse testatus est quasi ab 25

den der heilige Geist mit seinen Gaben und Hilfsmitteln,
so wie er will, herrscht. Weil wir also Menschen sind,
ermahnt uns der Apostel, daß wir mit Furcht und Zittern
„zu unserem Heil wirken" (Phil 2, 12), damit wir nicht etwa
untergehen, falls wir vergessen, was wir sind. Allerdings ist
es menschlich, daß der Mensch verschiedenen Leiden unterliegt, aber diese Möglichkeiten des Leids treffen in einer
Weise den Menschen, der in Sünde geboren und der Sünde
unterworfen ist, in anderer Weise begegnen sie dem Gottessohn, der ohne Sünde empfangen und geboren ist, weil diese
Dinge ihm so widerfuhren, wie er es wollte, da er ja den Sieg
in seiner Hand hatte. Denn nichts von Begehrlichkeit oder
Verlockung hat er in seinem Inneren gefühlt. Paulus sagt:
„Ich sehe ein anderes Gesetz in meinen Gliedern, das streitet
gegen das Gesetz meines Geistes" (Röm 7, 23), und was
dann noch weiter folgt, und jenes Wort: „Das Gute zu
wollen, das habe ich zwar, aber das Gute zu vollenden, das
schaffe ich nicht" (Röm 7, 18). Hätte denn der Gottessohn
das sagen können, der alles vermochte, was er wollte?

T.: Was soll ich sagen? Christus hat unsere Ungerechtig-
keiten ertragen, „durch seine Wunde sind wir geheilt worden" (1 Petr 2, 24), wie ein Mensch hat er gelitten, wie ein
Gott hat er gesiegt.

P.: Du hast gut aufgepaßt. Denn die Kraft des heiligen
Geistes selbst beherrscht beim Gottessohn vollkommen
seine körperliche Leidensfähigkeit, weil der Gottessohn,
empfangen vom heiligen Geist, keinerlei Spuren eines
sündhaften Lebens an seine Heiligkeit heranlassen konnte,
da sein natürlicher Lebensweg ja ohne jeden Makel
menschlicher Begehrlichkeit gewesen ist. Und diese Beiträge mögen genügen, die wir aus der siebenfachen Gnade
des heiligen Geistes zusammengestellt haben und die auf
der Blume ausruhten, die aus der heiligen Wurzel her-
vorbrach. Im übrigen möchte ich nicht, daß du davon
beunruhigt wirst, daß der Prophet bezeugt hat, daß diese
sieben Gaben auf dem Gottessohn ausruhten, gleichsam

his alia dona distinxerit, cum universalem in his donis
virtutum gratiam adeo comprehenderit, ut quod habet pater, filii sit et spiritus sancti, quod spiritus sanctus, hoc
patris et filii sit. Quantum enim ad trium personarum substantiam unam, quod pater, hoc filius, hoc spiritus sanctus 5
est. Verum tamen licet sermo divinus interdum sic loquatur,
ut aliquid pronuntiet, quod aut in factis aut in verbis singulis in trinitate videatur convenire personis, magis ex hoc
instruimur, ut proprietatem aut vocis aut operis insinuetur
nobis veritas trinitatis, et intellectus non dividat, quod 10
discernit auditus.

T.: Fixa quidem fide teneo patrem et filium et spiritum
sanctum unam esse substantiam, tres personas, in quibus
una maiestas, par virtus, potestas indifferens, operatio una
et, quod ipse deus dei filius in forma dei aequalis est per 15
omnia patri, cui natura non rapina est, aequalem esse patri,
in forma servi patri minorem; et homo factus, quod erat, non
minuit augendo, quod suae deitati a nobis univit, utramque
naturam sic conserendo, ut quod a nobis suscepit, virtus
maiestatis non consumeret nec maiestatem a statu suae ae- 20
ternitatis | humanitatis assumptio inclinaret. Sed quia sermo | 340
propheticus septena dona super florem nostrum de virga
prodeuntem quievisse testatus est, utrum nam acceperit susceptus in deum filius hominis, quod ante non habuit, cum

als hätte er von diesen Gaben andere unterschieden, ob-
gleich er doch in diesen Gaben das gesamte Gnadengeschenk an Tugenden so zusammengefaßt hat, daß das, was
der Vater hat, auch zum Sohn und zum heiligen Geist
gehört, und was der heilige Geist hat, das gehört auch zum
Vater und zum Sohn. Denn wieviel sich auch auf die eine
Wesenheit der drei Personen bezieht, das, was der Vater ist,
das ist der Sohn, und das ist auch der heilige Geist. Denn
auch wenn die heilige Schrift bisweilen so spricht, daß sie
etwas anderes verkündet, was sich in Taten oder Worten auf
die einzelnen Personen der Trinität zu beziehen scheint, so
werden wir dadurch um so mehr belehrt, damit die Wahr-
haftigkeit der Trinität uns gleichsam eingeimpft wird und
nicht der Verstand die besondere Eigenheit nach Bezeichnung oder Werk auseinanderteilt, weil das Gehör sie trennt.

T.: Allerdings halte ich in unerschütterlichem Glauben
sowohl daran fest, daß der Vater und der Sohn und der
heilige Geist in ihrem Wesen eine einzige Einheit sind, drei
Personen, in denen eine Hoheit lebt, die gleiche Kraft,
dieselbe Macht ohne Unterschied und eine Mildtätigkeit, als
auch daß der Gottessohn dem Vater gleich ist und daß Gott
selbst als Sohn Gottes in der Gestalt Gottes in allem dem
Vater gleich ist, für den seine Natur, einerseits gleich zu sein
mit dem Vater, andererseits aber in der Gestalt des Knechtes
dem Vater untergeordnet zu sein (vgl. Phil 2,6f), keinen
Verlust bedeutet. Als er Mensch wurde, verringerte er nicht,
was er war, indem er das hinzufügte, was er von uns mit
seiner Gottheit vereinte. Dabei verknüpfte er beide Naturen
so, daß die Kraft seiner Hoheit nicht das aufbrauchte, was
er von uns empfangen hat, daß aber auch nicht die Annahme
der Menschengestalt seine Hoheit vom Stand der Ewigkeit
abwandte. Aber weil die Rede des Propheten bezeugt hat,
daß die sieben Gaben auf unserer Blume ausruhten, die aus
der Wurzel hervorging, wird uns da etwa verborgen bleiben,
ob der Menschensohn, als er aufgenommen wurde zu Gott,
etwas empfangen hat, was er vorher nicht hatte, da doch der

in forma dei filius dei semper omnia cum patre habuerit,
numquid incognitum manebit?

P.: Via quidem fidei Christianae graderis, sed facilis responsio nodum resolvit tuae inquisitionis. Attende igitur.

T.: Audio.   5

P.: Manente in Christo Iesu, domino nostro inseparabiliter unitate personae, idem est et totus filius hominis propter carnem et totus filius dei propter unam cum patre
deitatem. Itaque quicquid in tempore Christus Iesus accepit, secundum hominem accepit, cui conferuntur, quae non 10
habuit. Nam secundum verbi potentiam indifferenter:
„Omnia, quae habet pater, etiam filius habet", et quae in
forma servi a patre accepit, eadem in forma patris etiam ipse
donavit. Quamvis igitur ab illo initio, quo in utero virginis
„verbum caro factum est", nihil umquam divisionis inter 15
divinam humanamque substantiam exstiterit et per omnia
incrementa quantum ad susceptum hominem corporea unius personae fuerint totius temporis actiones, tamen quae
inseparabiliter facta sunt, nulla permixtione confundo, sed
quid cuiusque formae sit, ex operum qualitate discerno. 20
Verus equidem homo vero unitus est deo, eandem gerens in
verbi deitate personam et habens communem nobiscum in
corpore animaque naturam. Passiones igitur famis et sitis,
lassitudinis et fletus formam servi prodiderunt, gloria miraculorum, excellentia virtutum formam dei in Christo, 25
rege nostro ostenderunt.

Gottessohn in der Gestalt Gottes immer alles mit dem Vater gemeinsam hatte?

P.: Du schreitest zwar auf dem Weg des christlichen Glaubens, doch eine einfache Antwort löst den Knoten deiner Frage. Paß also auf.

T.: Ich höre.

P.: Da die Einheit der Person in Jesus Christus, unserem Herrn, unteilbar erhalten bleibt, ist er derselbe sowohl in seiner Gesamtheit als Sohn des Menschen nach dem Fleisch wie auch in seiner Gesamtheit als Sohn Gottes wegen der einen gemeinsamen Gottheit mit dem Vater. Was darum auch immer Christus Jesus in der Zeitlichkeit empfing, das empfing er nach dem Menschen, dem zugetragen wird, was er nicht hatte. Denn entsprechend der Bedeutung des Wortes „hat auch der Sohn alles, was der Vater hat" (vgl. Joh 16, 15), ohne Unterschied, und was er in Gestalt des Knechtes vom Vater empfangen hat, dasselbe hat er auch selbst verschenkt in der Gestalt des Vaters. Obwohl also von jenem Anfang an, als im Schoß der Jungfrau „das Wort Fleisch geworden war" (Joh 1, 14), niemals irgendeine Teilung zwischen seinem göttlichen und menschlichen Wesen bestand, und obwohl die Handlungen während seiner gesamten Lebenszeit bei allem Zuwachs an Körperlichkeit, soweit sie seine angenommene Menschengestalt betraf, die einer einzigen Person waren, so vermenge ich dennoch in keinerlei Vermischung das miteinander, was unteilbar geschaffen wurde, sondern nach der Beschaffenheit der Werke unterscheide ich, was eines jeden Gestalt ist. Allerdings ist der wahre Mensch in Wahrheit eins mit Gott, er trägt in der Göttlichkeit des Worts dieselbe Person in sich, und er hat in Körper und Seele seine Natur gemeinsam mit uns. Darum haben seine Leiden in Hunger und Durst, in Erschöpfung und Tränen seine Knechtsgestalt verraten, die Herrlichkeit seiner Wunder und seine hervorragenden Tugenden die Gottesgestalt in Christus, unserem König, gezeigt.

T.: Scio quidem, quia quod deitatis est, caro suscepta non minuit, quod carnis est, deitas non consumpsit, sed magnae admodum admirationis est, quod super eum, „in quo habitat omnis plenitudo divinitatis corporaliter", haec dona septena quadam speciali gratia requievisse referuntur, cum 5 ipse septenarius numerus, ut | praedictum est, omnium | 341 generalitatem donorum in ipso fuisse contestetur.

P.: Verus deus et verus homo unus est Christus, in forma dei, ut superius dictum est, patri aequalis, minor patre particeps nostrae mortalitatis dona accepit, dona fidelibus 10 impertivit, totus in suis, integra veri hominis perfectione totus in nostris. Quod itaque sermo propheticus gratiam tantummodo VII donorum comprehendit, gemina ratio est, sive quod his donis specialibus perfectio donorum omnium et plenitudo intimatur, seu quod his donis omne genus 15 virtutum comprehendi probatur.

T.: Resolve per exemplum, quod loqueris.

P.: Responde, quaeso. Numquid sapiens aliquis, ut de corpore Christi loquar, caret intellectu aut intelligens caret consilio, consilio providus fortitudine, fortis scien- 20 tia, sciens pietate, pius divino timore? Nonne propheta Esaias gradus istos caelestis gratiae descendendo de summis ad ima, id est de sapientia ad timorem nobis insinuavit et „a timore, qui est initium sapientiae" nobis incipientibus ascensum ad ipsam sapientiam praeparavit? 25 Descensum ostendit in capite, quia deus humiliatus est,

T.: Ich weiß allerdings, daß die Übernahme des Fleisches nicht seine Göttlichkeit vermindert hat und daß die Göttlichkeit nicht das Fleisch verzehrt hat, aber es ist doch großen Staunens wert, daß auf ihm, „in dem die ganze Fülle der Gottheit leibhaftig wohnt" (Kol 2, 9), diese sieben Gaben, wie berichtet wird, sozusagen aufgrund einer besonderen Gnade ausgeruht haben, wo doch die Siebenzahl selbst schon bezeugt, wie oben gesagt wurde, daß in ihr die Gesamtheit aller Gaben beschlossen liegt.

P.: Wahrer Gott und wahrer Mensch ist der eine Christus, in der Gestalt Gottes, wie oben gesagt wurde, dem Vater gleich, geringer als der Vater, insofern er teilhat an unserer Sterblichkeit, er hat die Gaben empfangen, er hat die Gaben an die Gläubigen ausgeteilt, ganz in seinen, in der unversehrten Vollkommenheit des wahren Menschen, ganz in unseren. Daß aber die Rede des Propheten die Gnade nur in sieben Gaben zusammenfaßt (vgl. Jes 11, 1–3), das hat einen doppelten Sinn, einerseits, daß in diesen besonderen Gaben die Fülle und Vollkommenheit aller Gaben vertraut gemacht wird, andererseits, daß in diesen Gaben die ganze Gattung der Tugenden erwiesenermaßen umfaßt wird.

T.: Erkläre durch ein Beispiel, was du da sagst.

P.: Gib Antwort, ich bitte dich. Entbehrt etwa irgendein Weiser, um vom Leib Christi zu reden, der Einsicht, oder entbehrt ein Einsichtiger des Rats, oder einer, der vorausschauend ist im Rat der Tapferkeit, oder ein Tapferer des Wissens, oder einer, der ein Wissender ist, der Frömmigkeit, oder ein Frommer der Gottesfurcht? Hat nicht der Prophet Jesaja uns diese Schritte der himmlischen Gnade ans Herz gelegt, indem er vom Obersten zum Tiefsten herabsteigt, das heißt von der Weisheit zur Gottesfurcht, und hat er nicht den Aufstieg zur Weisheit selbst für uns vorbereitet (vgl. Jes 11, 2), die wir beginnen „bei der Furcht, die der Anfang der Weisheit ist" (Ps 111, 10: Vg. Ps 110, 10)? Er zeigt den Abstieg am Haupt, weil Gott sich erniedrigt

ascensum ostendit in corpore, quia homo deus factus est. A
timore igitur incipimus, ut ad sapientiam per gradus istos
veniamus, in quibus, si ordo legitimus non tenetur, ab imis
ad summa non pervenitur. Porro legitimus ordo istarum
virtutum, id est septiformis gratiae „iugabilis est competen- 5
tia", scilicet ut gradus omnes singulus quisque contineat,
omnibus singuli respondeant, uni omnes in quolibet iusto
suo ordine conveniant. Si enim sapienti animae de his omnibus quid defuerit, quid perfectioni eius detrahatur, puto,
subtilitas tuae mentis advertit.   10

T.: Quicquid in partibus suis vacillat, totius plenitudinem evacuat.

P.: Sunt igitur haec dona septena in donis omnibus divi- 342
nis, dona divinitus omnia in his donis septenis sic conexu
spiritali simul compendentia, ut si desit alterum alteri, 15
multum detrahat iustitiae in viro sancto perfectioni. Porro
flos Mariae, caput et sponsus ecclesiae simul omnia cum
patre et in patre possidet, „ut sit in omnibus ipse primatum
tenens", quia „omnia, quae pater habet, sua sunt", omne,
quod est, scientia plenaria comprehendens, spiritu vitae 20
cuncta complens, ambiens et gubernans.

T.: Florem virgae florentis, virginis florem parientis
satis admodum explicuisti, sed miror, cur ea transposueris,
quae ipsis septiformis gratiae donis adiecisti, quod sit „sapientia mobilis et stabilis, intellectus mundus et subtilis" 25
et sic de ceteris, cum iste sit ordo litterae in libro sapientiae:

---

[206] Vgl. die nur dort belegte, wörtliche Übereinstimmung mit MACROBIUS,
somn. 1,6,24 (22 WILLIS).

hat, und er zeigt den Aufstieg am Leib, weil der Mensch
Gott geworden ist. Wir beginnen also bei der Furcht, damit
wir über diese Stufen zur Weisheit gelangen; wenn die
richtige Reihenfolge auf diesen nicht eingehalten wird, gelangt man nicht von der Tiefe zum Gipfel. Weiter ist die
richtige Reihenfolge dieser Tugenden, das heißt der siebenförmigen Gnade „verknüpfbar durch Analogie"[206], natürlich in dem Sinn, daß jede einzelne Stufe alle enthält, daß
die Stufen alle einander entsprechen, und daß sie alle in
beliebiger eigener, rechtmäßiger Ordnung mit dem Einen
übereinstimmen. Denn wenn einem weisen Gemüt von
allen diesen Dingen irgendetwas fehlte, dann bemerkt dein
scharfsinniger Geist, so glaube ich, was an seiner Vollkommenheit abhanden gekommen ist.

T.: Wenn etwas an den einzelnen Teilen ins Wanken
gerät, so höhlt es die Fülle des Ganzen aus.

P.: Dies sind also die sieben Gaben in allen göttlichen
Geschenken, und alle Geschenke von Gott sind in diesen
sieben Gaben so in einer geistigen Verbindung gleichzeitig
zusammenhängend, daß es viel von der vollkommenen
Gerechtigkeit eines heiligen Mannes wegnimmt, wenn das
eine dem anderen fehlt. Weiter besitzt diese Blume aus
Maria, Haupt und Bräutigam der Kirche, zugleich alles
zusammen mit dem Vater und in dem Vater, „so daß er
selbst in allen Dingen die erste Stelle hält" (Kol 1, 18), weil
„alles sein ist, was der Vater hat" (Joh 16, 15), der alles, was
ist, in vollkommener Erkenntnis erfaßt, alles mit dem Geist
des Lebens erfüllt, umgibt und lenkt.

T.: Du hast nun soweit ausführlich genug die Blume aus
dem grünenden Zweig, die Blume aus der gebärenden
Jungfrau erklärt, aber ich wundere mich, warum du diese
Eigenschaften, die du den Gaben der siebenförmigen Gnade selbst zugeordnet hast, umgestellt hast, daß nämlich die
„Weisheit beweglich und fest ist, die Einsicht rein und
sorgfältig" (vgl. Weish 7, 22), und so auch bei den anderen,
da doch die wörtliche Reihenfolge im Buch der Weisheit

„Est", inquit, „in sapientia spiritus intelligentiae sanctus, unicus, multiplex, subtilis, mobilis, disertus, incoinquinatus, certus, suavis, amans bonum, acutus, humanus, benignus, stabilis, securus, omnem habens virtutem, omnia prospiciens, intelligibilis, mundus." 5

P.: Quia de radice spiritus sancti generalis omnium virtutum fructus est, ista dona ad libitum divini scriptoris ordinata iuxta competentem intelligentiam septenis donis saepe nominatis adieci, convenientiam significationis in omnibus sic prosequens, ut lectoris iudicio manum dare 10 non pigeat, si transposita sic notet, ut, si opus est, corrigat. Et haec hactenus. Iam vero breviter explicandum est, quomodo VII domenicae orationis petitiones vel octo beatitudines et de apocalipsi Iohannis coronae VII triumphales cum aliis spiritus sancti donis legitime compendentibus 15 conveniant et floribus flores intelligentia consignificativa respondeant.

T.: Merito floris fructu potimur, cum quicquid ad florem 343 suis misteriis pretiosum pertinet, ratione competenti explicatur. Quae restant igitur praemissis adiunge, ut dum beati 20 floris gustu vel notitia delectamur in via, fructu eius aeterno in flore florentes potiamur in patria.

P.: Faciam, sed ordinem ipsum adverte donorum explicandorum, ut facilior sit intellectus ad discretionem dinoscendam compendentium rationum. Est autem hic ordo: 25

sagt: „In der Weisheit liegt der Geist der Einsicht, heilig, einzig, vielfältig, feinsinnig, beweglich, beredt, unbefleckt, fest, lieblich, das Gute liebend, scharf, menschlich, gütig, standhaft, sicher, im Besitz aller Tugend, alles voraussehend, verständig, rein" (Weish 7,22 f).

P.: Weil aus der Wurzel des heiligen Geistes grundsätzlich die Frucht aller Tugenden erwächst, habe ich diese Geschenke, die der heilige Schreiber nach Belieben in eine Reihenfolge geordnet hat, im Verständnis ihrer Entsprechung den oft genannten sieben Gaben hinzugefügt. Dabei habe ich versucht, den passenden Bedeutungszusammenhang bei allen so herzustellen, daß es mich nicht verdrießt, dem Urteil des Lesers zu überlassen, eine Umstellung zu verbessern, so wie er sie bemerkt und eine Korrektur für notwendig hält. Soviel zu dieser Sache. Jetzt muß aber noch kurz erklärt werden, wie die sieben Bitten des Herrengebets und die acht Seligpreisungen und die sieben Siegeskronen aus der Apokalypse des Johannes mit den anderen Gaben des heiligen Geistes übereinstimmen, die untereinander mit Recht zusammenhängen, und wie die verschiedenen Blumen einander entsprechen, wenn man ihre Bedeutungen, die miteinander zusammenhängen, interpretiert.

T.: Aus gutem Grund ergreifen wir die Frucht aus der Blüte, sobald uns mit entsprechenden Argumenten erklärt wird, was sich alles auf diese kostbare Blume mit ihren Geheimnissen bezieht. Darum füge dem Vorangegangenen hinzu, was noch übrig bleibt, damit wir, während wir uns unterwegs am Geschmack der seligen Blüte und dem Wissen über sie erfreuen, schließlich in der Heimat, blühend in der Blume, an ihrer ewigen Frucht teilhaben.

P.: Ich will es tun, aber du achte auf die Reihenfolge der Gaben an sich, die jetzt zu erklären sind, damit dir die Einsicht leichter fällt, wenn es darum geht, die Unterscheidung der Zusammenhänge zu verstehen. Dies ist also die Abfolge:

„Sanctificetur nomen tuum." „Beati pacifici." „Vox domini
super aquas." „Vincenti dabo stellam matutinam." Baptismus domini. Lex scripta. Fides. Qui sapit, quae sunt spiritus
dei, per pacis custodiam venire festinat „in adoptionem
filiorum dei". De qua pace quaerenda, tenenda vox domini 5
super aquas, id est praedicatio domini semper ad populos
ferebatur, quia ipse est pax nostra, qui fecit utraque unum,
propter nos baptizatus, ubi et deus maiestatis intonuit: „Hic
est filius meus dilectus", et cetera. In hac itaque voce sapientiae legis summa in cordibus fidelium „non atramento, sed 10
digito dei scribitur", ut fides excitetur, fide nomen dei sanctificetur, per laborem praesentis vitae stella matutina, id est
aeterna corona quaeratur.

Denique ordo secundus iste est: „Adveniat regnum
tuum." „Beati mundo corde." „Vox domini praeparantis 15
cervos." „Vincenti dabo calculum." Incarnatio. Sermones.
Spes. Intelligens anima dum perpendit differentiam regni
caelestis et terreni, mundans se ab omni labe peccati ad-
venire regnum illud exoptat, quod aeternitatis summam
commendat. Mundum enim cor spem futuro|rum bo- 20 | :
norum excitat et dilatat, ut more cervorum anima terrenae
cupiditatis vinculis expedita saltu virtutum evolet ad su-
perna. Equidem verbi dei incarnatio salutis et erectionis

„Geheiligt werde dein Name" (Mt 6,9). „Selig sind die Friedfertigen" (Mt 5,9). „Die Stimme des Herrn über den Wassern" (Ps 29,3: Vg. Ps 28,3). „Dem Sieger will ich den Morgenstern geben" (Offb 2,28). Die Taufe des Herrn. Das geschriebene Gesetz. Der Glaube. Wer verstanden hat, was die Dinge des heiligen Geistes sind, der beeilt sich, durch Bewahrung des Friedens „zur Annahme der Kinder Gottes" (vgl. Röm 8,23) zu kommen. Darüber, wie dieser Friede zu suchen ist, wie er zu halten sei, wird die Stimme des Herrn über die Wasser getragen, das heißt die andauernde Verkündigung des Herrn an die Völker, weil er selbst unser Friede ist, der beides in einem getan hat, indem er unsertwegen getauft wurde, wo sogar Gott in seiner Herrlichkeit sich hören ließ: „Dies ist mein lieber Sohn" (Mt 3,17), und so weiter. Darum ist in dieser Stimme der Weisheit die Vollendung des Gesetzes in den Herzen der Gläubigen „nicht mit Tinte, sondern mit dem Finger Gottes geschrieben" (2 Kor 3,3), damit der Glaube angefacht wird, durch den Glauben der Name Gottes geheiligt und in der Mühsal des gegenwärtigen Lebens der Morgenstern, das heißt die ewige Krone, gesucht wird.

Schließlich ist dies der zweite Schritt in der Reihe: „Dein Reich komme" (Mt 6,10). „Selig sind, die reinen Herzens sind" (Mt 5,8). „Die Stimme des Herrn macht die Hirsche bereit" (Ps 28,9 Vg.). „Dem Sieger werde ich einen weißen Stein geben" (Offb 2,17). Die Menschwerdung. Die Predigten. Die Hoffnung. Indem die einsichtige Seele den Unterschied zwischen himmlischem und irdischem Königreich erwägt, reinigt sie sich von jedem Sturz in die Sünde und wünscht nur, in jenes Königreich zu gelangen, das den Gipfel der Ewigkeit verheißt. Denn ein reines Herz entfacht und erweitert die Hoffnung auf zukünftige Güter, so daß die Seele, losgebunden von den Fesseln irdischer Begierde, nach Art der Hirsche im Sprung der Tugenden zu den höchsten Wipfeln emporfliegt. Allerdings ist die Fleischwerdung des Wortes Gottes Voraussetzung für die Errettung und Auf-

fidelium occasio est, quia nisi deus ad humilia nostra gratis
inclinaretur, ad ardua sua contemplanda vel capienda homo
fixus in imo culpae non levaretur. Ut igitur confirmetur in
eo, quo pervenit, sermonibus patrum artius intendit, quibus oboediendo ad culculum, per quem Christus sancto-   5
rum suorum vita et praemium significatur, pervenit.

Tertius ordo iste est: „Fiat voluntas tua sicut in caelo et
in terra." „Beati misericordes." „Vox domini concutientis
desertum." „Qui vicerit, vestietur vestimentis albis." Passio
domini. Expositores. Caritas. Numquid non attendis, quid   10
faciant misericordes? Precibus student, ut et aliis impertia-
tur misericordia sibi gratis collata. Exorant pro peccatoribus terrenis et carnalibus, ut pia voluntas domini sic com-
pleatur in eis, ut fiant de carnalibus spirituales, iusti de
peccatoribus, concussoque voce domini cordis eorum de-   15
serto futuri iudicii pavore terreantur et a malis ad bona
convertantur. Misericordia et caritas filium dei crucis pas-
sioni addixerunt, cuius compassionem, bonorum pro malis
retributionem prophetae, post prophetas apostoli, post
apostolos doctores exposuerunt vincentique vestimenta 20
alba, id est gratiam iocunditatis et immortalitatis promi-
serunt.

T.: Vere gradus istos spiritus consilii dictare videtur, qui
misericordiam indigenti erogandam, ut idem ipse conse-
quatur, persuadere probatur.   25

richtung der Gläubigen, denn wenn Gott sich nicht ohne
Gegenleistung zu unserer Niedrigkeit herabgelassen hätte,
dann würde der Mensch, der festgenagelt ist auf die Betrachtung und Beschäftigung mit seinen eigenen Schwierigkei-
ten, nicht aus der Tiefe seiner Schuld emporgehoben werden.
Damit er also in dem gefestigt wird, wohin er gelangt ist,
richtet er seine Aufmerksamkeit möglichst konzentriert auf
die Predigten der Väter, und wenn er diesen gehorcht, dann
gelangt er zu dem weißen Stein, mit dem Christus als der
Weg und die Belohnung für seine Heiligen bezeichnet ist.

Die dritte Bezugsreihe ist diese: „Dein Wille geschehe
wie im Himmel, so auf der Erde" (Mt 6,10). „Selig sind die
Barmherzigen" (Mt 5,7). „Die Stimme des Herrn läßt die
Wüste beben" (Ps 29,8: Vg. Ps 28,8). „Wer den Sieg errungen hat, der wird mit weißen Gewändern bekleidet werden"
(Offb 3,5). Die Passion des Herrn. Die Ausleger. Die Liebe.
Hast du etwa nicht bemerkt, was die Barmherzigen tun? Sie
mühen sich mit Gebeten, damit auch anderen das Erbarmen
zuteil wird, das ihnen umsonst gewährt wurde. Sie bitten
inständig für die weltlichen und fleischlichen Sünder, damit
sich der fromme Wille des Herrn so an diesen erfülle, daß
sie aus Kindern des Fleisches zu Kindern des Geistes werden, aus Sündern zu Gerechten, und damit sie, wenn die
Wüste ihres Herzens von der Stimme des Herrn bebt, von
Angst vor dem zukünftigen Gericht erschreckt werden und
sich vom Bösen zum Guten wenden. Mitleid und Liebe
haben den Gottessohn dem Leiden am Kreuz überantwortet, dessen Leiden die Propheten und nach den Propheten die
Apostel und nach den Aposteln die Kirchenlehrer als die
Vergeltung von Gutem mit Bösem erklärten und dem Sieger
weiße Gewänder versprachen, das heißt das Gnadengeschenk
von Lieblichkeit und Unsterblichkeit (vgl. Offb 3,5).

T.: Diese Stufen scheint wahrhaftig der Geist des Rates
vorgezeichnet zu haben, der einen dazu überredet, Erbarmen für den Bedürftigen zu erflehen, um selbst Erbarmen
zu erlangen.

P.: Attende nunc, quo te quartus ordo perducat, qui de esurientibus et de pane cottidiano tractat: „Panem nostrum cottidianum." „Beati, qui esuriunt et sitiunt iustitiam." „Vox domini intercidentis | flammam ignis." „Vincenti dabo | 345 manna absconditum." Epistulae canonicae. Descensus ad 5 inferos. Fortitudo. Videamus ergo membrorum istorum compendentium consequentiam. Petitio quarta ad omnia corporis et animae necessaria pertinet. Sicut enim „panis iste visibilis cor hominis confirmat", sic omnibus iustitiam esurientibus caelestis panis, id est verbum dei per spiritum 10 fortitudinis sensum illuminat. Nonne in cibo isto manna habes occultatum, certantibus quidem promissum, vincentibus redditum? Nonne per hunc panem caelestem flamma ignis, quam descensus Christi ad inferos a malis pios discernendo divisit, interciditur et sic etiam flamma malarum 15 concupiscentiarum, quae plurimum per epistulas canonicas denotantur, conquiescit? Quid ait Iohannes apostolus? „Nolite", inquit, „diligere mundum neque ea, quae in mundo sunt, quoniam omne, quod in mundo est, concupiscentia carnis est et concupiscentia oculorum et superbia vitae." 20 Iacobus quoque: „Vos oratis, ut in concupiscentiis vestris insumatis", et de nobis hunc ignem concupiscentiarum vox Pauli multotiens intercidit.

T.: Quod flammam istam intercidit, merito spiritus fortitudinis nomen accipit. Sed cetera prosequere.   25

P.: Quintus sic ponitur ordo: „Dimitte nobis debita nostra." „Beati, qui lugent." „Vox domini confringentis cedros."

---

[207] In Analogie zu den anderen Septenaren müßte hier zum vollständigen Wortlaut der Vaterunser-Bitte *da nobis* ergänzt werden.

P.: Paß nun auf, wohin uns die vierte Reihe führt, die von den Hungrigen und vom täglichen Brot handelt: „Unser tägliches Brot gib uns[207] heute" (Lk 11,3). „Selig sind, die hungern und dürsten nach Gerechtigkeit" (Mt 5,6). „Die Stimme des Herrn, die mit feuriger Flamme dazwischenfährt" (Ps 29,7: Vg. Ps 28,7). „Dem Sieger will ich das verborgene Manna geben" (Offb 2,17). Die kanonischen Briefe. Der Abstieg in die Hölle. Die Tapferkeit. Laß uns also die Abfolge dieser Glieder betrachten, wie sie miteinander zusammenhängen. Die vierte Bitte bezieht sich auf die Dinge, die für Leib und Seele notwendig sind. Denn so wie „dieses sichtbare Brot des Menschen Herz stärkt" (Ps 104,15: Vg. Ps 103,15), so erleuchtet für die, die hungrig sind nach Gerechtigkeit, das himmlische Brot, das heißt das Wort Gottes, den Sinn im Geist der Tapferkeit. Hast du nicht in dieser Speise das verborgene Manna, das in der Tat den Kämpfenden versprochen, den Siegern gewährt ist? Oder wird nicht in diesem himmlischen Brot die lodernde Feuerflamme ausgelöscht, die der Abstieg Christi in die Unterwelt auseinanderteilt, indem er die Frommen von den Bösen scheidet, und so auch das Feuer der bösen Begierde zur Ruhe kommt, über das vor allem in den kanonischen Briefen gehandelt wird? Was sagt der Apostel Johannes? „Liebt nicht die Welt", sagt er, „und nicht die Dinge, die in der Welt sind, weil alles, was in der Welt ist, Begierde des Fleisches ist und Begierde der Augen und Stolz im Leben" (1 Joh 2,15 f). Und auch Jakobus sagt: „Ihr bittet, damit ihr es in eurer Leidenschaft verzehrt" (Jak 4,3), und viele Male hat die Stimme des Paulus dieses Feuer der Begierde von uns mit dem Schwert durchhauen.

T.: Weil er diese Flamme durchhauen hat, empfängt er zu Recht den Namen des Geistes der Tapferkeit. Aber fahre fort.

P.: Die fünfte Reihe wird so aufgestellt: „Vergib uns unsere Schuld" (Mt 6,12). „Selig sind die Trauernden" (Mt 5,4). „Die Stimme des Herrn zerbricht die Zedern" (Ps

„Qui vicerit, faciam illum columnam meam." Resurrectio.
Evangelium. Iustitia. Igitur spiritus scientiae facit nos lu-
gere, quia „qui apponit scientiam, apponit dolorem". Facile
igitur debita aliena dimittit, qui propria lugendo peccata
iudicium dei metuit. Hoc itaque modo resurgit peccator 5
cum Christo, cum convertit se a peccato, ut cedrus Libani
| confringitur, cum per evangelicas comminationes homo | 346
terretur, id est: „Si non dimiseritis aliis peccata sua, nec
pater noster, qui in caelis est, dimittet vobis peccata vestra." Cedrus alta confringitur, cum peccator tumidus ad 10
paenitentiam contriti cordis inclinatur. Nonne talis iustitiae proximus est, qui punit, quod ab aequitatis tramite
deviavit? Merito igitur columna in templo dei efficitur, qui
de victo peccato ad iustitiam erigitur.

   Sextus ordo sequitur: „Et ne nos inducas in temptatio- 15
nem." „Beati mites." „Vox domini in magnificentia." „Vincenti dabo sedere mecum in throno." Ascensio. Prophetiae.
Temperantia. Pietas est cultus dei. Quae mites facit, id est qui
amant se persequentes, quibus vox domini, id est praedicatio
in magnificentia est, quia horum exemplis maxime aedificatur 20
ecclesia, quorum dilectio et inimicos propter deum colligit
et amicos in dei amore custodit. Istum igitur sive prophetia
seu cetera divina misteria vix possunt latere, qui deum, ipsam
caritatem semper bona pro malis retribuentem in se probatur habere. Denique in temptationem non inducitur, quia 25

29, 5: Vg. Ps 28, 5). „Wer siegt, den will ich zu meiner Säule machen" (Offb 3, 12). Die Auferstehung. Das Evangelium. Die Gerechtigkeit. Der Geist des Wissens bringt uns darum zum Trauern, weil, „wer Wissen beiträgt, der trägt auch Schmerz bei" (Koh 1, 18). Aber leicht vergibt der fremde Schuld, der in Trauer über seine eigenen Sünden das Urteil Gottes fürchtet. Deshalb kann der Sünder nur mit Christus zusammen auferstehen, wenn er sich von der Sünde abgewandt hat; wie eine Zeder im Libanon wird der Mensch zertrümmert, wenn er durch die Androhungen des Evangeliums erschreckt wird, das heißt: „Wenn ihr nicht anderen ihre Sünden erlaßt, dann wird unser Vater, der im Himmel ist, auch euch nicht eure Sünden erlassen" (Mk 11, 26). Die hochgewachsene Zeder wird zerbrochen, wenn ein aufgeblasener Sünder sich mit zerknirschtem Herzen zur Reue neigt. Und ist nicht ein solcher der Gerechtigkeit am nächsten, der bestraft, was vom Pfad der Gerechtigkeit abgewichen ist? Aber mit Recht wird der zur Säule im Tempel Gottes, der sich nach Überwindung der Sünde zur Gerechtigkeit aufrichtet.

Es folgt die sechste Reihe: „Und führe uns nicht in Versuchung" (Mt 6, 13). „Selig sind die Sanftmütigen" (Mt 5, 5). „Die Stimme des Herrn in ihrer Herrlichkeit" (Ps 29, 4: Vg. Ps 28, 4). „Dem Sieger will ich geben, mit mir auf meinem Thron zu sitzen" (Offb 3, 21). Die Himmelfahrt. Die Weissagungen. Die Mäßigung. Frömmigkeit ist die Verehrung Gottes. Diese macht diejenigen milde, die ihre Verfolger lieben, für die die Stimme des Herrn die Verkündigung in der Herrlichkeit ist, weil durch ihre Beispiele vor allem die Kirche erbaut wird, deren Liebe auch die Feinde sammelt wegen Gott und die Freunde bewahrt in der Liebe zu Gott. Deshalb können weder die Weissagung noch die übrigen Geheimnisse kaum vor dem verborgen bleiben, der Gott, das heißt die Liebe selbst, die immer das Böse mit Gutem vergilt, wirklich in sich trägt. Schließlich wird er nicht in Versuchung geführt, weil nicht

„ut malum pro malo reddat", non permittitur. Hoc est enim
in temptationem induci, malitiae perseverantiam a tempta-
to non auferri. Qui igitur „malum in bono vincit", iure
sedem dei thronum suscipit et membrum sequitur, quo
caput ascendit. Adde temperantiam bonis praemissis, quia 5
sic caritas ordinari praecipitur, ut scias quid deo debeas et
proximis et inimicis.

T.: Adice ordinem septimum, ut plenarium videamus
septeno munere septenarium cursum.

P.: Ut vis. „Libera nos a malo." „Beati pauperes spiritu." 10   347
„Vox domini in virtute." „Vincenti dabo edere de ligno
vitae." Adventus domini. Lex composita. Prudentia. Magna
vere prudentia, quemque fidelem spiritu pauperem esse ex
divini timoris consideratione. Inde igitur a malis omnibus
liberatur, quia vox divinae virtutis in eo convaluisse proba- 15
tur. Iste victor superbiae vesci ligno paradisi meretur, quia
humilitate spiritus lignum crucis imitatur. Venit enim filius
dei in humilitate, legem composuit quodammodo cum homine, rigorem priscae legis vel certe legum saecularium iura
sic moderando, ut si aberraret homo, legibus digne sub- 20
iugandus veniam posset consequi, si rediret ad Christum
correctis moribus. Scriptam igitur legem iustitia et ratio
commendat, lex rationem.

gestattet ist, „daß er Böses mit Bösem vergilt" (1 Thess 5,15). Das meint nämlich das ‚Nicht-in-Versuchung-geführt-Werden', daß die Beharrlichkeit des Bösen nicht von dem Versuchten genommen wird. Wer also „das Böse im Guten besiegt" (Röm 12,21), der übernimmt mit Recht Gottes Thron als Sitz, und die Glieder folgen dorthin, wohin das Haupt aufgestiegen ist. Füge nun den guten Gaben oben die Mäßigkeit hinzu, weil so der Liebe ihr richtiger Platz angewiesen wird, damit du erkennst, was du Gott schuldest, sowohl bei den Nächsten wie bei den Feinden.

T.: Schließe nun die siebte Bezugsreihe an, damit wir in jeder der sieben Gaben den Gang der Siebenzahl in ihrer Vollständigkeit erkennen.

P.: Wie du willst. „Befreie uns von dem Bösen" (Mt 6,13). „Selig sind, die arm im Geist sind" (Mt 5,3). „Die Stimme des Herrn in ihrer Macht" (Ps 29,4: Vg. Ps 28,4). „Dem Sieger will ich vom Holz des Lebens zu essen geben" (Offb 2,7). Die Wiederkunft des Herrn. Das erlassene Gesetz. Die Klugheit. Das ist wahrhaftig große Klugheit, daß jeder Gläubige arm im Geist ist, wenn er die Gottesfurcht bedenkt. Weiter wird er aber von allen Übeln befreit, weil sich die Stimme der göttlichen Macht in ihm wahrhaftig als stark erwiesen hat. Dieser Sieger über den Hochmut verdient es, sich vom Holz des Paradieses zu nähren, weil er in Demut des Geistes das Holz des Kreuzes nachahmt. Denn der Gottessohn ist in Niedrigkeit gekommen, er hat das Gesetz aufgestellt gewissermaßen zusammen mit dem Menschen, indem er die Härte des alten Gesetzes und sicherlich auch die Satzungen der weltlichen Gesetze so mäßigte, daß der Mensch, der zu Recht Gesetzen unterworfen sein muß, nach einem Irrtum Verzeihung erlangen kann, wenn er nur mit verbesserten Gewohnheiten zu Christus zurückkehrt. Darum empfehlen Gerechtigkeit und Vernunft das geschriebene Gesetz, das Gesetz aber die Vernunft.

T.: Verissime, quia si ratione lex constiterit, lex erit omne,
quod ratio dictaverit et firmaverit, si tamen saluti, si disciplinae, si religioni congruit.

P.: Ecce Theodora, septies dona septena cum beatitudi-
nibus et petitionibus et ceteris donis spiritu sancto nos 5
adiuvante distinximus, per quas spiritus sancti operationes
proficit et regitur universalis ecclesia, ipsa sponsa cum
domino suo spiritus unus: „Qui enim adhaeret domino,
spiritus unus efficitur." Itaque „sapientia", ut praemissum
est, „aedificavit sibi domum, excidit columnas septem, hoc 10
est Christus, deus noster, dei virtus et dei sapientia" prae-
cisam de rupe gentilis duritiae per septiformem sancti spi-
ritus gratiam aedificavit | sibi domum, id est ecclesiam, in | 348
qua ipse hostia et sacerdos verum sacrificium et esset et
offerret, eodem sacrificio dotatam et praecurrente in omni- 15
bus et subsequente gratia aeterna stabilitate roborandam.
„Templum enim dei sanctum est." Haec igitur septiformis
gratiae dona, rationum consequenter pro posse nostro ordine certo disposita qui in se vel ex aliqua parte recognoscit,
adiecta perseverantia beatificandum se noverit, vocem do- 20
mini sive in prophetia sive de evangelio seu sanctorum
interpretatione vel dogmate fixus fidei, spei, caritatis gradu
virtutum quattuor cultor studiosus audiat, humanitatis
Christi dispensationes attendat et se in aeterna curia cum

T.: Vollkommen richtig. Denn wenn sich das Gesetz auf Vernunft gründet, dann wird das Gesetz alles haben, was die Vernunft angeordnet und festgeschrieben hat, vorausgesetzt natürlich, daß sie mit dem Heil, mit der Zucht und mit der Bindung an Gott in Übereinstimmung steht.

P.: Siehe, Theodora, da haben wir nun mit Hilfe des heiligen Geistes die siebenmal sieben Gaben mit den Seligpreisungen und den Bitten des ‚Vaterunser‘ und den übrigen Gaben unterschieden und verglichen; durch diese Werke des heiligen Geistes gedeiht die Kirche in ihrer Gesamtheit und wird gelenkt, sie selbst Braut und mit ihrem Herrn zusammen ein Geist: „Denn wer dem Herrn anhängt, der wird ein Geist sein mit ihm" (1 Kor 6,17). Deshalb „hat sich die Weisheit", wie schon vorangeschickt wurde, „ein Haus gebaut, sie hat sich sieben Säulen ausgehauen" (Spr 9,1), das heißt, „Christus, unser Gott, Gottes Kraft und Gottes Weisheit" (1 Kor 1,24), hat sich durch die siebenfache Gnade des heiligen Geistes ein Haus gebaut, gehauen aus dem Felsen heidnischer Härte, das ist die Kirche, in der er selbst Opfer und Priester zugleich ist und das wahre Opfer sowohl ist wie darbringt, wobei die ewige Gnade in allem der Kirche, die mit eben diesem Opfer beschenkt ist, voranläuft und ihr nachfolgt, um sie durch Festigkeit zu stärken. „Denn der Tempel Gottes ist heilig" (1 Kor 3,17). Wer darum diese Gaben der siebenfachen Gnade, die wir nach unserem Vermögen in bestimmter Reihenfolge nach folgerichtigen Gründen geordnet haben, bei sich wiedererkennt, und sei es auch nur in irgendeinem Teil, der möge wissen, daß er selig werden kann, wenn er nur Beharrlichkeit anwendet, und als eifriger Verehrer der vier Tugenden soll er gefestigt durch den Aufstieg über Glaube, Hoffnung und Liebe auf die Stimme des Herrn hören, sei es in der Weissagung, im Evangelium, in der Auslegung der Heiligen oder in der Lehre. Er soll auf die Heilsanordnungen von Christi Zeit als Mensch achten und in unbeirrbarer Standhaftigkeit darauf vertrauen, daß er in

sanctis coronandum insuperabili constantia confidat. Et de hoc flore dominico, super quem gratiae plenitudo requievit, satis dictum.

Explicit XI.

der Halle der Ewigkeit mit den Heiligen gekrönt werden
darf. Und damit ist genug gesagt über diese Blume des
Herrn, auf der die Fülle der Gnade ruhte.

Es endet das elfte Buch.

Incipit XII.   349

T.: Summatim quidem beati floris comas utcumque differentia septenaria distinxisti, sed compendium dominicae
orationis non sufficit, quam magis attigisse quam resolvisse
visus es. Quae enim vitam rogatura de ore vitae processit, 5
in eius intellectu prolixius inmorari, obsecro, grave non sit.
Nec ambigo in huius orationis effectu viae vel patriae nostrae quasi in quodam cardine versari remedium, quam
breviter complexus est, qui et orandi dedit praeceptum et
gratia mediante dare solet orationis effectum. Quibus ex- 10
peditis cessabit amodo series prolixae orationis.

P.: Fidei femineae non facile credendum est, nisi virilis
animus in femina sexum excedat et ipsius inconstantiam
naturae morum maturitate transcendat. Multotiens quidem
terminandi operis consensum dedisti, sed nunc his nunc 15
illis expeditis veteri fundamento nova semper inquisitio-
num aedificia adiecisti. Quando igitur meta progressus isti-
us? Tanta habes in praecedentibus, ut si „saperes ad sobrie-
tatem", iamdudum fastidires superfluitatem. Non iniuria
proverbium illud <H>oratianum tibi potest asscribi: 20
„Quem semel arripuit, tenet occiditque loquendo", quin
potius interrogando.

T.: Postquam liberati fuerimus a malis omnibus, quod et
ipsa clausula sonat domenicae orationis, sicut inquisitio sic
cessabit et responsio.   25

---

[208] HORAZ, *ars* 475 (329 SHACKLETON-BAILEY).

Es beginnt das zwölfte Buch.

T.: Du hast zwar die Blätter der seligen Blüte jeweils entsprechend ihrer unterschiedlichen sieben Eigenarten im
Überblick dargestellt, aber die Behandlung des Herrengebets in Kurzform, das du anscheinend mehr gestreift als
erklärt hast, genügt nicht. Denn dieses Gebet ist aus dem
Munde des Lebens hervorgetreten, um Leben zu erbitten;
bei seiner Auslegung länger zu verweilen, sollte, ich bitte
dich, für dich nicht zu viel Mühe sein. Denn ich zweifle
nicht, daß in der Wirkung dieses Gebets sich gleichsam wie
in einem Angelpunkt das Stärkungsmittel befindet für unsere Wanderung und für unsere Heimkehr; eben der hat
dieses Gebet in kurzen Worten zusammengefaßt, der auch
die Vorschrift zum Beten gegeben hat und unter Mitwir-
kung der Gnade auch die Erfüllung des Gebets zu geben
pflegt. Wenn diese Forderung erfüllt ist, dann wird die
ausführliche Behandlung des Gebets ihr Ende finden.

P.: Man soll nicht leicht weiblicher Treue vertrauen,
außer wenn ein männlicher Geist sich bei der Frau über das
Geschlecht erhebt und sogar den angeborenen Wankelmut
durch Reife der Sitten überwindet. Denn wie oft hast du
schon dein Einverständnis zur Beendigung unseres Werks
gegeben, aber nachdem bald dieses, bald jenes erklärt war,
hast du immer neue Gebäude von Fragen auf dem alten
Fundament errichtet. Wann ist jemals das Ziel dieser Wanderung erreicht? Du besitzt so viel im Vorangegangenen,
daß du schon Ekel vor dem Überfluß empfinden würdest,
wenn „du Geschmack fändest an der Nüchternheit" (Röm
12, 3). Nicht zu Unrecht könnte auf dich jener Horazvers[208]
Anwendung finden: ‚Wen er einmal ergriffen hat, den hält
er fest und tötet ihn mit seiner Rede', ja besser mit seiner
Fragerei.

T.: Nachdem wir von allem Übel befreit sein werden —
so lautet ja der Schlußvers des Herrengebets —, wird es mit
dem Fragen ebenso ein Ende haben wie mit dem Antworten.

P.: Acquiesco placito, nunc summo patri pariter instemus orando. Oratio: „Pater noster, qui es in caelis." Verum in hac oratione primum hoc considerandum est, quod omnium precaminum a patriarchis vel prophetis vel psalmis profusorum qualitates in veteri et novo testamento in sep- 5 tem orationis huius petitionibus comprehenduntur, quia qui dictavit, quod orari voluit, universa nimirum humanae vitae necessaria verbis paucis comprehendit.

T.: Qui longas orationes in hypochritis praedamnasse 350 videtur, quid mirum, si in membris septenis unius orationis 10 sensum conclusit necessariae nobis impetrandae salutis?

P.: Licet igitur spiritus sanctus dictaverit, quicquid ecclesia Christi praecedens adventum generaliter et specialiter oravit nobisque scripto transmisit, dignior tamen haec veritatis oratio, in qua ut ais sicut utriusque hominis, id est 15 corporis et mentis, sic utriusque vitae, praesentis scilicet et futurae pendet salutis plenitudo.

T.: Procede igitur et modica lucubratiuncula nobis dulcius effice, quod coacti miseriis cogimur indesinenter celebrare. 20

P.: Non te lateat, quod haec septiformis petitio dominicae orationis ita distinguitur, ut tres primae petitiones ad altiora, quattuor sequentes ad haec temporalia sine scandalo nostro vix peragenda pertineant. Omnes igitur in commune clame-

P.: Ich gebe mich zufrieden mit dieser Meinung, aber zugleich wollen wir jetzt den höchsten Vater mit unseren Bitten bestürmen, indem wir im Gebet sprechen: „Vater unser, der du bist im Himmel" (Mt 6,9). Bei diesem Gebet ist nun in der Tat dieses zuerst zu bedenken, daß alle Arten von Bitten, die von den Patriarchen, den Propheten und den Psalmen im Alten und im Neuen Testament vorgebracht wurden, in den sieben Bitten dieses Gebets zusammengefaßt sind, weil er, der vorgeschrieben hat, was er gebetet haben wollte, in der Tat alle Dinge, die für das menschliche Leben notwendig sind, in diesen wenigen Worten zusammengefaßt hat.

T.: Was nimmt es wunder, wenn der, der offenbar die langen Gebete bei den Heuchlern verdammt hat (vgl. Mt 23,14), den Sinn des Heils, das wir notwendigerweise erlangen müssen, in den sieben Gliedern eines einzigen Gebets zusammengefaßt hat?

P.: Auch wenn also der heilige Geist vorgeschrieben hat, was die Kirche Christi, die seiner Ankunft vorangeht, im allgemeinen und im besonderen gebetet und schriftlich überliefert hat, so ist dennoch dieses Gebet der Wahrheit besonders würdig, weil an ihm, wie du sagst, die Fülle des gesamten Heils hängt, und zwar für den Menschen in beiderlei Gestalt, nämlich für seinen Körper wie für seinen Geist, und ebenso für beiderlei Leben, in der Gegenwart natürlich ebenso wie in der Zukunft.

T.: Fahre also fort, und mache in einer maßvollen kleinen Nachtarbeit für uns das angenehmer, was wir, gezwungen durch unser Unglück, ununterbrochen betreiben müssen.

P.: Dir soll also nicht verborgen bleiben, daß die Bitten des Herrengebets in ihrer siebenfachen Gestalt so unterschieden werden, daß die ersten drei Bitten sich auf die höheren Dinge, die folgenden vier auf die zeitlichen Dinge beziehen, die wir allerdings kaum ohne Anstoß durchführen können. Darum wollen wir alle, die wir von einem

mus, qui ab uno patre creati vocatique sumus: „Pater noster,
qui es in caelis." Oratio. Generalis vox filiorum ad patrem
fraternam filiis indicit caritatem, ut sint unum in sancta
dilectione, qui dominum creaturarum omnium patrem me-
ruere. Nonne sic orat ad patrem, qui se filiorum suorum 5
dignatur dicere patrem et fratrem: „Pater sancte, serva eos
in nomine tuo, quos dedisti mihi, ut sint unum sicut et
nos"? Et in sequentibus: „Non pro his rogo tantum, sed et
pro eis, qui credituri sunt per verbum eorum in me, ut
omnes unum sint, sicut tu pater in me et ego in te, ut et ipsi 10
in nobis unum sint", et iterum: „Notum feci eis nomen
tuum et notum faciam, ut dilectio, qua dilexisti me, in ipsis
sit et ego in ipsis." Haec est vera vox paterna filiis suis
adoptivis commendans unitatem, sine qua nemo cognoscit
veritatem. Nihil enim propinquius regno caelorum quam 15
in bono concordia multorum, quam si discordia disciderit,
quomodo ipsum filiorum vocabulum stabit? | Immo scissio | 351
morum et unitatis relativum subvertit in patris et filii voca-
bulis, quia ipsa relatio patris et filii responderit ad invicem
genuinae caritati, ut quomodo gratia vel inclinatio patris ad 20
filium inferius, sic sit filii devotio vel affectus ad patrem
superius. Porro timor et amor filium patri perfecte componit, si facit servus, quod iubet dominus et quod vult
pater, non abnuit filius. Inde Malachias: „Si dominus",
inquit, „sum, ubi timor meus, si pater ubi amor meus?" 25
Timor igitur et amor totum in filiis operantur, quicquid per

---

[209] Dieser formelhafte Einschub macht die Kennzeichnung des Vorangegangenen als Gebet noch deutlicher.

einzigen Vater geschaffen und berufen sind, gemeinsam
ausrufen: „Vater unser, der du bist im Himmel" (Mt 6,9).
Gebet.[209] Dieser allgemeine Anruf der Söhne an den Vater
zeigt den Söhnen die brüderliche Zuwendung an, daß sie
in heiliger Liebe eins sind, die verdient haben, den Herrn
aller Geschöpfe zum Vater zu haben. Betet nicht er, der
sich dazu herabgelassen hat, sich Vater und Bruder seiner
Söhne zu nennen, so zu seinem Vater: „Heiliger Vater,
bewahre sie in deinem Namen, die du mir gegeben hast,
damit sie eins seien wie wir" (Joh 17,11)? Und im folgenden: „Ich bitte aber nicht nur für diese hier, sondern auch
für die, die durch ihr Wort an mich glauben werden, daß
sie alle eins sind, so wie du, Vater, in mir bist und ich in dir,
damit auch sie in uns eins sind" (Joh 17,20f); und weiter:
„Ich habe ihnen deinen Namen bekannt gemacht und werde ihn bekannt machen, damit die Liebe, mit der du mich
geliebt hast, in ihnen ist und ich in ihnen" (Joh 17,26). Dies
ist die wahre Stimme des Vaters, die ihren angenommenen
Söhnen Einigkeit empfiehlt, ohne die niemand die Wahrheit erkennt. Denn nichts ist dem Himmelreich mehr verwandt als die Eintracht vieler im Guten. Wenn Zwietracht
diese auseinandertreibt, wie wird dann das Wort von den
Söhnen weiter Bestand haben? In der Tat zerstört das Zer-
brechen von Sitten und Einigkeit die Beziehung in der
Bezeichnung vom Vater und vom Sohn, weil die Vater-
Sohn-Beziehung an sich in der angeborenen Liebe zuein-
ander besteht, so daß ebenso wie sich Gnade und Hin-
neigung des Vaters zum Sohn nach unten zeigt, so auch
Ehrfurcht und Liebe des Sohnes zum Vater nach oben.
Weiter vereinigt Furcht und Liebe den Sohn vollkommen
mit dem Vater; denn wenn ein Sklave tut, was sein Herr
befiehlt, dann verweigert auch der Sohn nicht das, was der
Vater will. Daher sagt Maleachi: „Wenn ich der Herr bin,
wo ist dann die Furcht vor mir, wenn ich der Vater bin, wo
ist dann die Liebe zu mir?" (Mal 1,6). Darum bewirken
Furcht und Liebe bei den Söhnen alles, was immer an

mandata vitae, salutis et gratiae filiis lucis in caelestibus a
summo patre praeordinatur.

T.: O gloria conditionis humanae! Terrenus a terra nasci-
tur et paterna divinitate seu divina paternitate pauper et
exul insignitur. Hic frustra dives et potens lineam suae 5
nobilitatis sibi videntur usurpare, qui velint nolint pauper-
culum et despectum fratrem coguntur habere.

P.: Rectissime. Si enim genus quaerimus, Adam patrem
communem habemus in terris, Christum patrem in caelis.
Sola igitur iustitia genus discernit, quae servum peccati licet 10
trabea redimitum ignorat et abicit, iusti autem avidum licet
deformem et depannatum amat et assumit. Quia igitur
caelestis pater ipse deus est, creator et iudex, magister et
sponsus, amore sacro pater amplectendus, deus Christiana
religione colendus, creator admirandus, iudex metuendus, 15
magister sequendus, sponsus, ne deserat ardentissimae caritatis vinculo, astringendus: „Unus deus et pater omnium,
qui super omnes et per omnia et in omnibus nobis."

T.: Cum omnia divina maiestas repleat, contineat et am-
biat, quomodo dicimus eum solum in caelis esse, quem 20
scimus nulli loco deesse? Nonne legisti: „Caelum mihi
sedes est, terra autem scabellum pedum meorum"? Et illud:
„Quem non capit caelum caelorum."

Leben, Heil und Gnade durch die Weisungen den Söhnen des Lichts unter den Himmlischen vom höchsten Vater schon vorher zugeordnet ist.

T.: O Herrlichkeit bei der Erschaffung des Menschen! Aus Erde wird er von der Erde geboren, und arm und heimatlos wird er ausgezeichnet durch die Göttlichkeit des Vaters oder die Vaterschaft Gottes. Hier scheinen der Reiche und der Mächtige umsonst auf ihre vornehme Abkunft zu pochen, die, ob sie wollen oder nicht, gezwungen werden, den Armen und Verachteten zum Bruder zu haben.

P.: Vollkommen richtig. Denn wenn wir nach der Abstammung fragen, so haben wir Adam als gemeinsamen Vater auf Erden, Christus aber als Vater im Himmel. Darum entscheidet die Gerechtigkeit allein über die Abstammung, die den Knecht der Sünde nicht kennt und zurückweist, auch wenn er mit dem weißen Mantel des Ritters umhüllt ist, den aber, der begierig ist nach Gerechtigkeit, auch wenn er häßlich und nur mit Lumpen bekleidet ist, liebt und aufnimmt. Weil also Gott selbst unser himmlischer Vater ist, unser Schöpfer und Richter, Lehrer und Bräutigam, muß er als Vater in heiliger Liebe umarmt werden, als Gott in der christlichen Religion verehrt, als Schöpfer bewundert, als Richter gefürchtet werden, als Lehrer muß ihm gehorcht und als Bräutigam muß er mit der Fessel glühender Liebe gebunden werden, damit er uns nicht verläßt: „Es ist ein einziger Gott und Vater aller, der über allem und durch alles und in uns allen ist" (Eph 4,6).

T.: Wenn die göttliche Erhabenheit alles erfüllt, enthält und umkreist, wie können wir da sagen, daß er allein im Himmel sei, von dem wir doch wissen, daß er an keinem Ort fehlt? Hast du nicht das Wort gelesen: „Der Himmel ist mein Thron, die Erde aber der Schemel für meine Füße" (Jes 66,1)? Und jenes Wort: „Den der Himmel der Himmel nicht fassen kann" (vgl. 1 Kön 8,27)?

P.: Morem tibi geram. Anima iusti, nonne sedes est sa- 352
pientiae? Igitur locus sanctae conscientiae dei sedes est.
Boni ergo, qui sancti sunt, sedes dei sunt.

T.: Quid est, quod sequitur: „Sanctificetur nomen
tuum", quasi desit aliquid perfecto, quod nostra suppleat 5
oratio?

P.: Non legisti: „Cum sancto sanctus eris et cum innocen-
te innocens eris", et cetera, et quod diffidentia Moysi cor-
ripitur ab ipso domino dicente: „Quia non sanctificastis me
coram filiis Israel", et in ultione Nadab et Abiu: „Sanctifi- 10
cabor in his, qui appropinquant michi et in conspectu
omnis populi glorificabor."

T.: Itane sanctus sanctorum a nobis sanctior erit, cum
ultra ipsam sanctitatem, quae ipse est, nobis progrediendi
locus non fuerit? Quid illi sanctitatis adicietur, sine quo 15
iustus nullus est nec sanctificabitur? Quid David? „Magni-
ficasti", inquit, „super omne nomen sanctum tuum." Ubi
igitur omne universaliter comprehenditur, nihil excipitur
unde nomen illud, quod supra omnes est, sanctificetur?

P.: Ignorantia tua ad strophas te excitat, ut defendas, 20
quod nescis et nescias, quod defendis. Multotiens tibi lit-
tera repetenda est, quae semper in eodem neglegentiae luto
haesitare videris, dum sacramentum unitatis in Christo et
ecclesia, in capite et corpore minus advertis. Equidem
sancto sanctorum nihil potest laudibus nostris accrescere 25
nec silentio decrescere, quia statum aeternitatis eius non

---

210 Vgl. *Spec. virg.* 5, oben 376, mit Anm. 86.

P.: Ich will dir den Gefallen tun. Ist nicht die Seele des Gerechten der Sitz der Weisheit? Darum ist der Ort eines reinen Gewissens der Sitz Gottes. Und also sind die Guten, die rein sind, der Sitz Gottes.

T.: Was bedeutet das, was dann folgt: „Geheiligt werde dein Name" (Mt 6, 9), gleich als ob etwas an der Vollkommenheit fehlte, das unsere Bitte auffüllen sollte?

P.: Hast du nicht gelesen: „Mit dem Heiligen wirst du heilig sein, und mit dem Unschuldigen wirst du unschuldig sein" (Ps 18, 26: Vg. Ps 17, 26), und so weiter, und daß Mose vom Herrn selbst wegen seines Unglaubens gescholten wurde, als er sagte: „Denn ihr habt mich nicht geheiligt vor den Söhnen Israels" (Num 20, 12), und bei der Bestrafung von Nadab und Abihu: „Ich erweise mich heilig an denen, die mir nahe sind, und ich werde verherrlicht im Angesicht des ganzen Volkes" (Lev 10, 3)?

T.: Wird denn der Heilige der Heiligen von uns heiliger werden, da es doch über die Heiligkeit selbst hinaus, die er selber ist, weiter keinen Ort des Fortschritts für uns geben wird? Was soll jenem an Heiligkeit noch hinzugefügt werden, ohne den keiner gerecht ist und niemand geheiligt wird? Was sagt David? „Du hast deinen heiligen Namen herrlich gemacht über alles" (Ps 138, 2: Vg. Ps 137, 2). Wo darum alles in seiner Gesamtheit zusammengefaßt ist, da ist nichts ausgenommen, wovon jener Name, der über allen ist, geheiligt wird.

P.: Deine Unkenntnis treibt dich zu Spitzfindigkeiten, so daß du verteidigst, was du nicht weißt, und nicht weißt, was du verteidigst. Viele Male mußt du immer wieder die heilige Schrift durchgehen, da du anscheinend immer wieder an demselben häßlichen Schmutz der Nachlässigkeit hängen bleibst, indem du zu wenig auf das Geheimnis der Einheit in Christus und der Kirche, in Haupt und Gliedern achtest.[210] Natürlich kann dem Heiligen der Heiligen durch unseren Lobgesang nichts zuwachsen, und er kann nicht abnehmen durch unser Schweigen, denn seinen Stand von Ewigkeit

includit lex mutabilitatis aut loci aut temporis. Quicquid
enim augeri vel minui potest, temporum mobilitati obnoxium est. Sed numquid nosti unde nomine Christiano cense-
aris?

T.: Quid nisi de Christo domino, cuius catholicus omnis 5
gloriatur vocabulo?

P.: Ergo „caput ecclesiae Christus", membrum Christi
Christianus.

T.: Sic videtur.   353

P.: Cum igitur proficis „in fide, quae per dilectionem 10
operatur", putasne nomen Christi in te sanctificatur? Nonne et ipse suis ait: „Sancti estote, quia et ego sanctus sum"?
Igitur in unitate sacramenti in compage capitis et corporis
sanctificatio nominis est Christi, profectus in Christo Chri-
stiani.   15

T.: Sit ut tibi visum est.

P.: Sanctificatur nomen dei „in corpore suo, quod est
ecclesia", cum virtutibus ipsa crescit aut vitiis emergit.

T.: Quomodo sanctificetur ex poena malorum vel vindicta eorum, videlicet qui appropiant ei sicut ait Moyses, sed 20
non sine culpa non video, praesertim cum non parum dif-
ferant inter se iudicium et sanctificatio.

P.: Deus verus et misericors, pius et iustus est.

T.: Constat evidentissime.

P.: Si igitur divina severitas implacabili gladio peccantes 25
semper exciperet, notari posset eius impatientia, si semper
parceret, a vesanis cordibus neglectui daretur eius remissa
iustitia. Pro tempore igitur, pro loco, pro persona dispertit

schließt das Gesetz der Veränderlichkeit von Ort und Zeit nicht ein. Denn was vermehrt oder vermindert werden kann, das ist dem Wechsel der Zeiten unterworfen. Aber weißt du denn nicht, woher es kommt, daß du mit dem Namen eines Christen bezeichnet wirst?

T.: Woher anders als von unserem Herrn Christus, in dessen Namen sich jeder Rechtgläubige rühmt?

P.: Also ist „Christus das Haupt der Kirche" (Eph 5, 23), der Christ aber ist Glied von Christus.

T.: So scheint es.

P.: Wenn du also Fortschritte machst „im Glauben, der durch die Liebe tätig ist" (Gal 5, 6), glaubst du da nicht, daß der Name Christi in dir geheiligt wird? Und sagt nicht sogar er selbst zu den Seinen: „Seid heilig, denn auch ich bin heilig" (Lev 11, 44)? Darum besteht im Geheimnis der Einheit, in der Gemeinsamkeit von Haupt und Gliedern die Heiligung des Namens Christi, der Fortschritt des Christen in Christus.

T.: Es sei, wie es dir scheint.

P.: Der Name Gottes wird geheiligt „in seinem Leib, das ist die Kirche" (Kol 1, 24), wenn diese an Tugenden wächst oder aus den Lastern auftaucht.

T.: Ich sehe nicht — aber sicher nicht ohne eigene Schuld —, wie er geheiligt wird durch Bestrafung der Bösen oder die Rache an ihnen, gemeint sind natürlich die, die ihm nahe sind, wie Mose sagt (vgl. Lev 10, 3), zumal sich ja Gericht und Heiligung nicht wenig voneinander unterscheiden.

P.: Gott ist wahr und barmherzig, er ist gnädig und gerecht.

T.: Das steht absolut eindeutig fest.

P.: Wenn nämlich die göttliche Strenge die Sünder immer mit unversöhnlichem Schwert empfangen würde, dann könnte man ihr Ungeduld anlasten, wenn sie immer Schonung walten ließe, dann würde ihre zurückgenommene Gerechtigkeit von wahnsinnigen Gemütern als Nachlässigkeit ausgelegt. Darum teilt sie nach Zeit, Ort und Person

utrumque sicque sanctitas eius et iustitia revelatur in utro-
que. Cum peccantes verberat et punit, sanctum et iustum se
ostendit, ut vindicta mentis caecitatem amoveat, et ipse
deus laudibus extollatur, qui iudicando cuiuslibet peccati se
testem demonstrat. Attende Moysen, quid filiis Levi vindi-   5
cantibus ydolatriam in fratribus suis dixerit.

T.: Quid nam dixit?

P.: „Consecrastis", inquit, „manus vestras hodie domino,
unusquisque in filio et fratre suo, ut detur vobis benedictio." Ruinam occisorum consecrationem dixit occiden-   10
tium.

T.: Non inmerito deo consecratur, qui quod deo contra-   354
rium est, exsecratur. Age nunc secundam petitionem resol-
vere, per quam licet adventum domini quaeramus et peta-
mus, tamen regnum idem post multa saecula futurum   15
speramus. Indesinenter hac petitione pulsamus, quando
putas intrabimus?

P.: Cur, rogo, per saecula multa sperandum est, quod
intra nos positum est? „Regnum dei", dominus ait, „intra
vos est." Ipsa equidem divinitatis notitia, ipsa caelestium   20
disciplinarum regula regni dei quaedam sunt argumenta,
quibus legitime ordinatis in fide et opere ad regnum, quod
precibus quaeris et speras, poteris pervenire. De hoc regno
dominus ait hostibus suis: „Regnum dei auferetur a vobis
et dabitur genti facienti fructus eius." Itaque regnum dei   25
collatio virtutum, regnum diaboli sentina vitiorum est.
Utriusque regnum in hoc mundo est, regnum salvatoris,

beides unterschiedlich zu, und ihre Heiligkeit und Gerechtigkeit enthüllt sich so in beiden. Wenn er die Sünder züchtigt und bestraft, zeigt er sich als heilig und gerecht, damit die Strafe die Blindheit von ihrem Herzen wegnimmt und Gott selbst durch den Lobgesang erhoben wird, der sich im Richten als Zeuge für jede beliebige Sünde zeigt. Achte darauf, was Mose zu den Söhnen Levis sagte, als sie für den Aberglauben Rache nahmen an ihren eigenen Brüdern.

T.: Was hat er denn gesagt?

P.: „Heiligt heute eure Hände für den Herrn", sagte er, „denn ein jeder ist gegen seinen Sohn und seinen Bruder vorgegangen, damit euch Segen gegeben werde" (Ex 32, 29). Er hat den Sturz der Getöteten die Heiligung der Tötenden genannt.

T.: Nicht zu Unrecht wird der Gott geweiht, der verflucht, was Gott im Wege ist. Aber fahre jetzt fort, die zweite Bitte zu erklären, mit der wir, auch wenn wir die Ankunft des Herrn erstreben und erbitten, doch hoffen, daß dieses Reich erst nach vielen Jahrhunderten kommen werde. Ununterbrochen klopfen wir mit dieser Bitte an, wann glaubst du wohl, werden wir eintreten?

P.: Warum, frage ich, soll man so viele Jahrhunderte hindurch erhoffen, was innerhalb von uns liegt? „Das Reich Gottes", sagt der Herr, „liegt in euch" (Lk 17, 21). Allerdings sind schon die Kenntnisnahme von der Gottheit an sich, schon die Regel der himmlischen Anordnungen selbst gewissermaßen Beweise für das Reich Gottes. Wenn sie rechtmäßig aufgestellt sind, dann wirst du durch sie zu dem Reich gelangen können, das du mit deinen Bitten suchst und erhoffst. Über dieses Reich sagt der Herr zu seinen Feinden: „Das Reich Gottes wird von euch genommen und einem Volk gegeben werden, das Früchte davon bringt" (Mt 21, 43). Deshalb ist das Reich Gottes die Ansammlung der Tugenden, das Reich des Teufels aber ist der Abschaum der Laster. Das Reich beider ist in dieser Welt, das Reich des Retters

regnum criminatoris. Ad crimina criminator peccantes exponit, salvandos salvator virtutum ornamentis componit.
Si regnat per iustitiam Christus in te, regnum diaboli per
peccatum non erit in te. „Non regnet", inquit apostolus,
„peccatum in vestro mortali corpore ad oboediendum de-   5
sideriis eius." Vides quod sola suggestio regnum diaboli
non instaurat in te, sed consensus? Peccati quidem oblecta-
tiones pessimas et varias non evadis, dum luteam domum
inhabitas, sed regnum zabuli non eris, si malis desideriis
non oboedis. Porro Christus regnabit in te, si victis vitiis   10
vixeris iustitiae.

T.: Quid igitur amplius quaero, si regnum dei per fidem
et iustitiam in me habuero?

P.: Utrumque precibus quaerendum est, id est ut temporaliter regnet in nobis Christus per fidem, aeternaliter per   15
speciem: „Per fidem enim ambulamus et non per speciem,
iustificet nunc gratis impios per veniam", quos possideat in
futuro per gratiam.

T.: Sed ad haec quis idoneus? Qui de regno transfertur   355
ad regnum, videtur pro labore suo duplex suscepisse prae-   20
mium. Christum habet in via, Christum in patria, iocundi-
tatem in labore, quod aeternitatis et decoris est in requie.
Quod ergo sequitur, praemissis adiunge.

P.: Voluntatem summi patris effectivam petitio tertia requirit, ut terra cum caelo communionem aliquam recipiat et   25

und das Reich des Verleumders. Der Verleumder setzt die Sünder den Verbrechen aus, der Retter versieht die, die gerettet werden sollen, mit dem Schmuck der Tugenden. Wenn Christus durch die Gerechtigkeit in dir herrscht, dann wird das Reich des Teufels durch die Sünde nicht in dir sein. „Die Sünde soll nicht in eurem sterblichen Leib herrschen", sagt der Apostel, „damit ihr nicht ihren Begierden gehorcht" (Röm 6, 12). Siehst du, daß die Einflüsterung allein bei dir nicht das Reich des Teufels einzurichten vermag, sondern erst deine Zustimmung? Du entgehst zwar nicht den unterschiedlichen und schlimmen Verlockungen zur Sünde, solange du das Haus aus Lehm bewohnst, aber du wirst nicht ein Reich des Teufels sein, wenn du den schlechten Wünschen nicht gehorchst. Stattdessen wird Christus in dir herrschen, wenn du nach Überwindung der Laster für die Gerechtigkeit lebst.

T.: Was soll ich also noch weiter fragen, wenn ich durch Glauben und Gerechtigkeit das Reich Gottes in mir haben werde?

P.: Beides muß man im Gebet erbitten, das heißt, daß Christus in der Zeitlichkeit in uns durch den Glauben herrscht, in der Ewigkeit durch die Anschauung: „Denn wir gehen unseren Weg im Glauben, nicht in der Anschauung" (2 Kor 5, 7), und „umsonst macht er schon jetzt die Gottlosen in Vergebung gerecht" (vgl. Röm 3, 24), die er in der Zukunft aus Gnade besitzt.

T.: Aber wer ist dazu geeignet? Wer von dem einen Reich in das andere Reich überführt wird, der scheint für seine Mühe doppelten Lohn empfangen zu haben. Er hat Christus unterwegs, er hat Christus in der Heimat, er hat bei seiner Mühe das zur Freude, was ihm in der Ruhe zur ewigen Zierde gereicht. Darum füge jetzt das, was folgt, dem Vorangegangenen hinzu.

P.: Die dritte Bitte ersucht darum, daß sich der Wille des höchsten Vaters erfülle, damit die Erde mit dem Himmel eine Art Gemeinschaft erreicht und eine gewisse Ein-

intraturis qualitate longa distantibus quaedam concordia
fiat. Itaque per caelum vel sanctos angelos vel homines
iustos, ut superius dictum est, adverte significatos, quos
divina voluntas caelum quodammodo effecit, quia mentem
eorum a terrenis in sui contemplatione suspendit, per ter- 5
ram vero terrena quaerentes et malum originale peccatis
actualibus aggravantes. Quia igitur ecclesia finito labore
iam cum Christo in caelestibus regnat, altera adhuc in
peregrinatione laborat, hoc oramus, ut sicut divina voluntas
praerogata est iam regnanti, sic occurrat in terris laboranti, 10
ut sicut ab uno creatore conditi sumus, sic principium
nostrum unanimi fide et dilectione repetamus. Visne differentiam caeli et terrae paucis agnoscere?

T.: Rationali quidem creaturae differentia patet utriusque, sed extende, quod ais, misterii ratione. 15

P.: Attende Iohannem: „Vidi", inquit, „civitatem sanc-
tam Ierusalem novam", et cetera. Et David: „Astitit regina
a dexteris tuis in vestitu deaurato circumamicta varietate."
Putasne civitatem istam vel reginam caelum posse vocari,
terram vero, de quibus apostolus: „Omnes quae sua sunt", 20
ait, „quaerunt, non quae Iesu Christi", et dominus de caelo
et terra: „Si mundus vos odit, scitote quia me priorem
vobis odio habuit", et his similibus in scripturis divinis

Benedic anima mea dño. ⁊ omia intiora mea nomen ſcm ei. Laudent te cęli cęloꝛ. ⁊ ꞇpe rex ⁊ creator angloꝛ. ⁊ homiñu terre
maris. ⁊ omniu meis ſenſibiliu. inſenſibiliu. uiſibiliu
⁊ inuiſibiliu. q̃ omnia ſic te ſui artifice oſtendit gñe ⁊ ipſe di-
uerſa mutabile. ita ⁊ uſu ⁊ effectu ſuo oſtidunꞇ mutabiliorem.
cum ſingl'ſ naturę apriuſ diſcrete. differentiis oſtidit te creatorem ſuu nich fruſt' feciſſe. nich ſine cauſa. ⁊ ratione. ⁊ in mag-
niſ ⁊ inminimis ędidiſſe. Omia eñi d̃s ſcę ſcoꝛ que creaſti
tua ſciencia. q̃ nichil latet p̄ uenꞇ. quia n̄ nota ⁊ eēm anteꝗ
p̄ direnꞇ. n̄ eēm. nob̄ aute id rationali creature tue nuꝗ fie-
renꞇ cognita. niſi p̄uſ eēm ędita Omniu g̃ rerum mutabiliu-
rem p̄ſtruꞇ p̄ deuntu. inte inmutabilit' cauſę uiuere rationeſ.

Bild 12: Haus der Weisheit

tracht entsteht unter denen, die eintreten werden, sich aber aufgrund ihrer Beschaffenheit stark voneinander unterscheiden. Daher bedenke, daß mit dem Himmel, wie schon oben gesagt wurde, sowohl die heiligen Engel wie die gerechten Menschen bezeichnet werden, die der göttliche Wille irgendwie zum Himmel gemacht hat, weil er ihren Geist in der Betrachtung seiner selbst weg von den irdischen Dingen in die Höhe hebt. Mit der Erde aber werden diejenigen bezeichnet, die die irdischen Dinge suchen und die Erbsünde noch schwerer machen, indem sie neue Sünden begehen. Weil aber die Kirche einerseits, wenn die Mühe beendet ist, bereits mit Christus zusammen in den himmlischen Gefilden herrscht, andererseits sich aber bis dahin in der Pilgerschaft müht, erbitten wir dies, daß ebenso wie der göttliche Wille schon für den, der bereits herrscht, vorbestimmt ist, er so auch dem begegnet, der sich noch auf Erden müht. Wir möchten nämlich ebenso wie wir von einem Herrscher geschaffen sind, so auch in einmütigem Glauben und einmütiger Liebe zu unserem Ursprung zurückstreben. Willst du aber aus wenigen Worten erkennen, was der Unterschied zwischen Himmel und Erde ist?

T.: Einem vernünftigen Geschöpf ist zwar der Unterschied von beiden klar, aber erkläre doch unter dem Gesichtspunkt des geheimnisvollen Sinns, was du sagst.

P.: Achte auf Johannes: „Ich habe", sagt er, „die heilige Stadt gesehen, das neue Jerusalem" (Offb 21,2), und so weiter. Und David: „Es steht zu deiner Rechten die Königin im golddurchwirkten Kleid, umgeben von mannigfaltigem Schmuck" (Ps 45,10: Vg. Ps 44,10). Glaubst du nicht, daß diese Stadt und diese Königin als Himmel bezeichnet werden können, als Erde aber diejenigen, von denen der Apostel sagt: „Sie suchen alle das Ihre, nicht die Dinge Jesu Christi" (Phil 2,21)? Und es sagt der Herr über Himmel und Erde: „Wenn die Welt euch haßt, so sollt ihr wissen, daß sie mich noch vor euch gehaßt hat" (Joh 15,18), und mit weiteren ähnlichen Beispielen belehrt der heilige

ubique de bonis et malis instruit ecclesiam spiritus sanctus?
„Sapientis oculi in capite eius, oculi stultorum in finibus
terrae."

T.: Mira positio. Ordinem naturae Salomon inducit pro 356
miraculo quasi locus oculorum sit alius quam caput quin- 5
que capax sensuum.

P.: Causari nos non oportet de simplicitate litterae, qua
recitatur ordo naturae, sed si possumus quid in his lateat
studeamus indagare.

T.: Dic igitur.   10

P.: Per oculos intentionem iustorum, qua caput suum, id
est Christum attendunt adverte, sicut quidam ait: „Oculi
mei semper ad dominum", et de malis: „Oculos suos statu-
erunt declinare in terram", in his spiritualium, in illis saecularium personam comprehendens. Boni igitur caelorum 15
nomine, mali terra vocati sunt ac per hoc non parva meritorum qualitate distincti sunt. Orat igitur ecclesia, ut de
terra fiat caelum, boni de malis, iusti de impiis, ut in con-
versione peccatorum crescat ad laudem Christi gloria regni
caelorum. Dic anima redempta redemptori, dic patri caele- 20
sti: „Fiat voluntas tua sic in caelo et in terra." Sicut obse-
quio caelestium delectaris in offenso, sic ad nostrum famu-
latum inclinetur voluntatis tuae dignatio, ut subditus fiat
nostro mundus corpori, corpus rationi, ratio per omnia
tuae voluntati.   25

Geist überall in der heiligen Schrift die Kirche über das Gute und das Böse. „Die Augen des Weisen sind in seinem Kopf, die Augen der Toren aber haften auf der Erde" (Koh 2,14 Vg.).

T.: Eine erstaunliche Behauptung. Salomo führt die Einrichtung der Natur wie ein Wunder vor, gleich als ob der Platz für die Augen ein anderer sei als der Kopf, der doch die fünf Sinne beherbergt.

P.: Es gehört sich nicht, daß wir uns über die einfache Ausdrucksweise der Schrift beklagen, mit der auf die Ordnung der Natur hingewiesen wird, aber wir wollen uns nach unserem Vermögen bemühen aufzuspüren, was sich in diesen Dingen verbirgt.

T.: Darum sprich.

P.: Unter den Augen mußt du die Aufmerksamkeit der Gerechten verstehen, mit der sie auf ihr Haupt, nämlich Christus, achten, so wie einer sagt: „Meine Augen sind immer auf den Herrn gerichtet" (Ps 25,15: Vg. Ps 24,15), und über die Bösen: „Sie haben beschlossen, ihre Augen auf die Erde zu richten" (Ps 16,11 Vg.). Dabei versteht er unter jenen eine Person geistlicher Ausrichtung, unter diesen die weltlicher Ausrichtung. Darum werden die Guten mit dem Namen des Himmels bezeichnet, die Schlechten als Erde, und deshalb sind sie auch mit einem nicht geringen Unterschied an Verdienst ausgezeichnet. Darum betet die Kirche, daß aus der Erde der Himmel werde, aus den Schlechten Gute, aus den Gottlosen Gerechte, damit in der Bekehrung der Sünder die Herrlichkeit des Himmelreichs zum Lobpreis Christi wachse. Sprich darum, du erlöste Seele, zu deinem Erlöser, sprich zu deinem himmlischen Vater: „Dein Wille geschehe, wie im Himmel also auch auf Erden" (Mt 6,10). So wie du erfreut wirst durch den Gehorsam der Himmlischen bei der Begegnung, so möge sich auch die Gnade deines Willens unserem Dienst zuneigen, damit die Welt sich unserem Leib unterwerfe und der Leib der Vernunft, die Vernunft aber in allem deinem Willen.

T.: In effectu sanctae voluntatis, quid aliud nisi fructus aeternitatis est?

P.: Denique in quarta petitione geminus immo generalis sensus est. Quaerimus enim in pane cottidiano omnia humanae indigentiae necessaria, sine quibus robur vitae prae- 5 sentis perit, quod temporalibus et vitalibus adiumentis occurrit. Quaerimus etiam in hac petitione panis aeterni suffragium, ut eo temporaliter pascamur in via, quo melius aeternaliter satiemur in patria. Non enim excidit verbum dei dicentis: „Non in solo pane vivet homo, sed in omni 10 verbo, | quod procedit de ore dei", et alibi: „Operamini non | 357 cibum, qui perit, sed qui permanet in vitam aeternam." Vere filia, sicut absque cibis corporalibus vita emoritur, sic anima si careat pane divino, in quo „habet omne delectamentum et omnem saporem suavitatis", vita viventis animae pri- 15 vabitur. Quaere itaque modis omnibus, quaere votis omnibus „panem vitae et intellectus", Christum quaere, qui dixit: „Ego sum panis vitae, qui de caelo descendi", quo confirmantur corda interiora credentium, et „qui panem hunc manducaverit, vivet in aeternum".   20

T.: Apertius velim mihi insinuari, quomodo „panis iste cor hominis confirmet" nec tamen condicionem mortis avertat, quamvis dixerit: „Panis, quem ego dabo, caro mea est pro mundi vita." Si cibus iste vita mundi, cur mundus perit mortis condicione communi?   25

T.: Was liegt im Vollzug des heiligen Willens anderes beschlossen als die Frucht der Ewigkeit?

P.: Sodann liegt in der vierten Bitte ein doppelter, ja in der Tat ein allgemeiner Sinn. Denn wir erbitten im täglichen Brot alle Dinge, die für die menschlichen Bedürfnisse notwendig sind, ohne die die gegenwärtige Lebenskraft vergeht, die sich nur mit Unterstützung von zeitlichen und lebenspendenden Hilfsmitteln einstellt. Wir erbitten in dieser Bitte aber auch die Unterstützung des ewigen Brotes, damit wir uns in der Zeitlichkeit unterwegs von dem ernähren, wovon wir in der Ewigkeit in der Heimat um so besser satt werden. Denn es geht nicht verloren das Wort Gottes, der sagt: „Der Mensch wird nicht vom Brot allein leben, sondern von jedem Wort, das hervorgeht aus dem Mund Gottes" (Mt 4, 4), und an anderer Stelle: „Schafft euch nicht Speise, die vergeht, sondern die bleibt für das ewige Leben" (Joh 6, 27). Wahrlich, Tochter, so wie das Leben ohne leibliche Speise erstirbt, so wird die Seele des Lebens einer lebendigen Seele beraubt, wenn sie des göttlichen Brotes entbehrt, in dem „sie alle Erquikkung und allen Geschmack von Süße hat" (Weish 16, 20 Vg.). Suche deshalb auf jede Weise, suche mit allen Gebeten „das Brot des Lebens und der Einsicht" (Sir 15, 3), suche Christus, der gesagt hat: „Ich bin das Brot des Lebens, der ich vom Himmel herabgestiegen bin" (Joh 6, 35.51), durch das die Herzen der Gläubigen inwendig gefestigt werden, und „wer dieses Brot essen wird, der wird in Ewigkeit leben" (Joh 6, 51).

T.: Ich hätte gern, daß mir deutlicher erklärt würde, wie „dieses Brot das Herz eines Menschen festigt" (Ps 104, 15: Vg. Ps 103, 15) und dennoch nicht das Los des Todes abwendet, obwohl er gesagt hat: „Das Brot, das ich euch geben werde, ist mein Fleisch für das Leben der Welt" (Joh 6, 51). Wenn diese Speise das Leben der Welt ist, warum geht dann die Welt in gemeinsamem Todeslos zugrunde?

P.: Infirma admodum inquisitio: „Eget lacte, non solido cibo." Frustra comprehendisse multa videris, quae in differentia mortis et vitae tam facile deviasse probaris. Putasne morti aut vitae obnoxium hominem, qui manet in deo et deus in eo iuxta verbum vitae dicentis: „Qui manducat 5 carnem meam et bibit sanguinem meum, in me manet et ego in eo." Quomodo morti obnoxius est, in quo vita ipse deus est?

T.: Sed mortem corporis non evadit.

P.: Immo mors ista corporis sanctis introitus vitae est. 10 Nonne ipsa vita mundi mors quaedam esse probatur dicente apostolo: „Mortuum est corpus propter peccatum", rursumque vita bonorum mors mundi quaedam est propter iustitiam? Ipsam quippe mortis sententiam transilisse probatur apostolus, qui dixit: „Vivo autem iam non ego, vivit 15 vero in me Christus." Quam multis in locis nos non iam viventes vel mundo mortuos, sed et conresuscitatos Christo proclamet apostolus, quis referat? Ait ergo: „Christum per fidem habitare in cordibus credentium", ut comprobet vitam eorum, et de se ipso: | „An experimentum quaeritis 20 | ⸗
eius, qui in me loquitur Christus?" Ubi ergo fortis et potens Christus cordi humano praesidet, qua fortitudine anima caret vel caritura est, cum cor eius, id est intellectum ad vitam panis iste confirmet? Est igitur bona quaedam mors et mala vita, et est mala mors in hoc mundo et bona vita.   25

T.: Distinctius quod ais insinua, ut utriusque pateat apertius distantia.

P.: Eine ziemlich schwache Frage „bedarf der Milch, nicht fester Speise" (Hebr 5,12). Du scheinst viele Dinge vergeblich aufgenommen zu haben, wenn du bei der Unterscheidung von Tod und Leben offenbar so leicht vom Wege abgekommen bist. Glaubst du, daß der Mensch dem Tod oder dem Leben verfallen ist, der in Gott bleibt und Gott in ihm entsprechend dem Wort des Lebens, das sagt: „Wer mein Fleisch ißt und mein Blut trinkt, der bleibt in mir und ich in ihm" (Joh 6,56). Wie sollte der dem Tod verfallen sein, in dem Gott selbst das Leben ist?

T.: Aber dem Tod des Leibes entgeht er nicht.

P.: In der Tat ist es eben der Tod des Leibes, der für die Heiligen der Eintritt in das Leben ist. Erweist sich nicht gerade das Leben in der Welt sozusagen als Tod, wenn der Apostel sagt: „Der Leib ist tot wegen der Sünde" (Röm 8,10), und ist nicht andererseits das Leben der Guten gewissermaßen der weltliche Tod wegen der Gerechtigkeit? Der Apostel hat wahrhaftig geradezu das Todesurteil selbst übersprungen, wenn er sagt: „Aber jetzt lebe ich schon nicht mehr, denn Christus lebt in mir" (Gal 2,20). Wer könnte berichten, an wie vielen Stellen der Apostel ausruft, daß wir schon nicht mehr leben oder für die Welt gestorben sind, aber zusammen mit Christus wieder zum Leben erweckt? Er sagt nämlich, „daß Christus durch den Glauben in den Herzen der Gläubigen wohnt" (vgl. Eph 3,17), so daß er ihr Leben beweist, und über sich selbst sagt er: „Oder sucht ihr nach einem Beweis, daß der, der in mir spricht, Christus ist?" (2 Kor 13,3). Wo also Christus stark und mächtig über das menschliche Herz gebietet, wie entbehrt da die Seele der Stärke oder wird ihrer entbehren, da gerade dieses Brot ihr Herz, das heißt ihre Einsicht zum Leben, stärkt? Es gibt also gewissermaßen einen guten Tod und ein schlechtes Leben und einen schlimmen Tod in dieser Welt und ein gutes Leben.

T.: Erkläre deutlicher, was du sagst, damit der Abstand zwischen beiden offener zutage tritt.

P.: Bona quidem mors est propter optimam vitam bonorum, quibus ait apostolus: „Mortui estis et vita vestra
abscondita est cum Christo in deo“, et mala mors eorum
propter pessimam vitam, de quibus ait dominus: „Sine
mortuos sepelire mortuos suos“, et Paulus: „Vidua, quae in 5
deliciis est, vivens mortua est“, et: „Descendunt in profun-
dum viventes“, et magna multaque de hac mortis et vitae
differentia colligi possunt ex scripturis divinis probamenta.
Vivunt igitur bene mortui, mortui sunt male vivi. Qui de
pane illo comedit, mundo vivit, ut Christo moriatur. Visne 10
paucis verbis sensum concludere?

T.: Tuo arbitratu.

P.: In bonis mors vitalis est, in malis vero vita mortalis.
Bona mors in bonis vitam conducit, mala vita malorum
mortis iura nefanda componit.   15

T.: Cur panis huius gratia hodie quaerenda videtur, cum
omni tempore necessarius habeatur?

P.: Panem istum hodie, id est omni tempore vitae tuae
perquire, qui fide susceptus integra fidei lumen magis ac-
cendit, vitia cordis eliminat, a peccati morbo animam sanat, 20
virtutes multiplicat, quod plantat irrigat, cuncta in homine
bona confirmat, donec eius effectu perfecte ditetur, cuius
cultu temporali ad perfectionem aeternam praeparatur.

P.: Unstreitig ist ein Tod gut wegen der hervorragenden Lebensführung der Guten, denen der Apostel sagt: „Ihr seid gestorben, und euer Leben ist mit Christus verborgen in Gott" (Kol 3,3), und ein Tod ist schlecht wegen der schlimmen Lebensführung derjenigen, von denen der Herr sagt: „Laß die Toten ihre Toten begraben" (Lk 9,60), und Paulus: „Eine Witwe, die sich Vergnügungen hingibt, ist lebendig tot" (1 Tim 5,5 f), und: „Lebend steigen sie hinab in die Unterwelt" (Ps 55,16: Vg. Ps 54,16), und noch viele und große Beispiele können aus der heiligen Schrift zum Beweis für diesen Unterschied von Tod und Leben zusammengetragen werden. Es leben also die, die auf gute Weise tot sind, und die sind tot, die auf schlechte Weise lebendig sind. Wer von jenem Brot ißt, der lebt für die Welt so, daß er für Christus stirbt. Willst du (sc. von mir) noch eine Zusammenfassung des Sinns in wenigen Worten?

T.: Das liegt in deiner Entscheidung.

P.: Bei den Guten ist der Tod voll Leben, bei den Schlechten aber ist das Leben voll Tod. Der gute Tod führt bei den Guten zum Leben, das schlechte Leben der Schlechten begründet die unsägliche Macht des Todes.

T.: Warum muß man um das Gnadengeschenk dieses Brotes — wie es scheint — „heute" bitten, wo es doch zu jeder Zeit für notwendig erachtet wird?

P.: Um dieses Brot bitte heute, das heißt zu jeder Zeit deines Lebens, denn dieses Brot, wenn es in vollem Glauben empfangen worden ist, entfacht um so heller das Licht des Glaubens und entfernt die Laster aus dem Herzen, macht die Seele von der Krankheit der Sünde gesund und vermehrt die Tugenden, bewässert, was es pflanzt, und stärkt alles Gute im Menschen, bis dieser schließlich durch seine Wirkung (sc. des Brotes) vollkommen reich gemacht wird, durch dessen Verehrung in der Zeitlichkeit er für die ewige Vollkommenheit vorbereitet wird.

T.: Quid igitur mirum, si confirmantur hoc pane corda 359
hominum, in quo „sapor est totius suavitatis", cum Heliam
ad labores quadragenarii temporis tolerandos confortaverit
subcinericius panis?

P.: Non panis gemino cibo prophetam confortavit, sed 5
gratia, quae panem ministravit.

T.: Denique quinta petitio praemissis accedat, sine cuius
effectu quis regnum dei possideat? Si enim in nos delin-
quenti non dimittimus nec nos absolvimur, ac per hoc sine
remissione peccatorum, quis intrabit in regnum caelorum? 10

P.: Recte consideras. Si dimittimus, dimittimur, si absol-
vimus, relaxamur. „Ea quippe mensura, qua mensi fuerimus, remetietur nobis." Paenitentes enim sine mora conci-
liabiles erimus domino superiori, si iniuriati placabiles
fuerimus paenitenti conservo licet inferiori. Iniuriarum 15
equidem tenax licet animus facile peccanti in se reconcilia-
tur, si misericordiae divinitus in se factae recordetur. Quotiens vero peccanti in se non relaxat, totiens mentientis
oratio votum fallens commaculat, ac per hoc melius esset
vocis silentium quam sponsio falsa per peccatum.   20

T.: Verissime. Videtur enim deum magis irritare quam
placare, quem in ipsa prece stimulat ex illata iniuria libido
vindictae. Sed gravis haec sarcina et gladius divini sermonis
citato impetu strictus a nobis abscidat, ad quod nos vis
naturalis impellit et incitat.   25

T.: Was ist es darum verwunderlich, wenn durch dieses Brot, in dem „der Geschmack aller Süße" (Weish 16, 20 Vg.) liegt, die Herzen der Menschen gefestigt werden, wo doch ein Brot, in der Asche gebacken, den Elija stärkte, die Mühsal von vierzig Tagen zu ertragen (vgl. 1 Kön 19, 6)?

P.: Nicht das Brot hat den Propheten mit doppelter Speise gestärkt, sondern die Gnade, die das Brot bereitgestellt hat.

T.: Sodann soll jetzt die fünfte Bitte zu den vorangegangenen hinzukommen, denn wer könnte ohne ihre Wirkung das Reich Gottes besitzen? Denn wenn wir nicht dem vergeben, der an uns unrecht tut, so werden auch wir nicht losgesprochen werden, und wer wird deshalb ohne Vergebung der Sünden das Himmelreich betreten?

P.: Das bedenkst du richtig. Wenn wir vergeben, wird uns vergeben, wenn wir lossprechen, werden wir losgesprochen. „Denn mit dem Maß, mit dem wir messen, wird auch uns zugemessen werden" (Mt 7, 2). Als Reumütige werden wir nämlich ohne Verzögerung mit dem Herrn, der über uns steht, versöhnbar sein, wenn wir uns gegenüber einem reuigen Mitknecht, selbst wenn er unter uns steht, milde erweisen, auch wenn wir Unrecht von ihm erlitten haben. Allerdings wird ein Herz, selbst wenn es am Unrecht festhält, leicht versöhnt mit dem, der gegen es sündigt, wenn es sich des Erbarmens erinnert, das von Gott an ihm geschehen ist. Doch wie oft er dem nicht vergibt, der gegen ihn gesündigt hat, so oft befleckt die Bitte eines Lügners das Gebet, das er nur vortäuscht; deshalb wäre das Schweigen seiner Stimme besser als ein falsches Versprechen in Sünde.

T.: Das ist vollkommen wahr. Denn wen die Begierde nach Rache wegen erlittenen Unrechts sogar beim Gebet umtreibt, der scheint Gott mehr zu erzürnen als zu versöhnen. Deshalb möge diese schwere Bürde und das Schwert göttlicher Unterweisung, das gezückt wird, wenn der Angriff sich rührt, uns trennen von dem, wozu uns eine angeborene Kraft treibt und anstachelt.

P.: Quae nam haec naturalis impulsio?

T.: Irascibilitas, quae nobis naturaliter indita est adeo, ut si offendimur, tam difficile sit oblivisci illatae iniuriae quam natura carere. Gravis condicio, ne solis occasus iram inveniat, quam talioni reservandam insitus ignis instigat.   5

P.: Occurrat his mucro divinus obiectis, quia „regnum caelorum vim patitur et violenti diripiunt illud". Itaque cunctis motibus | naturalibus a tramite pietatis exorbitanti- | 360 bus vis quaedam adhibenda est, si vis assequi, quod promissum, quod dandum supra meritum naturae est. Attende 10 igitur vocem Christi, in voce legem Christi, ut in Christo per Christum vincas hoc, quod fuisti. Amor Christi naturam a solito cursu reflectit, naturae legem dissipat, ut non sit homo, quod fuerat.

T.: Vocem istam de te audiam, legem de te legam.   15

P.: „Cum stabitis", inquit, „ad orandum, dimittite, si quid habetis adversus aliquem, ut et pater vester, qui in caelis est, dimittat vobis peccata vestra." Remissio igitur culpae alienae experimentum nobis tribuit indulgentiae supernae. An ignoras: „Tibi enim dico, qui odium in pectore 20 geris, deum esse caritatem, odium mortem, cor tuum dei templum et habitationem"? Quae igitur ista conventio, ut in corde tuo conveniat caritas et odium, deus et mors, malitia et gratia, vita et ira, ratio et bestia? „Quae conventio Christi ad Belial? Aut quae societas luci ad tenebras?" 25

P.: Was ist denn dieser angeborene Antrieb?

T.: Die Erregbarkeit im Zorn, die uns so sehr von Natur aus eingegeben ist, daß es für uns, wenn wir angegriffen werden, ebenso schwierig ist, das erlittene Unrecht zu vergessen wie unsere Natur zu verleugnen. Es ist eine schwere Auflage, daß der Sonnenuntergang unseren Zorn nicht mehr vorfinden soll (vgl. Eph 4, 26), den doch ein inneres Feuer anstachelt, um ihn für restlose Vergeltung zu bewahren.

P.: Das göttliche Schwert möge diesen Vorhaltungen entgegentreten, weil „das Himmelreich Gewalt leidet, und es die Gewalttätigen in Stücke reißen" (Mt 11, 12). Deshalb muß eine gewisse Gewalt angewendet werden gegenüber allen natürlichen Trieben, die vom Pfad der Milde abweichen, wenn du erreichen willst, was verheißen ist und was gewährt werden kann über das hinaus, was Verdienst der Natur ist. Achte darum auf die Stimme Christi und in der Stimme auf das Gesetz Christi, damit du in Christus durch Christus das besiegst, was du gewesen bist. Die Liebe zu Christus lenkt die Natur von ihrem gewohnten Lauf ab, sie setzt das Gesetz der Natur außer Kraft, damit der Mensch nicht mehr ist, was er vorher gewesen war.

T.: Von dir will ich diese Stimme hören, mit deiner Hilfe will ich das Gesetz lesen.

P.: „Wenn ihr euch aufstellt zum Gebet", sagt er, „so vergebt, wenn ihr etwas gegen jemand habt, damit auch euer Vater, der im Himmel ist, euch eure Sünden vergibt" (Mk 11, 25). Die Vergebung fremder Schuld gewährt uns also den Beweis für die göttliche Milde. Oder kennst du nicht das Wort: „Denn ich sage dir, der du Haß in deinem Herzen trägst, daß Gott Liebe ist und Haß Tod, dein Herz aber ist der Tempel und die Wohnstatt Gottes" (vgl. 1 Joh 4, 8; 2 Makk 14, 35)? Was ist das also für eine Übereinkunft, daß sich in deinem Herzen Liebe und Haß treffen, Gott und Tod, Bosheit und Gnade, Leben und Zorn, Vernunft und Tier? „Welche Übereinkunft hat Christus mit Beliar? Oder welche Gemeinschaft das Licht mit der Finsternis?"

Audi proinde consilium meum. Munda ab odio cor tuum, para deo locum suum, et deus accipit votum tuum. Secure fundis in alta votum tuum, si pro deo prius fuderis odium tuum.

T.: Magna mellis et absynthii differentia est. Hospites in 5 corde humano dissimiles non facile componit ratio, quae aut constat aut succumbit alterutro.

P.: Ut igitur evadamus follem et ignem, naturam et hostem, iram et offendentem, dexteram summi defensoris sexta petitione quaeramus. Quae ita se habet: „Et ne nos 10 inducas in temptationem."

T.: Antequam longius procedas, genus huius temptationis edicito, in quod ne inducar exoro.

P.: Nonne teste beato Iob: „Tota vita humana temptatio est super terram?"   15

T.: Si ergo generaliter vita humana temptatio est, cui 361 specialiter oppugnandae praeparemur, consilium non est. Si nihil excipitur in universitate, nihil relinquitur, quod distinguatur in parte.

P.: Est quidem generalis temptatio, est et specialis. Altera 20 sine intermissione duello insedabili pacis gratiam perturbat, altera pro loco, pro persona, pro tempore hospitem quietum in proelia provocat. Generalis igitur temptatio est concupiscentia carnis et spiritus, ubi: „Concupiscit caro adversus spiritum et spiritus adversus carnem, dum vide- 25 mus aliam legem in membris nostris repugnantem legi mentis nostrae et captivos nos ducentem in lege peccati, quae est in membris nostris."

(2 Kor 6,15.14). Höre darum meinen Rat. Reinige dein
Herz vom Haß, bereite Gott seinen Platz, und Gott nimmt
deine Gabe an. Du läßt deine Gabe sicher in die Höhe
verströmen, wenn du vorher für Gott deinen Haß hast
verströmen lassen.

T.: Groß ist der Unterschied zwischen Honig und Wermut. Diese ungleichen Genossen im menschlichen Herzen
kann die Vernunft nicht leicht zusammenbringen, die entweder Bestand hat oder dem jeweils anderen unterliegt.

P.: Damit wir also dem Blasebalg und dem Feuer, der
Natur und dem Feind, der Wut und dem Beleidiger entge-
hen, wollen wir in der sechsten Bitte um die rechte Hand
des höchsten Verteidigers bitten. Diese lautet nun so: „Und
führe uns nicht in Versuchung" (Mt 6,13).

T.: Bevor du weiter fortschreitest, erkläre die Art dieser
Versuchung, von der ich erbitte, daß ich nicht in sie geführt
werde.

P.: Hast du nicht den seligen Ijob zum Zeugen: „Das
ganze menschliche Leben ist Versuchung auf Erden" (vgl.
Ijob 7,1)?

T.: Wenn also das menschliche Leben ganz allgemein Versuchung ist, dann gibt es keinen Rat, zur Bekämpfung welcher Versuchung im besonderen wir uns vorbereiten können.
Wenn nichts an der Gesamtheit fehlt, dann bleibt auch nichts
übrig, was im besonderen unterschieden werden könnte.

P.: Es gibt allerdings eine allgemeine Versuchung, es gibt
aber auch eine besondere. Die eine stört ohne Unterlaß in
nicht zu besänftigendem Streit die Gnade des Friedens, die
andere fordert den ruhigen Gast je nach Ort, Person und
Zeit zum Kampf auf. Darum ist die allgemeine Versuchung
die Begehrlichkeit des Fleisches und des Geistes, wo „das
Fleisch gegen den Geist begehrt und der Geist gegen das
Fleisch" (Gal 5,17), „indem wir ein anderes Gesetz in
unseren Gliedern kämpfen sehen gegen das Gesetz unseres
Geistes, das uns als Gefangene im Gesetz der Sünde führt,
das in unseren Gliedern ist" (Röm 7,23).

T.: Haec lucta implacabilis, pugna inexorabilis, ubi bellis
alternantibus homo sic inpugnatur, ut non possit negare se
hoc esse, quod patitur.

P.: Seminarium suae temptationis homo ipse est, quia de
radice protoplasti fructus eius est. Sicut enim tempora va- 5
riantur sic temporibus subiectus et „numquam in eodem
statu permanens homo" diverso modo exagitatur, et hoc
ipsum, quod homo est, excitat in eo semper hostis latens.
Rebeccam duos in utero populos gestantem quantum ad
misterium mirare per hoc duellum generale, ubi tandem 10
caeca belli materia proditur et minor victoria potitur. Spe-
cialem vero temptationem Abraham et Iob, ut alios prae-
termittam, intuere, quorum alter divina probatione, alter
hostis immissione, sed divina permissione quid in amore
valeant experitur. Quis, rogo, istum milleformis malitiae 15
procinctum, quis infestissimae barbariei congressum valeat
excipere, cum homo nunc daemone, nunc homine, nunc
bellis intestinis cogitur aut potiri victoria aut hosti vertere
terga, non sine gravi ruina? Hinc hostis exercitatus, praedo
versutus mille homini temptationum retia nectit, ut sup- 20
plantet | gratia renovatum, quem ab antiquis saeculis posse- | 362
derat in peccatis inveteratum.

---

[211] Rebekka gebar Esau und Jakob als Zwillinge, wobei Esau der Erstge-
borene war (Gen 25,21 f). Jakob verschaffte sich das Erstgeburtsrecht (Gen
25,29–34) und errang so den Sieg, obwohl er der Jüngere war. Die Pro-
phezeiung von Gen 25,23 erfüllt sich im Sieg des jüngeren Christentums
über das ältere Heidentum.

T.: Dieses unversöhnliche Ringen, diese unerbittliche Schlacht, wo der Mensch in wechselnden Kämpfen so angegriffen wird, daß er nicht zu leugnen vermag, daß er das ist, was er leidet!

P.: Das Saatfeld seiner Versuchung ist der Mensch selbst, weil seine Frucht aus der Wurzel des ersten Menschen erwächst. Denn so wie die Zeiten sich ändern, so wird auch der Mensch, der den Zeiten unterworfen ist und „niemals in demselben Zustand verharrt" (Ijob 14, 2), auf verschiedene Weise umhergetrieben und deswegen, weil er Mensch ist, erhebt sich in ihm immer der verborgene Feind. Staune über Rebekka, die in ihrem Schoß zwei Völker trug (vgl. Gen 25, 23), was, soweit es sich auf den geheimnisvollen Sinn bezieht, den allgemeinen Zweikampf meint, wo schließlich die verborgene Ursache für einen Krieg geboren wird und der Jüngere sich den Sieg erringt.[211] Aber als besondere Versuchung schau dir, um andere zu übergehen, die des Abraham und des Ijob an, von denen der eine durch göttliche Prüfung, der andere durch Anstiften des Feindes, aber mit göttlicher Erlaubnis, auf die Probe gestellt wurde, was sie in der Liebe vermöchten.[212] Wer wäre in der Lage, so frage ich, diese kampfbereite, tausendfältige Bosheit zu ertragen, dieses Zusammentreffen gefährlichster Barbarei, wenn der Mensch bald durch den bösen Geist, bald durch einen Menschen, bald durch innere Kämpfe gezwungen wird, entweder den Sieg zu erringen oder dem Feind nicht ohne schweren Schaden den Rücken zuzukehren? Von daher knüpft der geübte Feind, der verschlagene Räuber die tausend Netze der Versuchungen für den Menschen, um den durch die Gnade erneuerten Menschen zu Fall zu bringen, den er, eingewurzelt in der Sünde, seit alten Zeiten besessen hatte.

---

[212] Gott stellte Abraham auf die Probe, indem er von ihm die Opferung seines Sohnes Isaak verlangte (Gen 22, 1–19). Die Treue seines Dieners Ijob erprobte Gott dadurch, daß er dem Teufel erlaubte, Ijob mit verschiedenen Plagen zu versuchen (Ijob 1, 6 – 2, 10).

T.: Quomodo parceret hostica vis exuli suis sedibus eli-
minato, qui non pepercit dei filio?

P.: Impetit igitur mala voluntate semper hominem, sed
explendae malitiae non accipit possibilitatem. Eius dolum
et malitiam praevenit, qui lutum et spiritum commiscuit, 5
qui „novit ex figmento hominis", quam iuste refrenari de-
beat incursus hostilis. Quantas a sociali sanguine tempta-
tiones, quantas a se ipso mortalis in hac vita perpetitur, ubi
foris interficit gladius et domi mors similis est? Igitur in his
omnibus patrem aeternum invocemus: „Et ne nos inducas 10
in temptationem."

T.: Quid est hoc? Quid quaerimus? Quid rogamus?

P.: Cum modis diversis temptamur, te, domine, manum
cum hoste pro nobis conserente non superemur. Ne vinci
patiaris, quibus victis interitum minaris, sed quia vita no- 15
stra tempora sua non peragit sine certamine, tibi militanti-
bus post bella peracta restet sola corona victoriae.

T.: Igitur: „In quo vivimus, movemur et sumus", oportet
ad eum omne referre, quod sapimus vel patimur. Sed petitionem ultimam praemissis adice, et sit finis operis nostri 20
Christo nos a malis omnibus liberante.

P.: Iuxta verbum tuum: „Libera nos", inquit, „a malo."
Vinctos nos esse perspicuum est, qui libertatem quaerimus,
quod vinculum non aliunde quam a nobis impositum est aut
culpis originalibus aut actualibus excessibus. Sed vere liberi 25
erimus, si filius nos liberaverit. Nec his vinculis Paulus

T.: Wie sollte die feindliche Macht, die den Sohn Gottes nicht geschont hat, den Heimatlosen schonen, der von seinem Wohnsitz vertrieben ist?

P.: Immer greift sie zwar in böser Absicht den Menschen an, aber sie erhält nicht die Möglichkeit, die böse Tat auszuführen. Denn ihrer List und Bosheit ist der zuvorgekommen, der Lehm und Geist gemischt hat, der „aus dem Gebilde von Mensch erkannt hat" (Ps 103,14: Vg. Ps 102,14), wie der feindliche Angriff auf rechte Weise gezügelt werden sollte. Wie viele Versuchungen erduldet der sterbliche Mensch in diesem Leben aus dem gemeinsamen Blut, wie viele aus sich selbst, wo draußen das Schwert tötet und zu Hause ein ähnlicher Tod wartet? Darum laß uns in allen Dingen den ewigen Vater anrufen: „Und führe uns nicht in Versuchung" (Mt 6,13)!

T.: Was ist das? Was suchen wir? Was erbitten wir?

P.: Jedesmal wenn wir auf unterschiedliche Weise versucht werden, werden wir hoffentlich nicht überwunden, wenn du, Herr, dich für uns auf den Kampf mit dem Feind einläßt. Erlaube nicht, daß wir besiegt werden. Denn du drohst den Besiegten den Untergang an. Weil aber unser Leben seine Zeit nicht ohne Kampf durchläuft, möge nach den bestandenen Kämpfen die Siegeskrone allein denen gehören, die für dich gestritten haben.

T.: Darum ziemt es sich also, alles, was wir verstehen oder erdulden, auf den zu beziehen, „in dem wir leben, uns bewegen und sind" (Apg 17,28). Aber füge die letzte Bitte zu den vorangegangenen hinzu, und damit soll unser Werk sein Ende finden, wenn Christus uns von allen Übeln erlöst.

P.: Deinem Wort entsprechend sagt er: „Befreie uns von dem Übel" (Mt 6,13). Es ist einleuchtend, daß wir gefesselt sind, die wir um Freiheit bitten, wobei die Fessel uns nicht von irgendwo anders her als von uns selbst auferlegt ist, entweder durch die Erbsünde oder durch neue Ausschweifungen. Aber wir werden wahrhaft frei sein, wenn erst der Sohn uns befreit haben wird. Auch Paulus hat dieser Fes-

caruit, qui „dissolvi et esse cum Christo" quaesivit. Liberi
ergo tunc erimus, quando vitiis et malis omnibus carebi-
mus. Sed quamvis multa sint mala hominum salutem et
| quietem perturbantia, utpote morti compendia, tria | 363
tamen in his inveniuntur aeternae damnationi obnoxia, id 5
est mors animae, cum recedit anima a creatore suo pessima
voluntate, mors corporis propter peccatum ipsius animae,
mors aeterna utriusque, cum recipit peccator, quod meruit
aeterna ultione.

T.: Hoc malum malorum omnium clausula est libertatis 10
gratiam penitus amittere, vinculum vinculo mutare, carcere
carcerem continuare.

P.: Declina igitur a malo, si vis carere malo, bene vivendo
quaere bonum bonorum et beata eris effectu septem peti-
tionum. In te nomen caelestis patris sanctificatur, regnum 15
habebis, ad quod spes perfectae animae nunc elevatur, in
carne et spiritu tuo voluntas dei implebitur, panis vitae et
intellectus oculo ad oculum ministrabitur, genus omne peccati relaxatur, temptatio cedit, servituti libertas, morti vita
succedit et regnum regis effecta unici sponsi sponsa unica 20
regnabis in saecula. „Amen." Ecce ipse limes huius clausulae, qua confirmantur orationes totius ecclesiae, progres-
sum tuum arcere videtur, ut tandem operi tuo ponas terminum, ad quod serandum etiam dominicum occurrit
signaculum.   25

T.: Vere signaculum dixeris, quia magis impedior[um]
harum duarum sillabarum ‚Amen' obscuritate quam magna
praecedentis operis quantitate.

---

[213] Die geringfügige Textverbesserung *impedior* durch Tilgung der Geni-
tivendung -*um* erzielt das im Text sonst fehlende Prädikat und paßt auch
inhaltlich. Es ist gut vorstellbar, daß diese Verschreibung durch Dittogra-
phie infolge von Homoioteleuton bei drei nachfolgenden Genitiven, die
alle auf -*um* enden, entstanden ist.

seln nicht entbehrt, der darum gebeten hat, „ausgelöst zu werden und mit Christus zu sein" (Phil 1,23). Darum werden wir dann frei sein, wenn wir allen Lastern und Übeln entsagen werden. Aber obwohl es viele Übel gibt, die das Heil und die Ruhe der Menschen beeinträchtigen, ja sogar auf den Tod abzielen, gibt es dennoch drei unter diesen, die der ewigen Verdammnis unterliegen, das ist der Tod der Seele, wenn sich die Seele in böser Absicht von ihrem eigenen Schöpfer zurückzieht, der Tod des Körpers wegen der Sünde eben dieser Seele und der ewige Tod von beiden, wenn der Sünder empfängt, was er an ewiger Vergeltung verdient hat.

T.: Dieses Übel ist der Schlußpunkt aller Übel, die Gnade der Freiheit vollkommen zu verlieren, Fessel mit Fessel zu tauschen, die Kerkerhaft durch Kerkerhaft zu verlängern.

P.: Wende dich also ab vom Übel, wenn du frei sein willst vom Übel, suche in gutem Lebenswandel das Gut der Güter, und du wirst selig sein in der Erfüllung der sieben Bitten. In dir wird der Name des himmlischen Vaters geheiligt, du wirst das Himmelreich besitzen, zu dem sich die vollkommene Seele jetzt in Hoffnung erhebt, in deinem Fleisch und Geist wird der Wille Gottes erfüllt werden, das Brot des Lebens und der Einsicht wird dir von Auge zu Auge dargeboten werden, jede Art von Sünde wird dir erlassen, die Versuchung weicht, Freiheit folgt der Knechtschaft, Leben dem Tod, und erhoben zur einzigen Braut des einzigen Bräutigams, wirst du im Reich des Königs herrschen in Ewigkeit. „Amen." Siehe, die abschließende Schlußformel, mit der die Gebete der ganzen Kirche besiegelt werden, scheint auch deinem Fortschritt eine Schranke zu setzen, so daß du deinem Werk endlich ein Ziel bestimmst, zu dessen Abschluß sogar das Siegel des Herrn zur Verfügung steht.

T.: Mit Recht könntest du das als Siegel bezeichnen, weil ich durch die Dunkelheit dieser beiden Silben ‚Amen' mehr davon abgehalten werde[213], weiter zu fragen, als durch den großen Umfang des vorangegangenen Werkes.

P.: Concedendum est ignorantiae. Debetur enim ibi necessaria responsio, ubi probabilis occurrit inquisitio.
‚Amen‘ nec graecum nec latinum, sed hebraeum est et
interpretatur verum vel fiat aut fideliter, ob hoc in aliam
linguam non translatum, ne apertum vilesceret et verbi 5
hebraici idioma latinae linguae incognitum mentes legenti-
um magis exerceret. Sicut autem dominus: „Amen, Amen"
in geminando sententiam suam secuturam confirmare vide-
tur, sic nos | quicquid oramus, per hanc clausulam confir- | 364
matur. Unde apostolus cum multis modis Corinthios mo- 10
nuisset, ut ad aedificationem aliorum, quicquid docerent,
loquerentur, subiunxit: „Si benedixeris", inquit, „spiritum,
quis supplet locum ydiotae? Quomodo dicet Amen super
tuam benedictionem, quoniam quid dicas nescit? Nam tu
quidem bene gratias agis, sed alter non aedificatur." Sit 15
igitur in hac clausula dominicae orationis etiam nostrae
collationis terminus, et si quid offendimus verbi mensuram
excedendo, deleat hoc pater aeternus in unico verbo suo.

T.: Modis omnibus satisfactum mihi censeo, sed omnia
praetaxata brevi suavique, obsecro, concludantur epithala- 20
mio, ut sponsi voce Christi sponsae magis in admiratione
aeternorum excitatae proclament: „Quoniam apud te est
fons vitae, et in lumine tuo videbimus lumen."

P.: Sicut gratia beatitudinum inmensurabilis est sic appetitus quaerentium sit insatiabilis, ut licet minoris ad 25

P.: Man muß sich der Unwissenheit fügen. Denn eine Antwort wird dort notwendigerweise geschuldet, wo die Frage berechtigt ist. ‚Amen' ist weder griechisch noch lateinisch, sondern hebräisch, und es wird übersetzt mit ‚in Wahrheit' oder ‚das geschehe' oder ‚getreulich' und wird deswegen nicht in eine andere Sprache übertragen, damit es nicht entschlüsselt wertlos würde und das Wort in der hebräischen Fassung, die der lateinischen Zunge unbekannt ist, die Gemüter der Lesenden um so mehr bewege. So wie aber der Herr in der Verdoppelung „Amen, Amen" (Joh 3,3) seine dann folgende Meinung zu besiegeln scheint, so wird auch das, was immer wir erbitten, durch diese Schlußformel besiegelt. Deshalb fügt auch der Apostel dies an, als er auf vielfältige Weise die Korinther ermahnt hatte, daß sie zur Erbauung der anderen das sprächen, was sie lehrten, indem er sagte: „Wenn du den Lobpreis sprichst im Geist, wer nimmt den Platz des Unkundigen ein? Wie soll er Amen sagen zu deinem Lobpreis, da er nicht versteht, was du sagst? Denn du erfüllst zwar in richtiger Weise dein Dankgebet, aber der andere wird nicht erbaut" (1 Kor 14,16f). Darum soll in diesem Schlußwort des Herrengebets auch das Ende unserer Untersuchung gegeben sein, und wenn wir in irgendeiner Sache anstößig handelten, indem wir das Maß des Wortes überschritten haben, dann möge der ewige Vater dies zerstören in seinem einzigen Wort.

T.: Ich denke, du hast mir auf jede Weise Genüge getan, aber alles Vorangegangene sollte, ich bitte dich, in einem kurzen, lieblichen Hochzeitslied zusammengefaßt werden, damit die Bräute Christi, aufgerufen durch die Stimme ihres Bräutigams, um so mehr in Bewunderung der ewigen Dinge ausrufen: „Denn bei dir ist der Quell des Lebens, und in deinem Licht werden wir das Licht sehen" (Ps 36,10: Vg. Ps 35,10).

P.: So wie das Gnadengeschenk der Seligkeiten unermeßlich ist, so soll auch der Hunger der Suchenden unstillbar sein. Denn auch wenn es zwischen dem Geringeren und

maius, id est ad infinitum momentanei brevis aut nulla sit
comparatio, mens tamen in deum exsurgat ima fastidiendo,
summa praegustando. Itaque dilecte matris nostrae, „quae
sursum est Ierusalem", vel memoria delectemur in via,
donec „veniat, quod perfectum est, et evacuetur, quod ex 5
parte est", in patria.

dem Größeren, das heißt dem Augenblicklichen und dem Unendlichen, nur einen kleinen oder gar keinen Vergleich gibt, soll die Seele sich dennoch zu Gott erheben, indem sie die niederen Dinge verachtet und die höchsten schon im voraus kostet. Deshalb wollen wir uns an unserer geliebten Mutter, „an Jerusalem, das droben ist" (vgl. Gal 4,26), schon unterwegs im Gedenken erfreuen, bis schließlich in der Heimat „kommt, was vollkommen ist, und aufhört, was Stückwerk ist" (1 Kor 13,10).

Incipit epithalamium Christi virginum. Alternatim

A	B
1 O fontis unda perpetis, inexhaustae dulcedinis,	O mellis stilla stabilis, Christe, tuis spes credulis:
2 Quis mentis saltus pendule praevidit donum gratiae,	Quod sanctis tuis praeparas, vices rerum ut terminas?
3 Viventis stella gratiae mundi claret in vespere,	Umbram mundani corporis vicens perfectis radiis.
4 Ad quos sponsa mirifica, mater surgit catholica,	Amicta stola duplici lege inaestimabili.
5 Lex nempe mortis abiit, vita Christus ut prodiit,	Miranda praebens gaudia, vera disponens sabbata.
6 Intranti sponsae palatium regis aeterni roseum	Mane consciscit fulgidum vitae splendens ad praemium.
7 Splendentis aulae solium sponsae pandit rex omnium	Intranti secretissima assignando sponsalia.

---

[214] Das Epithalamium, das im Wechselgesang von zwei Chören zu singen ist, ist auf dem Prinzip des Akrostichons aufgebaut, und zwar so, daß die Anfangsbuchstaben der 129 Halbverse, die jeweils Chor A und B zuzuordnen sind, ein je eigenes Akrostichon ergeben. Dieses Prinzip ist von den mittelalterlichen Schreibern des *Spec. virg.* häufig, insbesondere beim Seitenwechsel, mißverstanden worden, so daß nur vier Hss den schlüssigen Text nach der Vorgabe der Akrosticha überliefern. Zu Inhalt und literarischer Einordnung vgl. die Einleitung, oben 27 f.

[215] Mit dem doppelten Gewand bezieht sich der Verfasser des *Spec. virg.* auf Offb 6, 11. Dort erhalten die Blutzeugen Christi ein weißes Gewand. Ihnen wird gesagt, daß sie noch eine kurze Zeit warten müßten, bis die volle Zahl derer erreicht sei, die noch um Christi willen sterben müßten; vgl. LOHSE, *Die Offenbarung des Johannes* 49 f. Die Kirchenväter legen diese Stelle so aus, daß mit dem Gewand nach dem Ablegen des fleisch-

Es beginnt das Hochzeitslied der Jungfrauen Christi im Wechselgesang[214]

A

B

1 O Woge von unerschöpflicher Süße aus nie versiegender Quelle!

O Tropfen festen Honigs, Christus, Hoffnung für deine Gläubigen!

2 Welcher Sprung eines schwankenden Geistes hat je das Geschenk der Gnade vorausgesehen,

das du deinen Heiligen bereitest, sobald du dem Wechsel der Dinge ein Ende setzt?

3 Der Stern lebendiger Gnade erstrahlt am Abend der Welt,

denn er siegt mit seinen vollkommenen Strahlen über die Schatten der Weltenmasse.

4 Zu ihnen erhebt sich die wunderbare Braut, die katholische Mutter,

umfangen von dem doppelten Gewand[215] des unvergleichlichen Gesetzes.

5 Das Gesetz des Todes ist wirklich gewichen, als Christus, das Leben, hervorgetreten ist,

der staunenswerte Freuden bietet und den wahren Sabbat einrichtet.

6 Der Braut, die den rosenfarbigen Palast des ewigen Königs betritt,

weiht der Strahlende zur Belohnung einen leuchtenden Morgen des Lebens.

7 In der strahlenden Halle hat der König aller den Thron für seine Braut bereitet,

und er weist ihr bei ihrem Eintritt geheimnisvollste Hochzeitsgaben zu.

---

lichen Leibes den Märtyrern die Glückseligkeit der Seele zuteil wird, nach der Wartezeit aber die Vollendung, indem sie dann mit zwei Gewändern bekleidet werden, nämlich der Glückseligkeit der Seele und des Leibes; vgl. z.B. GREGOR DER GROSSE, *mor.*, praef. 10 (CCL 143,23).

8 Aeternitatis gratia
caeli patescunt atria,

Rerum commutabilium
cursus cessat et temporum.

9 Sanctorum sancta penetrat
regina, rex quam allevat,

Agonis acta proelia
recompensans per praemia.

10 O lingua mentis iubilum
quae profert illis cognitum,

Natalem qui suscipiunt,
ultra mori qui nequeunt!

11 Quam dignis fulget meritis
sponsa caelorum principis,

Dum vero carnis solvitur,
qua urgente nunc labitur.

12 Vernantis templum regiae
scandit Christo iam praeduce;

Appendit visu stupido,
quod profertur in praemio.

366

13 Agelli vernant rosei,
campi rubent purpurei,

Qua spirant opobalsama
soli sponsae recondita.

14 Non alba marcent hic lilia,
rubens spirat hic rosula;

Virtutum odor intimus
sed notatur his floribus.

15 Turgescunt dulci nectare
virentes florum gemmulae,

Ardentes candent violae,
myrra, crocus, hic aloe.

16 Victricem palma turmulam
exornat florentissimam;

Miratur hortum germinis
in floreis deliciis.

8 Durch die Gnade der Ewigkeit stehen die Hallen des Himmels offen, der wechselhafte Lauf von Ereignissen und Zeiten hat ein Ende.

9 In das Allerheiligste dringt die Königin ein, die der König emporhebt, durch Belohnungen schafft er einen Ausgleich für die Kämpfe, die sie im Streit bestanden hat.

10 O Zunge, die den Jubel des Herzens hervorbringt, den jene kennen, die den Geburtstag empfangen und nun nicht mehr sterben können!

11 Wie strahlt die Braut des Himmelsfürsten durch würdige Verdienste, sobald sie von der fleischlichen Existenz erlöst wird, unter deren Druck sie jetzt strauchelt!

12 Sie ersteigt den Tempel der blühenden Königsburg, wobei ihr Christus als Führer schon vorangeht, und ihr erstaunter Blick bleibt an dem hängen, was zur Belohnung vor ihr ausgebreitet ist.

13 Die Rosengärten stehen in Blüte, pupurn glühen die Felder, wo die Balsamstaude ihren Duft verströmt, für die Braut allein aufbewahrt.

14 Hier welken die weißen Lilien nicht, hier duftet errötend das Heckenröschen. Denn es ist der innige Duft der Tugenden, auf den in diesen Blumen hingewiesen wird.

15 Es schwellen von süßem Nektar die frischen Knospen der Blumen, hier schimmern funkelnd Veilchen und Myrrhe, Krokus und Aloe.

16 Eine Siegespalme schmückt die siegreiche, blühende Schar, die über den Garten staunt in seinem köstlichen Blühen und Wachsen.

17 Sparguntur horti germina: Pratum florenti purpura
nardus, narcissus, balsama.   veris proponit tempora.

18 Quae constant sanctis tipica,   Recens ammomum, fistula
mastix et gutta cibara,   grana turis cum cassia.

19 Vitalis ligni gratia   Exponit carpobalsama
diversa thimiamatha   storax hic xylobalsama.

20 Attendit compta floridulis   Commendat auster omnia
virgo decus fasciculis,   perflans hortum per gramina.

21 Mirandis fulgens floribus   Lucis adeptum floreis
sic sponsa surgit altius,   prodens triumphum palmulis.

22 Signa pretendit laurea   Aulam vernantem rosulis
lata conscendens atria   plantis oberrans pendulis.

23 Virtutum pompis inclita   Regnis invecta lacteis, campis 367
regis procedit filia,   laeta mellifluis.

24 Aeterno iunctae tempori   Applaudunt chori caelici
cursus respondit meriti   dote ditatae virgini.

17 Es breiten sich die Schößlinge im Garten aus, Narde,
Narzissus und Balsam,

die Wiese in ihrem purpurnen
Blütenschmuck verheißt die
Zeiten des Frühlings.

18 Dies sind die Dinge, die
auf die Heiligen verweisen:
Mastix und ein Tropfen Cy-
pirus-Öl,

frisches Harz, Zimtrohr und
Weihrauchkörner mit Seidel-
bast.

19 Durch die Gnade des le-
bensspendenden   Holzes
stellt der Harzbaum verschiedenes

Räucherwerk zur Verfügung,
den Balsam von Früchten und
Zweigen.

20 Die Jungfrau, lieblich geschmückt mit blühenden
Bändern, achtet auf die Zierde.

Der Südwind, der über die
Gräser hin durch den Garten
streift, verbreitet allüberall
Wohlbefinden.

21 So erhebt sich die Braut
noch höher, strahlend in
wunderbaren Blumen,

und sie zeigt in den blühenden Palmzweigen den Tri-
umph des Lichts, den sie erreicht hat.

22 Als Siegeszeichen trägt sie
den Lorbeer vor sich her,
während sie die weiten Vor-
höfe betritt,

und sie schweift umher in der
Halle, die mit Hängerosen
üppig bewachsen ist.

23 Ruhmreich durch die
Pracht ihrer Tugenden schrei-
tet die Tochter des Königs
voran

und gelangt froh in die Ge-
filde des Reichs, in dem Milch
und Honig fließen (vgl. Ex
3,8).

24 Ihr, die sich der Ewigkeit
verbunden hat, entspricht ein
Lebenslauf voller Verdienst;

es jubeln die himmlischen
Heerscharen der Jungfrau zu,
die mit der Hochzeitsgabe
reich beschenkt wurde.

25 Virgo iuncta candidulis
festiva iam virgunculis,

Quibus concessit capere
solis sponsus vim gratiae.

26 Intranti sponsus obviat,
re spem donis corroborat.

Vita viventes solidat,
bonum firmans, quod fecerat.

27 Surgens aurora croceos
spargit splendore radios,

Avertens umbram sidere
sole clara iustitiae.

28 O quantis amor intimus
ardescit illic ignibus,

Membra dum vero capiti
iungit effectus fidei,

29 Rimare fontem gratiae,
quem propinat rex patriae,

Mirandum cunctis saeculis,
magis sed lucis filiis.

30 Exponit clausos hactenus
thesauros Christus civibus,

Auri fulgentis pondera,
sensus replens scientia.

31 Rorantes poli iustitiam,
abstrusam produnt gratiam,

Gratis collatam incolis
iactis procul miseriis.

32 Voluntas singularibus
alma dives muneribus

Nutantes gratis statuit,
statutos lumen efficit.

25 Festlich geschmückt ist die Jungfrau, jetzt vereint mit den schneeweißen kleinen Mädchen,

denen der Bräutigam als einzigen gestattet hat, die Bedeutung der Gnade zu erfassen.

26 Der Eintretenden geht der Bräutigam entgegen und in der Tat bekräftigt er ihre Hoffnung durch Geschenke.

Durch das Leben gibt er den Lebenden Festigkeit, indem er das Gute sichert, das er getan hatte.

27 Die Morgenröte erhebt sich und breitet im Glanz ihre goldenen Strahlen aus,

mit dem Gestirn, das durch die Sonne der Gerechtigkeit (vgl. Mal 3,20) leuchtet, vertreibt sie den Schatten.

28 O mit welch gewaltigem Feuer brennt an jenem Ort die innerste Liebe,

sobald die Wirkung des Glaubens Haupt und Glieder wahrhaft verbunden hat.

29 Daß der Quell der Gnade strömt, den unser König seiner Heimat zum Trank reicht,

das ist staunenswert für alle Zeiten der Menschheit, aber ganz besonders für die Töchter des Lichts.

30 Christus stellt für seine Bürger die Schätze aus, die bis dahin verschlossen waren,

schwere Gewichte glänzenden Goldes, deren Sinn er mit Erkenntnis füllt.

31 Die Himmelsgewölbe lassen den Tau der Gerechtigkeit träufeln, sie bringen die verborgene Gnade ans Licht,

die ohne Gegenleistung den Einwohnern gewährt wird, nachdem das Elend weit weggeworfen worden.

32 Der segenspendende Wille, reich an einzigartigen Geschenken, hat

die Schwankenden umsonst aufgerichtet und die Aufgerichteten zum Leuchten gebracht.

33 Morantem tantis in gaudiis
chorum vitae perpetuis

Agnus praecurrit, agmina
digna sequuntur milia.

34 Promissum virgo catholica
sponsi cernit per praemia

Mutari prorsus nescia
statu, transscendens tempora.

368

35 Auctori iuncta omnium
vitae sumit initium,

Vitali sceptro glorians,
legi carnis flos dominans.

36 Tot taedis splendet sponsa-
libus, quot processit virtutibus.

Laetatur lucis gratia,
quam fert iustis iustitia.

37 Emergit dulcis filia,
nitescit iam virguncula,

Tandem visura nobilem
Christum, deum et hominem.

38 Regnanti regnum obviat,
Christo sponsa se collocat,

Iam regnatura perpetim
donis collatis affatim.

39 In mundi quondam vespere,
quam nox pressit miseriae,

Tuetur sol immobilis
et pax interminabilis.

40 Non ultra vergit pendula
eventu rerum dubia

Veracis festo sabbati
lucra metens iam fidei.

33 Diesem Chor des Lebens, der in so großen Freuden ewig verharrt, läuft das Lamm voran, und es folgt ein würdiger Zug von Tausenden.

34 Die katholische Jungfrau erkennt die Verheißung ihres Bräutigams an den Belohnungen, und sie weiß durchaus nichts von Veränderung in ihrer Stellung, auch wenn sie die Zeitenschwelle überschreitet.

35 Sie, die dem Schöpfer aller Dinge verbunden ist, ergreift den Anfang des Lebens, sie triumphiert als Blume über das Gesetz des Fleisches, indem sie herrscht mit ihrem lebendigen Zepter.

36 Sie erstrahlt unter so viel Brautfackeln zur Hochzeit, wie sie in Tugenden daherkommt, sie freut sich über das Licht der Gnade, das die Gerechtigkeit den Gerechten schenkt.

37 Empor taucht die süße Tochter, schneeweiß erglänzt schon das kleine Mädchen, bis sie schließlich Christus, den edlen, sehen wird, Gott und Mensch zugleich.

38 Dem Herrscher des Königreichs geht sie entgegen, als Braut für Christus steht sie bereit, schon bald wird sie herrschen in Ewigkeit, nachdem Gaben ohne Zahl aufgehäuft sind.

39 Einstmals am Abend der Welt wird die unbewegliche Sonne und der Friede ohne Ende diejenige schützend umfangen, die die Nacht des Elends bedrängt hat.

40 Nicht schwankt sie weiter, indem sie sich hierhin und dorthin neigt, zweifelnd am Ausgang der Dinge, sondern schon jetzt bringt sie am festlichen Sabbat die gewinnbringende Ernte des wahren Glaubens ein.

41 Gratanter iuncta principi
vestitur stola duplici,

Dona suscepta laudibus
signans et votis omnibus.

42 Regalis pompa thalami
pulchrae profertur virgini,

Ostrum insigne, specula
vates praedixit talia.

43 Astringit istam purpura
auro, gemmis interlita,

Dotalis torques, lunula,
mitra, vitta cum fibula.

44 Cingunt armillae brachia
et dextram dextrochiria,

Vernat monile gemmulis,
in aures iunctis anulis.

45 Istam discriminalia
comunt, olfactoriola

Lapilli vernant aureis
huius ornatu guttulis.

46 Aeternis fulget splendoribus
sic misticis ornatibus.

Coronis rubet aureis
victis horrendis proeliis.   369

47 Quaenam haec tam mirificis
ornanda tunc induviis,

Ex torta bisso candida,
croco bistincto florea?

48 Virgo sindones, sericas,
theristra, periscelides

Dotali sumit pignore,
o vestis decor misticae.

41 Umsonst wird die Gefährtin des Fürsten mit dem doppelten Gewand bekleidet,

und sie besiegelt die empfangenen Gaben mit Lobpreis und allen Gelübden.

42 Das prachtvolle königliche Brautgemach wird für die schöne Jungfrau bereitet,

vorzüglichen Purpur und Spiegel von solchem Glanz hat ihr der Prophet vorhergesagt.

43 Es umschließt sie ein Purpurgewand, besetzt mit Gold und Edelsteinen,

die bräutliche Halskette, der Anhänger, der Kopfputz und die Binde mit der Schnalle.

44 Armspangen umschließen die Arme, und Ringe zieren die rechte Hand.

Jugendlich baumelt das Ohrgehänge, aus Ringlein und kleinen Edelsteinen gefügt.

45 Zierliche Kämme schmükken sie und Riechfläschchen,

Edelsteine blühen zu ihrem Schmuck, gefaßt in goldenem Granulat.

46 So strahlt sie in ewigem Glanz in ihrem geheimnisvollen Schmuck.

Rot glüht sie in goldener Siegeskrone, nachdem die fürchterlichen Kämpfe siegreich bestanden sind.

47 Wer ist sie denn, die schließlich mit so wunderbarer Kleidung geschmückt werden soll,

blühend im schneeweißen Leinengewand, durchschossen mit doppelt getränkten Safranfäden?

48 Es ist die Jungfrau, die die Musselinkleider, die seidenen und baumwollenen Gewänder ergreift und die Riemchensandalen

zum Unterpfand der Hochzeit: o Zierde des Kleides voller Geheimnis!

49 Amor, o Christe, virginis,
unda redemptae sanguinis:

In hac te fixa gratia
quae digne laudant carmina?

50 Sancte sanctorum domine,
quis hoc stabit in munere,

Notis tuis quod praeparas,
vices rerum ut terminas?

51 Tantis donis ut dignus sit,
quis umquam hic sic proficit,

Iactura licet omnium
te quaerat, spem viventium?

52 Alma virtus fidelium,
tuorum decus civium,

Sion urbis introitum
quis habebit et praemium?

53 Beatus urbis accola
plenae festiva gratia,

Totum bonum qui vendicat,
quod ex parte praeviderat.

54 Iuventus cum virgineis
flos stabit conventiculis.

Vernat in patre omnium
unus amor laetantium.

55 Tempus interminabile
paschali constans ordine

Aestatis ortu tenditur,
quo labor omnis tollitur.

56 Exstat unus in omnibus, ut
semper flos stent spiritus.

Defectus non hic senii,
non mors ex arte colubri.

49 O Christus, du Liebe der Jungfrau, die durch die Woge des Bluts losgekauft worden ist!

In ihr ist die Gnade gegründet, welche Lieder könnten dich würdig preisen?

50 Herr, du Heiliger der Heiligen, wer wird in diesem Geschenk verharren,

das du deinen Vertrauten bereitest, sobald du dem Wechsel der Dinge ein Ende setzt?

51 Wer macht jemals hier solche Fortschritte, daß er so großer Geschenke würdig wäre,

selbst wenn er, unter Opferung von allem, dich suchte, die Hoffnung der Lebenden?

52 Du fruchtbare Kraft der Gläubigen, du Zierde deiner Bürger!

Wer wird Zutritt haben zu der Stadt Zion und die Belohnung erhalten?

53 Glücklich der Einwohner dieser Stadt, die erfüllt ist von festlicher Gnade,

der dann das Gute vollkommen beansprucht, das er vorher nur bruchstückhaft (vgl. 1 Kor 13,10) gesehen hatte.

54 Die Blüte der jungen Leute wird fest zusammenstehen mit den jungfräulichen Scharen.

Eine einzige Liebe zum Vater blüht auf in der Freude aller.

55 Eine Zeit ohne Ende, die auf der österlichen Ordnung beruht,

dehnt sich aus vom Beginn des Sommers an, in der alle Mühsal aufgehoben ist.

56 Ein einziger Geist ist lebendig in allen, so daß sie immer stehen wie eine Blüte.

Hier gibt es kein Schwinden der Kräfte im Alter, und keinen Tod durch die List der Schlange.

57 Tempus vicissitudines
non habet hic mutabiles,

Orto sole iustitiae
mortales cedunt tenebrae.

58 Ex solis huius iubare
est vis plena scientiae,

Mundo cordi cognitio
deitatis et visio.

59 Rerum nosse principium
est verum iustis sabbatum,

In hoc beatis requies
cognovisse, quod deus est.

60 Nil huic comparabile,
splendori tanto simile,

Non mundi vertex aureus,
non totus orbis ambitus.

61 Ad sanctos haec lux spargitur,
hanc tota merces sequitur:

Aeternae pacis visio,
trinitatis agnitio.

62 Lux lucis haec cognoscitur,
umbra mentis qua vincitur,

Qua fructus vitae prodeunt,
vel mutari qui nesciunt.

63 Iesu, Iesu, rex omnium,
quos gratis salvas, civium,

Votis, voce quis explicat,
urbs caelestis quod praeparat,

64 Tua tuos in gratia
dum perfundis insolita,

Adunans uno munere
multos in nostro vespere!

65 Electis o tripudium
saltu mentis praecognitum

Mori numquam nec cadere,
mutari nec deficere!

57 Hier ist die Zeit keinen Wechselfällen und keinen Änderungen unterworfen, die Schatten des Todes weichen, weil die Sonne der Gerechtigkeit (vgl. Mal 3,20) aufgegangen ist.

58 Aus dem strahlenden Glanz dieser Sonne stammt die volle Kraft der Erkenntnis, und (von daher) hat ein reines Herz die Erkenntnis und die Anschauung der Gottheit.

59 Den Ursprung der Dinge erkannt zu haben, das ist der wahre Sabbat für die Gerechten. Darin liegt die Ruhe für die Seligen, erkannt zu haben, was Gott ist.

60 Nichts ist dem vergleichbar, nichts ist solchem Glanz ähnlich, nicht der goldene Scheitel der Welt, nicht der Umfang des ganzen Erdkreises.

61 Über die Heiligen breitet sich dieses Licht aus, ihm folgt der volle Lohn nach: Die Schau des ewigen Friedens und die Erkenntnis der Dreifaltigkeit.

62 Man erkennt dies Licht des Lichtes, durch das der Schatten des Geistes besiegt wird, in dem die Früchte des Lebens wachsen, die nichts mehr von Veränderung wissen.

63 Jesu, Jesu, du König aller Bürger, die du umsonst rettest! Wer könnte sich in Wünschen oder Worten vorstellen, was die himmlische Stadt bereithält?

64 Indem du die Deinen mit Deiner ungewöhnlichen Gnade durchströmst, führst du viele in einer einzigen Opfergabe zusammen zu unserer Abendzeit.

65 O Jubel für die Auserwählten, in kühnem Sprung des Geistes schon im voraus erkannt: niemals zu sterben und nicht zu fallen, sich zu ändern und doch nicht abzunehmen!

66 Regum regis o regia,
vocatis plena copia,

Alta muris et turribus,
clara suis in milibus!

67 Unitum aedificium
compago reddit lapidum,

Bono constans artifice,
o civis huius regiae.

68 Non intrat istam perfidus,
non exit lucis filius.

Stat ordo fixus lapidum
quater trium per numerum.

69 Isti suas per species
sunt vitro comparabiles,

Constant quidam purpureae   371
naturae, quaedam igneae.

70 Choruscat templum iaspide,
fide virenti lapide,

Olim mundi qui pallidum
virtute vicit flosculum.

71 Aulae saphirus congruit,
quem solis splendor provehit,

Notans colore sidera,
clarus in mundi vespera.

72 Mittens ex se ut aureas
hic crisoprassus guttulas

Dictae perornat Solimae
castra virenti iubare.

73 Arcis supernae solium
monstrat in his crisolitum,

In verbo legis aureum,
menti lucentem hominum.

74 Transscendens lapis omnia
glaucus rerum viridia

Se smaragdus his inserit,
morum decor quem prospicit.

---

[216] Die Beschreibung der zwölf Edelsteine, die im folgenden Text genannt werden, orientiert sich offenbar an Ex 28,17–30 (vgl. Ez 28,13), wo der Brustschmuck des jüdischen Hohenpriesters dargestellt ist, vgl. HERMANN, *Edelsteine* 515–518.

66 O Königshalle des Königs der Könige, strotzend vor Fülle für die Berufenen, hoch gebaut mit ihren Mauern und Türmen, berühmt unter den Tausenden, die zu ihr gehören!

67 Ein einheitliches Gebäude ergibt das Gefüge der Steine, das sich auf einen guten Baumeister gründet, o du Bürger dieser königlichen Stadt!

68 Der Treulose betritt diese Stadt nicht, und der Sohn des Lichts geht nicht aus ihr heraus, fest gefügt steht der Aufbau ihrer Steine, viermal drei an Zahl.[216]

69 Diese sind in ihrer Beschaffenheit dem Glas vergleichbar, einige sind von ihrer natürlichen Anlage her purpurrot, manche wie von Feuer.

70 Es glänzt der Tempel von Jaspis, dem im Glauben blühenden Stein, der längst das blasse Blümlein der Welt durch seine Kraft besiegt hat.

71 Zur Halle paßt der Saphir, den der Glanz der Sonne noch mehr leuchten läßt, er bezeichnet mit seiner Farbe die Sterne, leuchtend in den Abend der Welt.

72 Hier läßt Tropfen wie von Gold der Chrysopras aus seiner Tiefe hervorbrechen, und er schmückt mit seinem kräftigen Glanz die Mauern des eben genannten Jerusalem.

73 Den Chrysolith zeigt in diesen Mauern der Thron der himmlischen Burg, golden im Wort des Gesetzes, leuchtet er den Herzen der Menschen.

74 Der grünlich schimmernde Stein übertrifft jegliches Grün der Dinge, es ist der Smaragd, der sich diesen einreiht, die Zierde der Sitten ist's, auf die er hinweist.

75 Extra pallenti formula,
virens intus per merita,

Talis berillus ponitur,
qui caesus fulgens redditur.

76 Regni floret in foribus
iacinctus gratus regibus,

In sanctis immutabilis,
cursu mutatus temporis.

77 Color triplex quem denotat,
non ametistus lateat

Testem Christi purpureus,
violaris et roseus.

78 Alto virtutum speculo
laetatur urbs topazio;

Insignis hic multicolor,
unde coniunctis dignior.

79 Templi stat portis aureis
onix coloris triplicis

Mitis, benignus, sobrius:
Christo nil hoc acceptius.

80 Hic flammascit carbunculus
vitae clarus virtutibus,

Exemplo lux, et dogmate
matri iunctus catholicae.

81 Ornat aulam sed ultimus
compar in gestis sardius,

Non legis carnis inscius,   372
dum florebat virtutibus.

82 Luculenta crisocomis
templi structura gemmulis

Tutis adauget gaudia;
cessat ferri materia.

83 Iunguntur vivi lapides,
polivit istos artifex

Iactos duris malleolis
cursu labentis temporis.

---

[217] Die Vorstellung von den „lebenden Steinen" des geistlichen Tempels ist bereits bei den Kirchenvätern belegt, vgl. HERMANN, *Edelsteine* 548.

75 Äußerlich von blassem Aussehen, innerlich blühend vor Verdiensten;

so zeigt sich der Beryll, der funkelnd zurückstrahlt, wenn er geschliffen ist.

76 An den Toren des Reichs blüht der Hyazinth, willkommen den Königen,

unverwechselbar ist er unter den Heiligen, und wird doch ausgetauscht im Lauf der Zeit.

77 Nicht soll der Amethyst verborgen bleiben, den dreifache Farbe auszeichnet,

er gibt Zeugnis von Christus, purpur-, veilchen- und rosenfarben.

78 Es freut sich die Stadt am Topas, dem erhabenen Spiegel der Tugenden;

ausgezeichnet ist dieser vielfarbige Stein und darum von besonderer Würde für die Vereinten.

79 Der Onyx von dreifacher Farbe steht an den goldenen Toren des Tempels,

milde, gütig und nüchtern, nichts ist Christus angenehmer als dieser.

80 Hier flammt der Karfunkel des Lebens auf, hell leuchtend von Tugenden,

Licht durch Beispiel und Lehre, verbunden der katholischen Mutter.

81 Aber als letzter Gefährte in der Ordnung der Dinge schmückt der Sardonyx die Halle,

der sehr wohl die Gesetze des Fleisches kannte, als er blühte in den Tugenden.

82 Der stattliche Aufbau des Tempels, leuchtend von goldfarbigen Edelsteinen,

vermehrt noch die Freude für die Geretteten; das Eisen, der harte Stoff, ist zurückgewichen.

83 Lebendige Steine[217] werden zusammengefügt, der kunstreiche Baumeister hat sie geschliffen,

bearbeitet mit hartem Hammer im Lauf der schwankenden Zeit.

84 Constat caelestis specula
harum petrarum formula,

Beatos quae significat,
sanctos dei quae tipicat.

85 Attriti corporalibus
probandi tunsionibus

Vivaci lima secti sunt,
inde muris conveniunt.

86 Syon istis exstruitur,
his petris vivis cogitur.

Sunt ab hac procul omnia
victae mortis discrimina.

87 Pace regnum componitur,
non bellis saevis quatitur.

Terror letalis bucinae
silet pacato milite.

88 Ordo quietis omnia
pace disponit agmina,

Exstant procul his finibus:
flatis mors draconibus.

89 Non signifer Romuleis
coronam captat aquilis.

Portae Iani nec patulae,
pax una certae patriae.

90 Suspendit fidem visio
regis patente solio

Ex donis iam exhibitis
spes peribit ex superis.

91 Alta, corda quae tenuit,
pax augetur, nec deficit,

Regnans sursum immobilis,
quia interminabilis.

---

[218] Das Schließen der Pforten des Janus-Tempels als Zeichen des Friedens
geht bis in die römische Königszeit zurück. Von AUGUSTUS wurde dieser

84 Die himmlische Warte zum Ausschauen besteht in der Anordnung dieser Steine, die die Seligen bezeichnet, die auf die Heiligen Gottes verweist.

85 Hart mitgenommen werden die Prüflinge durch Stoßen und Schlagen auf den Körper, mit lebendiger Feile werden sie zurechtgeschnitten, damit sie in die Mauern passen.

86 Aus diesen ist Zion aufgebaut, aus diesen lebendigen Steinen ist es gefügt. Weit entfernt von dieser Stadt sind alle Gefahren des überwundenen Todes.

87 Auf Frieden ist das Königreich gegründet, nicht wird es erschüttert von grausamen Kriegen. Es schweigt der tödliche Schrecken des Hornsignals, weil der Soldat Frieden hält.

88 Das Gebot der Ruhe ordnet all die Heerhaufen in Frieden. Fern stehen sie von den Grenzen: Den übermütigen Drachen droht der Tod.

89 Nicht greift der Bannerträger mit den römischen Feldzeichen nach der Siegeskrone, die Tore des Janus stehen nicht mehr offen[218], allein der Friede herrscht im sicheren Vaterland.

90 Der Anblick hebt den Glauben empor, wenn der Thron des Königs sichtbar vor Augen steht. Die Hoffnung wird schwinden aufgrund der schon ausgegebenen Geschenke von oben.

91 Der Frieden, der die Herzen in die Höhe hebt, wird vermehrt, er schwindet nicht dahin, er herrscht unbeweglich in der Höhe, weil er ohne Ende ist.

Brauch im Rahmen seiner Friedenspolitik neu belebt, vgl. GRAF, *Ianus* 858–861.

92 **Caelum** caeli pax aperit,
quae sola sanctis affuit,

Florem mundi dum tererent   373
et pacem deum quaererent.

93 **O** merces, vitae speculum,
fontis aeterni poculum,

Ethra per alta bibulos
sitibundis dans rivulos,

94 **Lucis** creator, domine,
quis hoc stabit in munere,

Cum regni sit introitus
merces actis laboribus?

95 **Unde** profectus hominum
te, Christe, promerentium,

Iam te fontem qui hauriat,
lux aeterna quo radiat?

96 **Millenae** mortes martirum
tale non aequat meritum,

Semper quod est nec deficit,
cui bono nihil officit.

97 **Bona** bonus, rex optime,
sorti procuras propriae,

Te ipsum dando filiis
quid plus quaerant in praemiis?

98 **Agonistae** victoria,
tu corona stas aurea,

Intranti praebens lauream
post felicem victoriam.

99 **Iesu**, vita viventium,
spes aeterna regnantium,

Amore quo te iubilet,
te lucem qui suscipiet?

100 **Nomen** tuum in saecula
quae digna laudant carmina,

Ubi trinus et unitas,
ubi unus et trinitas?

92 Den Himmel öffnet der himmlische Frieden, der allein den Heiligen Beistand geleistet hat,

als sie die blühende Welt zertraten und in Gott den Frieden suchten.

93 O Belohnung, Spiegel des Lebens, Trank aus der ewigen Quelle,

du Himmel, der du in der Höhe den Dürstenden trinkbare Wasserläufe schenkst.

94 Schöpfer des Lichts, Herr, wer wird fest stehenbleiben in diesem Geschenk,

wenn der Lohn für bestandene Mühsal der Eintritt in dein Königreich ist?

95 Woher kommt der Fortschritt für die Menschen, daß sie dich, Christus schon vorher verdienten,

wer schöpft schon jetzt aus dir als Quelle, durch den das ewige Licht leuchtet?

96 Der Tod von Tausenden von Märtyrern gleicht ein solches Verdienst nicht aus,

was immer ist und niemals nachläßt, weil sich diesem Gut nichts in den Weg stellt.

97 Gut verwaltest du, herrlichster König, die Güter entsprechend dem eigenen Anteil,

indem du dich selbst deinen Söhnen schenkst: Was sollen sie noch mehr an Belohnungen suchen?

98 Der Wettkämpfer hat den Sieg errungen, du stehst da mit dem goldenen Kranz,

dem Eintretenden bietest du den Lorbeer dar nach seinem glücklichen Sieg.

99 Jesu, du Leben der Lebendigen, du ewige Hoffnung der Herrschenden!

Mit welcher Liebe soll der dich preisen, der dich, das Licht, empfängt?

100 Welches sind die Lieder, die deinen Namen in Ewigkeit würdig preisen könnten?

Wo ist der Dreifaltige und die Einheit, wo der Eine und die Dreifaltigkeit?

101 Trinum personis applica,
sed unum in substantia,

Totum indivisibilem
nec gradibus rotabilem.

102 Ex mundi ponto naufragi
campum portus siderei

Ex dono tuo capiunt,
qui te corde nunc sitiunt.

103 Rex saeculorum, domine,
miles clamabit curiae

Mille actis laboribus:
Quid salvati rependimus?

104 Mille malis in bravio
nulla fit comparatio,

Summam longi certaminis
non coaequat lex muneris.

374

105 Iam factorem conspicere
est sine fine vivere,

Porta mortis dum clauditur,
esse nostrum mutabitur.

106 Nota creantis visio
cuncta replet in gaudio,

Expleto flendi nubilo
sol umbram vertit radio.

107 Auris habet, quod mulceat,
gustus, suave quod sapiat,

Restant perblanda tactui,
dulcis odor olfactui.

108 Bonum hic omne saeculo
stanti florenti caelico,

Aeterni status temporis
talis Christus in praemiis.

109 Instate tantae gratiae,
o vos omnes orbicolae,

Noctem mundanam fugite,
dum vacat lucem quaerere.

101 Beziehe die Dreizahl auf die Personen, das Eine aber auf ihre Wesenheit,

das Ganze ist unteilbar und auch nicht wandelbar in der Abstufung.

102 Aus dem Meer dieser Welt retten sich die Schiffbrüchigen in den Bereich des himmlischen Hafens

aufgrund deines Geschenks, sie, die jetzt nach dir im Herzen dürsten.

103 König der Zeiten, Herr, der Soldat wird Lärm schlagen in der Versammlung,

wenn die tausend Mühen bestanden sind. Was sollen wir zurückzahlen für unsere Rettung?

104 Beim Kampfpreis gibt es keinen Ausgleich für die tausend Übel,

keine Verpflichtung zu einem Geschenk gleicht die Last des langen Kampfes aus.

105 Den Schöpfer erblicken, das allein heißt schon, ohne Ende zu leben.

Unser Sein wird verwandelt werden, sobald die Pforte des Todes sich schließt.

106 Der vertraute Blick auf den Schöpfer erfüllt alles mit Freude, die Sonne verwandelt

durch ihr Strahlen den Schatten, wenn die Wolke des Weinens sich verflüchtigt hat.

107 Das Ohr besitzt das, was es ergötzt, der Geschmack das, was ihm süß mundet,

für den Tastsinn bleiben weiche Dinge zum Anfassen, zum Riechen süßer Duft.

108 Für den, der hier in der blühenden, himmlischen Zeit steht, ist alles gut;

denn Christus in seinen Belohnungen, das ist dieser Zustand der Ewigkeit,

109 Laßt nicht ab von so großer Gnade, o ihr alle, ihr Erdenbewohner,

flieht vor der Nacht der Welt, solange noch Zeit ist, das Licht zu suchen.

110 Lux in te, rex, lucentium,
quos salvas gratis, omnium,

Te suspirando quaerimus,
precum assis effectibus.

111 Iam mundi nutat orbita,
rerum vergit materia,

Iam decor omnis avolat,
quem vis nativa procreat.

112 Morbis mundus et moribus
in nos grassatur languidus.

Benigne fer auxilium
tuis iam necessarium!

113 Verba tua cognoscimus
pressuris multiformibus;

Venere, quae praedixerat
vox, quae torpentes excitat.

114 Non sol, non luna tempora
adesse celant ultima,

Signa patent praenuntia,
turbatur mens hinc anxia.

115 Ex terrae motus murmure,
ventorum crebro turbine,

De fluctuum excursibus   375
rerum finem perpendimus.

116 Rector rerum, hinc respice,
quos virga regis gratiae,

Aegris offer et baculum,
casuris sustentaculum!

117 Ex te restat auxilium,
qui casus nosti mentium;

Velle tuum vis praepotens,
abiectos hinc recolligens.

118 Robur adauge stantibus,
spem surgendi cadentibus,

Sis portus culpa naufragis,
lux sanctis conscientiis.

110 In dir, König, liegt das Licht aller Leuchtenden, die du ohne Gegenleistung errettest, dich suchen wir unter Seufzen, du mögest dem Erfolg unserer Bitten beistehen.

111 Schon schwankt der Lauf der Welt, schon geht der Vorrat an Gütern zur Neige, schon verflüchtigt sich aller Schmuck, den die Kraft der Natur hervorbringt.

112 Die Welt, schlaff durch Krankheit und schlechte Sitten, geht um unter uns. Gewähre den Deinen gnädig Hilfe, die jetzt so notwendig für sie ist!

113 Wir erkennen deine Worte in den vielfältigen Bedrängnissen; es ist gekommen, was die Stimme prophezeit hatte, die die Trägen aufrüttelt.

114 Weder Sonne noch Mond verbergen, daß das Ende der Zeiten gekommen ist, es zeigen sich Zeichen, die es im voraus verkünden, verwirrt wird davon das ängstliche Gemüt.

115 Aus dem Grollen der bebenden Erde, aus dem häufigen Sturm wirbelnder Winde, an dem Überfluten der Wasser können wir das Ende der Dinge abschätzen.

116 Du Lenker der Dinge, schau von dort oben herab auf die, die du mit dem Zepter deiner Gnade lenkst, biete den Kranken einen Stab und denen, die im Begriff sind zu fallen, eine Stütze.

117 Von dir, der du den Abfall der Herzen erkannt hast, kommt die Hilfe. Dein Wille ist die mächtige Kraft, die von nun an die Abtrünnigen wieder zurückholt.

118 Vermehre den Standhaften ihre Kraft und den Fallenden die Hoffnung, wieder aufzustehen. Sei du Hafen für die schuldig Schiffbrüchigen und Licht für die, die reinen Gewissens sind.

119 O lux et dux ad patriam,
Christe, lapsis da dexteram,

In te ad te nos erige,
rector, occursu veniae.

120 Sole tuo nos praeveni,
ne nos diei ultimi

Nox involvat taeterrima,
o rex, o nos tunc adiuva.

121 Auctori laudum cantica
mente fidelis immola,

TE lucem qui iam reddidit,
noctem mortis quem repperit.

122 Ad sponsum laudes fundite,
sponsae, flores ecclesiae,

Ad florem, florum germina,
ferte, rosas et lilia!

123 Laetetur virgo virginum,
de qua fructus viventium

Laturus saeclo dulcia
vitis verae convivia.

124 Lucernas ornet splendifluas,
stolas aptet candidulas

Lucis gratanter soboles
pannos ponendo veteres.

125 Ex dignis sponsus nobilis
laudatur conscientiis,

Expertes lucis animae
dignae nullo stant carmine.

126 Laudando cunctis saeculis
dic ymnum, decus virginis,

Laus sit in novis canticis,
agnum vitae quae sequeris.

127 Vincenti lignum dabitur,
quo paradisus colitur,

Vitae coronam accipit,   376
mundum virgo quae vicerit.

119 O Licht und Führer zum Vaterland, Christus, reiche den Gefallenen deine Hand. Richte uns auf in dir und zu dir hin, du Lenker, durch die Begegnung mit deiner Gnade.

120 Komme uns zuvor mit deiner Sonne, damit uns nicht des letzten Tages entsetzliche Nacht umfängt, o König, o steh uns dann bei!

121 Dem Schöpfer bringe du, gläubig im Herzen, Loblieder zum Opfer dar, ihm, der dich jetzt schon in Licht verwandelt hat, als er dich in Todesnacht vorfand.

122 Verströmt Eure Lieder zum Lob des Bräutigams, ihr Bräute, ihr Blumen der Kirche, zur Blume bringt blühende Zweige, Rosen und Lilien hinzu!

123 Es freut sich die Jungfrau der Jungfrauen, aus der die lebendige Frucht hervorgeht, die der Welt die süßen Gastmähler des wahren Weinstocks bringen wird.

124 Die glänzenden Laternen soll sie zurüsten, die schneeweißen Gewänder soll sie anpassen, sie, die ohne Gegenleistung Tochter des Lichts wurde, indem sie ihre alten Lumpen ablegte.

125 Aus würdigem Gewissen ertönt der Lobgesang für den vornehmen Bräutigam. Denn Seelen, die des Lichts würdig sind, stehen nicht da ohne ein Lied.

126 Du Zierde der Jungfrauen, stimme den Hymnus an im Lobgesang für alle Zeiten. Dein Lobgesang sei das neue Lied, die du dem Lamm des Lebens folgst.

127 Der Siegerin wird das Holz geschenkt werden, das im Paradies gepflanzt ist. Die Krone des Lebens empfängt die Jungfrau, wenn sie die Welt besiegt hat.

128 Intranti manna reconditum   In stella victrix fulgida
     Christus offert et calculum,   lucis cognoscit opera.

129 Asscripta<m> summis civi-   Aspectus ad hunc amodo
     bus locat throno rex inclitus: ymnus erit cum cantico.
                                       Amen

AKROSTICHON CHOR. A:

O qualis es, o quantus, quam suavis, o rerum pater in gratia,
qua stabit aeternaliter unica mater catholica, sponsa, columba, interminabili munere rosa. Alleluia. <in saecula>
euouae.   5

AKROSTICHON CHOR. B:

O quam miranda, quam praeclara, quam magna multitudo
dulcedinis tuae, domine, quam abscondisti timentibus te,
perfecisti autem sperantibus, deus, in te. Alleluia. <in
saecula> euouae.   10

„Qualis est dilectus tuus ex dilecto, quia sic adiurasti nos?
Dilectus meus candidus et rubicundus, electus ex milibus,
caput eius aurum optimum, comae eius elatae palmarum,

---

[219] Das schlüssige Akrostichon ergibt sich natürlich nur im lateinischen
Text. Da die mittelalterliche Schreibweise von e-*caudata* durch *ae* ersetzt
ist, ist bei Anlaut am Versanfang für die Buchstabenfolge des Akrostichon
E statt A zu setzen. Es handelt sich um die Verse A8, A46, B55, B61, B116.

128 Ihr bietet, wenn sie eintritt, Christus das aufbewahr-
te Manna dar und den weißen
Stein (vgl. Offb 2,17).

Im strahlenden Stern erkennt
die Siegerin die Werke des
Lichts.

129 Der hochberühmte Kö-
nig läßt sie, die den Himmels-
bürgern zugerechnet wird,
auf dem Thron Platz nehmen.

Der Blick auf ihn wird von
nun an ihr Hymnus sein
zusammen mit dem Lied.
Amen.

AKROSTICHON[219] CHOR. A:

O wie bist du, o wie groß, wie süß, o du, der Dinge Vater
in Gnade, durch die in Ewigkeit fest stehen wird die eine
einzige katholische Mutter, die Braut, Taube und Rose im
Gnadengeschenk ohne Ende. Halleluja in Ewigkeit.
Amen.[220]

AKROSTICHON CHOR. B:

O wie bewundernswert, wie strahlend vor allen, wie groß
ist die Fülle deiner Süße, Herr, die du verborgen hast vor
denen, die dich fürchten, die du aber zur Vollendung gebracht hast für die, die auf dich, mein Gott, hoffen. Halleluja in Ewigkeit. Amen.

„Was hat dein Geliebter den anderen voraus, daß du uns so
beschwörst? Mein Geliebter ist weiß und rot, er ist auserwählt unter Tausenden, sein Haupt ist feinstes Gold, seine
Haare sind Rispen von Palmen, die sich hoch ausbreiten,

Abweichend von der Regel des Akrostichon, werden in B121 die beiden
Anfangsbuchstaben **TE** für das Akrostichon benutzt.
[220] Zur Auflösung dieser Abkürzung, die weiter unten noch dreimal
vorkommt, vgl. *Spec. virg.,* ep., oben 68, mit Anm. 2.

oculi eius sicut columbae super rivulos aquarum, quae lacte
sunt lotae et resident iuxta fluenta plenissima, genae illius
sicut areolae aromatum consitae a pigmentariis, labia illius
lilia distillantia myrram primam, manus illius tornatiles
aureae plenae iacinctis, venter eius eburneus distinctus sa- 5
phiris, crura illius columnae marmoreae, quae fundatae
sunt super bases aureas, species eius ut Libani electus, ut
cedri, guttur illius suavissimum et totus desiderabilis.“
Alleluia. <in saecula> e u o u a e.

O sancta mundi domina, 10 377
regina caeli inclita,
o stella maris Maria,
virgo mater deifica.

---

[221] Das in der Hs **K** ans Ende gestellte Lied *Audite, o lucis filiae,* das in
der kritischen Ausgabe an dieser Stelle abgedruckt wurde (CCM 5,377)
ist hier gestrichen. Das Lied steht in der Hs **L** am Anfang des *Spec. virg.*

seine Augen sind wie Tauben an den Wasserbächen, die in Milch baden und sich niederlassen an den reichen Wasserläufen, seine Wangen sind wie Balsambeete, bewachsen mit duftenden Kräutern, seine Lippen sind wie Lilien, von denen die erste Myrrhe tropft, seine Finger sind wie Stäbe von Gold, mit Steinen von Türkis besetzt, sein Leib ist von Elfenbein, geschmückt mit Saphiren, seine Schenkel sind Marmorsäulen, die auf Sockeln von Gold ruhen, seine Gestalt gleicht dem Libanon, auserwählt wie dessen Zedern. Sein Mund ist vollkommen süß, und alles ist begehrenswert an ihm" (Hld 5, 9–16).

Halleluja in Ewigkeit. Amen.

O heilige Herrin der Welt,
Himmelskönigin, hochberühmte!
O Stern des Meeres, Maria,
du Jungfrau, Mutter und Gottesgebärerin![221]

Wahrscheinlich wurde es von den mittelalterlichen Schreibern lediglich an verschiedenen Stellen plaziert, vgl. die Einleitung, oben 26.

BILDQUELLEN

1	Wurzel Jesse	London, Brit. Libr., Arundel 44, fol. 2^v	Band 1, nach 160
2	Mystisches Paradies	London, Brit. Libr., Arundel 44, fol. 13^r	Band 1, nach 160
3	Lasterbaum	Köln, Hist. Archiv, W 276a, fol. 11^v	Band 1, nach 160
4	Tugendbaum	Köln, Hist. Archiv, W 276a, fol. 12^r	Band 1, nach 160
5	Demut und Stolz	Köln, Hist. Archiv, W 276a, fol. 19^v	Band 2, nach 436
6	Quadriga	Köln, Hist. Archiv, W 276a, fol. 31^r	Band 2, nach 436
7	Kluge und törichte Jungfrauen	Köln, Hist. Archiv, W 276a, fol. 42^v	Band 2, nach 436
8	Frucht der drei Stände	Köln, Hist. Archiv, W 276a, fol. 55^r	Band 3, nach 716
9	Fleisch und Geist	Köln, Hist. Archiv, W 276a, fol. 68^r	Band 3, nach 716
10	Aufstieg auf der Leiter	Köln, Hist. Archiv, W 276a, fol. 78^v	Band 3, nach 716
11	Maiestas Domini	London, Brit. Libr., Arundel 44, fol. 108^v	Band 4, nach 992
12	Haus der Weisheit	London, Brit. Libr., Arundel 44, fol. 114^v	Band 4, nach 992
A	Gesänge in deutschen Neumen auf Linien	Köln, Hist. Archiv, D 182	Band 1, nach 160
B	Fingerzeichen für die drei Stände	Köln, Hist. Archiv, W 276a, fol. 66^v	Band 3, nach 716

ABKÜRZUNGEN

WERKABKÜRZUNGEN

ALDHELM VON MALMESBURY
    virg. I   de virginitate opus prosaice compositum (I)
    virg. II   de virginitate opus metrice compositum (II)

AMBROSIASTER
    in Rom.   commentarius in epistulam ad Romanos

AMBROSIUS
    exhort. virg.   exhortatio virginitatis
    inst. virg.   de institutione virginis ad Eusebium
                    (de S. Mariae virginitate perpetua)
    laps. virg.   de lapsu Susannae *sive* de lapsu virginis
                    consecratae
    vid.   de viduis
    virg.   de virginibus
    virginit.   de virginitate

ANONYMUS I
    Access. ad auct. accessus ad auctores

ANONYMUS II
    Spec. virg.   speculum virginum

ARNOBIUS
    nat.   adversus nationes

ÄSOP
    fab.   fabulae

AUGUSTINUS
    conf.   confessiones
    in psalm.   enarrationes in psalmos
    trin.   de trinitate
    virg.   de sancta virginitate

BEDA VENERABILIS
  hist. eccl.   historia ecclesiastica gentis Anglorum

BOETHIUS
  c. Eut.   contra Eutychen et Nestorium

CONRAD VON HIRSAU
  dial.   dialogus super auctores

DIODOR
  hist.   bibliotheca historica

EINHARD
  Karol.   vita Karoli Magni

EUSEBIUS VON CÄSAREA
  h. e.   historia ecclesiastica

FLAVIUS JOSEPHUS
  BJ   de bello Judaico

FRUTOLF VON MICHELSBERG
  chron.   chronicon universale

GREGOR DER GROSSE
  moral.   moralia in Iob

HERODOT
  hist.   historiae

HIERONYMUS
  adv. Iovin.   adversus Iovinianum
  epist.   epistulae
  in Ezech.   in Ezechielem prophetam commentarius
  in Is.   commentarius in Isaiam prophetam
  nom. hebr.   liber interpretationis nominum hebraicorum
  quaest. hebr. in gen. liber quaestionum hebraicarum in genesim

HILDEGARD VON BINGEN
  ordo virt.   ordo virtutum
  scivias   scivias *sive* visiones ac revelationes
  vit. mer.   liber vitae meritorum

HORAZ
   ars   de arte poetica
   carm.   carmina

ISIDOR VON SEVILLA
   orig.   origines sive etymologiae

LIVIUS
   perioch.   ab urbe condita librorum periochae

MACROBIUS
   somn.   commentarii in Ciceronis somnium Scipionis

NEMESIUS VON EMESA
   nat. hom. de natura hominis

OROSIUS
   hist.   historiarum adversus paganos libri

OVID
   ars   ars amatoria
   met.   metamorphoses

PASCHASIUS RADBERTUS
   corp. Dom. de corpore et sanguine Domini
   fid.   de fide, spe et caritate
   in ps.   expositio in psalmum XLIV
   Matth. expositio in Matthaeum

PAULUS DIACONUS
   Lang.   historia Langobardorum
   Rom.   historia Romana

PLAUTUS
   Men.   Menaechmi

PLINIUS DER ÄLTERE
   nat.   naturalis historia

PLUTARCH
   Art.   Artaxerxes
   Cat. Mi. Cato Minor
   Lys.   Lysander

POLYBIUS
  hist.   historiae

PRUDENTIUS
  cath.   liber cathemerinon

SEDULIUS
  carm. pasch.   carmen paschale

TERENZ
  Ad.   Adelphoe
  Phorm.   Phormio

VERGIL
  Aen.   Aeneis
  ecl.   bucolica *sive* eclogae

ALLGEMEINE ABKÜRZUNGEN

<...>	ergänzter Text
[...]	getilgter Text
Ausg.	Ausgabe
Brit. Libr.	British Library
c.	capitulum (Kapitel)
ders./dies.	derselbe/dieselbe
eingel.	eingeleitet
fol.	folium (Blatt, Codexseite)
frg.	Fragment
FS	Festschrift
Hist. Archiv	Historisches Archiv
Hs/Hss	Handschrift/Handschriften
komm.	kommentiert
lat.	lateinisch
LXX	Septuaginta
Ms	Manuskript
NF	Neue Folge
N.S.	Neue Serie
par	Parallelstelle
r	recto

Rez.	Rezension
sc.	scilicet
s. v.	sub voce
trad.	traduzione (Übersetzung)
transl.	translated (übersetzt)
übers.	übersetzt
v	verso
Verf.	Verfasser
Vg.	Vulgata
Vg. G	— nach griechischer Vorlage

BIBLIOGRAPHISCHE ABKÜRZUNGEN

ABAW. PH Abhandlungen der (königlichen) bayerischen Akademie der Wissenschaften. Philosophisch-historische Abteilung, München

ACar Analecta cartusiana, Berlin

AHMA Analecta hymnica medii aevi, Leipzig

AKB Aachener Kunstblätter, Düsseldorf u. a.

AL Augustinus-Lexikon (hrsg. von C. MAYER), Basel/Stuttgart 1986–1994

ALMA Archivum Latinitatis medii aevi, Brüssel

AMNam Analecta mediaevalia Namurcensia, Louvain

AMRhKG Archiv für mittelrheinische Kirchengeschichte, Speyer u. a.

AOC Archives de l'orient chrétien, Paris u. a.

AuC Antike und Christentum (hrsg. von F. J. DÖLGER), Münster 1929–1940

Ben. Benedictina. Fascicoli trimestrali di studi benedettini, Rom

BGAM Beiträge zur Geschichte des alten Mönchtums und des Benediktinerordens, Münster

BGPhMA Beiträge zur Geschichte der Philosophie und Theologie des Mittelalters. Texte und Untersuchungen, Münster

BHSt Berliner historische Studien, Berlin

Bib. Biblica. Commentarii periodici ad rem biblicam scientifice investigandam, Rom

BiTeu	Bibliotheca Teubneriana, Leipzig
BKAW. NS	Bibliothek der klassischen Altertumswissenschaften. Neue Serie, Heidelberg
CCA	Corpus Christianorum. Series apocryphorum, Turnholt
CCL	Corpus Christianorum. Series Latina, Turnholt
CCM	Corpus Christianorum. Continuatio mediaevalis, Turnholt
CCMéd	Cahiers de civilisation médiévale. X^e–XIIe siècles, Poitiers
ChHe	Christ heute. Eine zeitgemäße Reihe, Einsiedeln
CistC	Cistercienser-Chronik, Bregenz
CSEL	Corpus scriptorum ecclesiasticorum Latinorum, Wien u. a.
DH	Enchiridion symbolorum, definitionum et declarationum de rebus fidei et morum (hrsg. von H. DENZINGER / P. HÜNERMANN), Freiburg 38. Aufl. 1999
DHGE	Dictionnaire d'histoire et de géographie ecclésiastiques (hrsg. von A. BAUDRILLART), Paris 1912 ff
DNP	Der Neue Pauly (hrsg. von H. CANCIK / H. SCHNEIDER), Stuttgart 1996 ff
DSp	Dictionnaire de spiritualité, ascétique et mystique (hrsg. von M. VILLER u. a.), Paris 1937 ff
EHS.DS	Europäische Hochschulschriften. Deutsche Sprache und Literatur (Reihe 1), Frankfurt a. M. u. a.
EKK	Evangelisch-katholischer Kommentar zum Neuen Testament, Neukirchen
FC	Fontes Christiani, Freiburg u. a.
FMSt	Frühmittelalterliche Studien, Berlin
HZ	Historische Zeitschrift, München u. a.
LACL	Lexikon der antiken christlichen Literatur (hrsg. von S. DÖPP / W. GEERLINGS), Freiburg 1998
LCI	Lexikon der christlichen Ikonographie (hrsg. von E. KIRSCHBAUM), Freiburg u. a. 1968–1976
LCL	Loeb classical library, London u. a.
LMA	Lexikon des Mittelalters, München
LThK	Lexikon für Theologie und Kirche (hrsg. von W. KASPER u. a.), Freiburg u. a. ^21, 1957 – 10, 1965; ^31, 1993 – 10, 2001
LWQF	Liturgiewissenschaftliche Quellen und Forschungen, Münster
MBM	Münchener Beiträge zur Mediävistik und Renaissance-Forschung, München

MBTh	Münsterische Beiträge zur Theologie, Münster
MGH	Monumenta Germaniae historica inde ab a. C. 500 usque ad a. 1500, Hannover u. a.
MGH.AA	— Auctores antiquissimi
MGH.SRG	— Scriptores rerum Germanicarum in usum scholarum
MGH.SRL	— Scriptores rerum Langobardicarum et Italicarum s. VI–IX
MGH.SS	— Scriptores
MGI	Mitteilungen des Grabmann-Instituts, München
MLJb	Mittellateinisches Jahrbuch, Köln
MLJb.B	— Beiheft
MMAS	Münstersche Mittelalterschriften, München
MThA	Münsteraner theologische Abhandlungen, Altenberge
MThS	Münchener theologische Studien, München
MThS.S	— 2. Systematische Abteilung
Mün.	Das Münster. Zeitschrift für christliche Kunst und Kunstwissenschaft, München
MyGG	Mystik in Geschichte und Gegenwart. Abteilung 1, Christliche Mystik, Stuttgart-Bad Cannstatt
NTD	Das Neue Testament Deutsch. Neues Göttinger Bibelwerk, Göttingen
Par.	Paradosis. Études de littérature et de théologie ancienne, Fribourg
PhB	Philosophische Bibliothek, Leipzig
PhJ	Philosophisches Jahrbuch der Görres-Gesellschaft, Fulda
PL	Patrologiae Latinae cursus completus (hrsg. von J.-P. Migne), Paris. Series Latina
PRE.S	Paulys Real-Encyclopädie der classischen Alterthumswissenschaft (hrsg. G. Wissowa u.a.), Stuttgart. Supplement 1, 1903 – 16, 1980
RAC	Reallexikon für Antike und Christentum (hrsg. von F.J. Dölger u.a.), Stuttgart 1950 ff
RBen	Revue bénédictine de critique, d'histoire et de littérature religieuses, Maredsous
RED.F	Rerum ecclesiasticarum documenta, Rom. Series maior, Fontes
RGG[3]	Die Religion in Geschichte und Gegenwart (hrsg. von K. Galling u.a.), Tübingen 1956–1962
RHE	Revue d'histoire ecclésiastique, Louvain

RMÂL	Revue du moyen âge latin, Paris u.a.
RThAM	Recherches de théologie ancienne et médiévale, Louvain
SaeSp	Saecula spiritalia, Baden-Baden
SCBO	Scriptorum classicorum bibliotheca Oxoniensis, Oxford
Schol.	Scholastik. Vierteljahresschrift für Theologie und Philosophie, Freiburg
Spec.	Speculum. A journal of mediaeval studies, Cambridge/Mass.
StH	Studia humaniora, Düsseldorf
SWI	Studies of the Warburg Institute, London
Theoph.	Theophaneia. Beiträge zur Religions- und Kirchengeschichte des Altertums, Bonn
ThRom	Theologia Romanica, Einsiedeln
TzF	Texte zur Forschung, Darmstadt
VAFLNW.G	Veröffentlichungen (z.T.: Vorträge) der Arbeitsgemeinschaft für Forschung des Landes Nordrhein-Westfalen. Geisteswissenschaftliche Reihe, Köln
VerLex	Deutsche Literatur des Mittelalters. Verfasserlexikon (hrsg. von W. STAMMLER / K. LANGOSCH), Berlin u.a. 2. Aufl. 1978 ff
VMPIG	Veröffentlichungen des Max-Planck-Instituts für Geschichte, Göttingen
WRJ	Wallraf-Richartz-Jahrbuch. Westdeutsches Jahrbuch für Kunstgeschichte, Köln u.a.
ZKG	Zeitschrift für Kirchengeschichte, Stuttgart u.a.
ZKTh	Zeitschrift für katholische Theologie, Wien u.a.

BIBLIOGRAPHIE

QUELLEN

ADAMNANUS
De locis sanctis:
— De locis sanctis libri tres (hrsg. von L. BIELER): *Itineraria et alia geographica* (CCL 175), Turnholt 1965, 182–234.

AGNELLUS VON RAVENNA
Liber pontificalis:
— *Liber pontificalis / Bischofsbuch,* 2 Bde. (hrsg. und übers. von C. NAUERTH = FC 21/1–2), Freiburg 1996.

ALDHELM VON MALMESBURY
De virginitate opus prosaice compositum (I):
— Aldhelmus De virginitate I. Prosa: *Aldhelmi Opera* (hrsg. von R. EHWALD = MGH. AA 15), Berlin 1961 (1919), 211–323.
De virginitate opus metrice compositum (II):
— Aldhelmus De virginitate II. Carmen: *Aldhelmi Opera* (hrsg. von R. EHWALD = MGH. AA 15), Berlin 1961 (1919), 327–471.

AMBROSIASTER
Commentarius in epistulam ad Romanos:
— *In epistulam ad Romanos* (hrsg. von H.J. VOGELS = CSEL 81/1, Ambrosiastri qui dicitur commentarius in epistulas Paulinas 1), Wien 1966.

AMBROSIUS
De institutione virginis ad Eusebium (de S. Mariae virginitate perpetua):
— De institutione virginis et S. Mariae virginitate perpetua ad Eusebium: *Opera omnia* (PL 16), 305–334.
De lapsu Susannae *sive* de lapsu virginis consecratae:
— De lapsu virginis consecratae: *Opera omnia* (PL 16), 367–384.
De viduis:
— De viduis: *Opera omnia* (PL 16), 233–262.
De virginibus:
— De virginibus ad Marcellinam sororem suam libri tres: *Opera omnia* (PL 16), 187–231.
De virginitate:
— De virginitate: *Opera omnia* (PL 16), 265–302.

Exhortatio virginitatis:
— Exhortatio virginitatis: *Opera omnia* (PL 16), 335–364.

ANONYMUS
Accessus ad auctores:
— Accessus ad auctores: *Accessus ad auctores. Bernard d'Utrecht. Conrad d'Hirsau, Dialogus super auctores* (hrsg. von R. B. C. HUYGENS), Leiden 1970, 19–54.

APOKRYPHEN
— *Evangelia apocrypha* (hrsg. von K. VON TISCHENDORF), Hildesheim 2. Aufl. 1966 (1876).
— *Evangelia infantiae apocrypha / Apokryphe Kindheitsevangelien* (hrsg. und übers. von G. SCHNEIDER = FC 18), Freiburg 1995.
Acta Iohannis:
— *Acta Iohannis,* 2 Bde. (hrsg. von E. JUNOD / J.-D. KAESTLI = CCA 1. 2), Turnholt 1983.
Liber transitus sanctae Mariae:
— Liber transitus sanctae Mariae: *Evangelia apocrypha* (hrsg. von K. VON TISCHENDORF), Hildesheim 1966, 95–136.
Protevangelium Iacobi:
— Protevangelium Iacobi / Protevangelium des Jakobus: *Evangelia infantiae apocrypha / Apokryphe Kindheitsevangelien* (hrsg. von G. SCHNEIDER = FC 18), Freiburg 1995, 95–145.
Virtutes Iohannis:
— Virtutes Iohannis: *Acta Iohannis 2* (hrsg. von E. JUNOD / J.-D. KAESTLI = CCA 2), Turnholt 1983, 799–834.

ARNOBIUS
Adversus nationes:
— *Adversus nationes libri VII* (hrsg. von A. REIFFERSCHEID = CSEL 4), New York / London 1968 (Wien 1875).

ÄSOP
Fabulae:
— *Corpus fabularum,* Bd. 1 (hrsg. von A. HAUSRATH = BiTeu), Leipzig 1957.

AUGUSTINUS
Confessiones:
— *Confessionum libri XIII* (hrsg. von L. VERHEIJEN = CCL 27, Sancti Aurelii Augustini opera 1/1), Turnholt 1981.
Enarrationes in psalmos:
— *Enarrationes in psalmos,* 3 Bde. (hrsg. von D. E. DEKKERS / J. FRAIPONT = CCL 38. 39. 40, Sancti Aurelii Augustini opera 10/1–3), Turnholt 1956.

De sancta virginitate:
— De sancta virginitate: *Sancti Aureli Augustini opera 5/3* (hrsg. von J. Zycha = CSEL 41), Prag/Wien/Leipzig 1900, 235–302.
De trinitate:
— *De trinitate libri XV*, 2 Bde. (hrsg. von W.J. Mountain / F. Glorie = CCL 50.50A, Sancti Aurelii Augustini opera 16/1–2), Turnholt 1968.

Beda Venerabilis
De locis sanctis:
— De locis sanctis (hrsg. von J. Fraipont): *Itineraria et alia geographica* (CCL 175), Turnholt 1965, 249–280.
Historia ecclesiastica:
— *Historia ecclesiastica gentis Anglorum / Kirchengeschichte des englischen Volkes*, 2 Bde. (hrsg. und übers. von G. Spitzbart = TzF 34/1–2), Darmstadt 1982.

Bernhard von Clairvaux
Sermones:
— Feria IV hebdomadae sanctae sermo. De passione Domini: *Sermones 2* (hrsg. von J. Leclercq / H. Rochais = S. Bernardi opera 5), Rom 1978, 56–67.
— In feria IV hebdomadae sanctae sermo. De passione Domini: *Opera omnia 3* (PL 183), 263–270.

Boethius
Contra Eutychen et Nestorium:
— Liber contra Eutychen et Nestorium: *Die Theologischen Traktate* (hrsg. und übers. von M. Elsässer = PhB 397), Hamburg 1988, 64–115.
— Liber de persona et duabus naturis contra Eutychen et Nestorium: *Opera omnia 2* (PL 64), 1337–1354.

Cäsarius von Arles
Sermones:
— *Sermones* (hrsg. von D.G. Morin = CCL 103, Caesarii Arelatensis opera 1), Turnholt 1953.

Cäsarius von Heisterbach
Libri miraculorum:
— *Libri miraculorum,* 2 Bde. (hrsg. von A. Hilka), Bonn 1933.

Conrad von Hirsau
Dialogus de mundi contemptu vel amore:
— *Dialogus de mundi contemptu vel amore* (hrsg. von R. Bultot = AMNam 19), Louvain 1966.

Dialogus super auctores:
— Dialogus super Auctores: *Accessus ad auctores. Bernard d'Utrecht. Conrad d'Hirsau, Dialogus super auctores* (hrsg. von R.B.C. HUY-GENS), Leiden 1970, 71–131.
— *Dialogus super auctores sive didascalon* (hrsg. von G. SCHEPSS), Würzburg 1889.
Epithalamium virginum:
— Konrads von Hirschau doppelchöriges Epithalamium virginum (hrsg. von G. DREVES): ZKTh 25 (1901) 546–554 (= AHMA 50 [1910] 499–506).

CONSUETUDINES RODENSES
— *Consuetudines Canonicorum Regularium Rodenses / Die Lebensordnung des Regularkanonikerstiftes Klosterrath*, 2 Bde. (hrsg. von S. WEIN-FURTER, übers. und eingel. von H. DEUTZ = FC 11/1–2), Freiburg 1993.
— *Consuetudines Canonicorum Regularium Springirbacenses-Rodenses* (hrsg. von S. WEINFURTER = CCM 48), Turnholt 1978.

DIODOR
Bibliotheca historica:
— *Bibliotheca historica 3* (hrsg. von F. VOGEL = BiTeu), Stuttgart 1964.
— *Bibliotheca historica 5* (hrsg. von C. T. FISCHER = BiTeu), Stuttgart 1964.

EGERIA
Itinerarium:
— *Itinerarium/Reisebericht* (hrsg. und übers. von G. RÖWEKAMP = FC 20), Freiburg 2. Aufl. 2000.

EINHARD
Vita Karoli Magni:
— *Einhardi vita Karoli Magni* (hrsg. von O. HOLDER-EGGER = MGH.SRG), Hannover/Leipzig 6. Aufl. 1911.

EUSEBIUS VON CÄSAREA
Historia ecclesiastica:
— *Die Kirchengeschichte mit der lateinischen Übersetzung des Rufin,* 3 Bde. (hrsg. von E. SCHWARTZ / T. MOMMSEN = GCS 9/1–3, Eusebius Werke 2/1–3), Leipzig 1903.1908.1909.
— *Histoire ecclésiastique,* 4 Bde. (hrsg von G. BARDY = SCh 31.41.55. 73), Paris 3. Aufl. 1986.1983.1984.1987.

FLAVIUS JOSEPHUS
De bello Judaico:
— *De bello Judaico / Der jüdische Krieg,* 4 Bde. (hrsg. von O. MICHEL / O. BAUERNFEIND), München 2. Aufl. 1962.1963.1969.1969.

— *The Jewish War*, 2 Bde. (hrsg. von H.S.J. THACKERAY = LCL, Josephus in nine volumes 2.3), London / Cambridge, Mass. 1967.1968 (1927.1928).

FRUTOLF VON MICHELSBERG
Chronicon universale:
— *Ekkehardi chronicon universale* (hrsg. von G.H. PERTZ = MGH.SS 6), Stuttgart / New York 1963 (Hannover 1844), 33–265.

GREGOR DER GROSSE
Moralia:
— *Moralia in Iob libri I–X* (hrsg. von M. ADRIAEN = CCL 143), Turnholt 1979.

GUIBERT VON NOGENT
Opusculum de virginitate:
— Opusculum de virginitate: *Opera omnia* (PL 156), 579–608.

HERODOT
Historiae:
— *Historiae* (hrsg. von C. HUDE = OCT), Oxford 1963.

HIERONYMUS
Adversus Iovinianum:
— Adversus Iovinianum libri: *Opera omnia* (PL 23), 211–352.
Commentarius in Isaiam prophetam:
— *Commentariorum in Esaiam libri I–XI* (hrsg. von M. ADRIAEN = CCL 73, S. Hieronymi presbyteri opera 1/2), Turnholt 1963.
Epistulae:
— *Epistulae*, 3 Bde. (hrsg. von I. HILBERG = CSEL 54.55.56, S. Eusebii Hieronymi opera 1/1–3), Wien 2. Aufl. 1996.
In Ezechielem prophetam commentarius:
— *Commentariorum in Hiezechielem libri XIV* (hrsg. von F. GLORIE = CCL 75, S. Hieronymi presbyteri opera 1/4), Turnholt 1964.
Liber interpretationis nominum hebraicorum:
— Liber interpretationis hebraicorum nominum (hrsg. von P. DE LAGARDE): *Opera 1/1* (CCL 72), Turnholt 1959, 57–161.
Liber quaestionum hebraicarum in genesim:
— Hebraicae quaestiones in libros geneseos (hrsg. von P. DE LAGARDE): *Opera 1/1* (CCL 72), Turnholt 1959, 1–56.

HILDEGARD VON BINGEN
Liber vitae meritorum:
— *Liber vite meritorum* (hrsg. von A. CARLEVARIS = CCM 90), Turnholt 1995.

Ordo virtutum:
— Ordo virtutum: *Nine medieval plays* (hrsg. von P. DRONKE = Cambridge medieval classics 1), Cambridge 1994, 160–180.
Scivias *sive* visiones ac revelationes:
— *Scivias*, 2 Bde. (hrsg. von A. FÜHRKÖTTER / A. CARLEVARIS = CCM 43.43 A), Turnholt 1978.

HORAZ
Carmina:
— Carmina: *Opera* (hrsg. von D.R. SHACKLETON BAILEY = BiTeu), Stuttgart 1985, 1–134.
De arte poetica:
— Ars poetica: *Opera* (hrsg. von D.R. SHACKLETON BAILEY = BiTeu), Stuttgart 1985, 310–329.
Opera omnia:
— *Sämtliche Werke* (hrsg. von H. FÄRBER / W. SCHÖNE), Zürich/Düsseldorf 4. Aufl. 1967.

HUGO VON FOLIETO
De avibus:
— De bestiis et aliis rebus libri quatuor: *Opera omnia. Ad opera Hugonis appendix duplex. I. Ad opera dogmatica* (PL 177), 14–164.
De claustro animae:
— De claustro animae libri quatuor: *Opera omnia. Ad opera Hugonis appendix duplex. I. Ad opera dogmatica* (PL 176), 1018–1182.
De medicina animae:
— De medicina animae: *Opera omnia. Ad opera Hugonis appendix duplex. I. Ad opera dogmatica* (PL 176), 1183–1202.
De nuptiis:
— De nuptiis libri duo: *Opera omnia. Ad opera Hugonis appendix duplex. I. Ad opera dogmatica* (PL 176), 1202–1218.
De pastoribus et ovibus:
— Le ‚Liber de pastoribus et ovibus‘ d'Hugues de Fouilloi (hrsg. von C. DE CLERCQ): ALMA 31 (1961) 77–107.
De rota verae religionis:
— Le ‚Liber de rota verae religionis‘ d'Hugues de Fouilloi (suite) (hrsg. von C. DE CLERCQ): ALMA 29 (1959) 219–228; ALMA 30 (1960) 15–37.

HUGO VON ROUEN
Contra haereticos:
— *Contra haereticos sui temporis sive De ecclesia et ejus ministris libri tres:* PL 192, 1255–1298.

ISIDOR VON SEVILLA
Origines sive etymologiae:
— *Etymologiarum sive originum libri XX*, 2 Bde. (hrsg. von W. M. LIND-SAY = SCBO), Oxford 1987 (1911)

JAN VAN RUUSBROEC
Die Geestelike Brulocht:
— *Die Geestelike Brulocht* (hrsg. von J. ALAERTS / P. MOMMAERS / H. ROLFSON / G. DE BAERE = CCM 103), Tielt/Turnholt 1988.

JOHANNES SCOTUS ERIUGENA
Periphyseon:
— *Periphyseon*, 2 Bde. (hrsg. von E. A. JEAUNEAU = CCM 161.162), Turnholt 1996.1997.

LIVIUS
Ab urbe condita periochae:
— Periochae omnium librorum ab urbe condita: *Periochae omnium librorum, fragmenta Oxyrynchi reperta Iulii obsequentis prodigiorum liber* (hrsg. von O. ROSSBACH = BiTeu, Ab urbe condita libri, pars IV [hrsg. von W. WEISSENBORN / M. MÜLLER]), Stuttgart 1959, 1–121.

MACROBIUS
Commentarii in Ciceronis somnium Scipionis:
— *Commentarii in somnium Scipionis* (hrsg. von J. WILLIS = BiTeu), Leipzig 1963.

MISSALE ROMANUM
— *Das Meßbuch der heiligen Kirche. Mit liturgischen Erklärungen und kurzen Lebensbeschreibungen der Heiligen* (hrsg. von A. SCHOTT, neubearb. von der Erzabtei Beuron), Freiburg 42. Aufl. 1936.

NEMESIUS VON EMESA
De natura hominis:
— *De natura hominis* (hrsg. von M. MORANI = BiTeu), Leipzig 1987.

OROSIUS
Historiarum adversus paganos libri:
— *Die antike Weltgeschichte in christlicher Sicht,* 2 Bde. (hrsg. und übers. von A. LIPPOLD), Zürich/München 1985.1986.
— *Historiarum adversum paganos libri VII* (hrsg. von K. ZANGEMEISTER = CSEL 5), New York / London 1966 (Wien 1882).

OVID

Ars amatoria:

— Ars amatoria: *Amores, Medicamina faciei femineae, Ars amatoria, Remedia amoris* (hrsg. von E.J. KENNEY = SCBO), Oxford 2. Aufl. 1994, 113–200.

Metamorphoses:

— *Metamorphoses* (hrsg. von W.S. ANDERSON = BiTeu), Leipzig 1977.

PASCHASIUS RADBERTUS

De corpore et sanguine Domini:

— *De corpore et sanguine Domini* (hrsg. von B. PAULUS = CCM 16), Turnholt 1969.

De fide, spe et caritate:

— *De fide spe et caritate* (hrsg. von B. PAULUS = CCM 97), Turnholt 1990.

— De fide, spe et charitate: *Opera omnia* (PL 120), 1387–1490.

Expositio in Matthaeum:

— *Expositio in Matthaeo libri XII*, 3 Bde. (hrsg. von B. PAULUS = CCM 56/1–3), Turnholt 1984.

Expositio in Psalmum XLIV:

— *Expositio in Psalmum XLIV* (hrsg. von B. PAULUS = CCM 94), Turnholt 1991.

PAULUS DIACONUS

Historia Langobardorum:

— Historia Langobardorum: *Scriptores rerum Langobardicarum et Italicarum* (hrsg. von L. BETHMANN / G. WAITZ = MGH.SRL), Hannover 1964 (1878), 45–187.

Historia Romana:

— Historiae Romanae libri XI–XVI: *Eutropi breviarium ab urbe condita cum versionibus Graecis et Pauli Landolfique additamentis* (hrsg. von H. DROYSEN = MGH.AA 2), Berlin 1961 (1879), 183–224.

PHAEDRUS

Fabulae:

— *Fabulae Aesopiae* (hrsg. von J.P. POSTGATE = SCBO), Oxford 1920.

PHYSIOLOGUS

— *Physiologi Graeci singulae variarum aetatum recensiones codicibus fere omnibus tunc primum excussis collatisque* (hrsg. von F. SBORDONE), Rom 1936.

PLAUTUS

Menaechmi:

— *Comoediae I* (hrsg. von W.M. LINDSAY = SCBO), Oxford 1904.

PLINIUS DER ÄLTERE
Naturalis historia:
— *Naturalis historiae libri XXXVII*, 6 Bde. (hrsg. von L. IAN / C. MAY-
   HOFF = BiTeu), Stuttgart 1967–1970.

PLUTARCH
Artaxerxes:
— Artaxerxes: *Vitae parallelae 3/1* (hrsg. von K. ZIEGLER = BiTeu),
   Leipzig 1971, 318–351.
Cato Minor:
— Cato Minor: *Vitae parallelae 2/1* (hrsg. von K. ZIEGLER = BiTeu),
   Leipzig 1964, 32–92.
Lysander:
— Lysander: *Vitae parallelae 3/2* (hrsg. von K. ZIEGLER = BiTeu), Leipzig
   1973, 93–131.

POLYBIUS
Historiae:
— *Historiae*, 5 Bde. (hrsg. von T. BÜTTNER-WOBST = BiTeu), Stuttgart
   1962–1963.

PRUDENTIUS
Liber cathemerinon:
— Liber Cathemerinon: *Carmina* (hrsg. von M.P. CUNNINGHAM = CCL
   126), Turnholt 1966, 3–72.

REGULA BENEDICTI
— *Die Benediktusregel* (hrsg. im Auftrag der Salzburger Äbtekonferenz),
   Beuron 1992.

SACRAMENTARIUM GELASIANUM
— *Liber sacramentorum Romanae Aeclesiae Ordinis anni circuli. Sacramentarium Gelasianum* (hrsg. von L.C. MOHLBERG = RED.F 4), Rom
   1960.

SEDULIUS
Carmen paschale:
— Carmen paschale: *Opera omnia* (hrsg. von J. HUEMER = CSEL 10),
   New York / London 1967 (Wien 1885), 14–146.
— *Paschale carmen, Boek 1 en 2* (hrsg. von N. SCHEPS), Delft 1938.

SPECULUM VIRGINUM
— Codex Laud. misc. 377: *Quarto catalogues 2. Laudian manuscripts*
   (hrsg. von H.O. COXE / R.W. HUNT), Oxford 1973, o.S.
— *Speculum virginum* (hrsg. von J. SEYFARTH = CCM 5), Turnholt 1990.

— *Speculum virginum. Mittelniederländischer Text. Edition, Untersuchungen zum Prolog und einleitende Interpretation* (hrsg. von I. BERKENBUSCH = EHS. DS 1511), Frankfurt a. M. 1995.

TERENZ
Adelphoe:
— Adelphoe: *Comoediae* (hrsg. von R. KAUER / W.M. LINDSAY / O. SKUTSCH = SCBO), Oxford 4. Aufl. 1961, o.S.
Phormio:
— Phormio: *Comoediae* (hrsg. von R. KAUER / W.M. LINDSAY / O. SKUTSCH = SCBO), Oxford 4. Aufl. 1961, o.S.

VERGIL
Aeneis:
— Aeneidos libri XII: *Opera* (hrsg. von R.A.B. MYNORS = SCBO), Oxford 1980 (1969), 103–422.
Bucolica *sive* eclogae:
— Bucolica: *Opera* (hrsg. von R.A.B. MYNORS = SCBO), Oxford 1980 (1969), 1–28.

VITALIS VON BLOIS
Ridiculosus Geta:
— Geta (übers. von J. SUCHOMSKI): *Lateinische Comediae des 12. Jahrhunderts* (hrsg. und übers. von J. SUCHOMSKI / M. WILLUMAT = TzF 32), Darmstadt 1979, 64–91.

WILLEM JORDAENS
Conflictus virtutum et viciorum:
— *Conflictus virtutum et viciorum* (hrsg. von A. ÖNNERFORS = Abhandlungen der Rheinisch-Westfälischen Akademie der Wissenschaften 74), Opladen 1986.

LITERATUR

ANGENENDT, A., *Geschichte der Religiosität im Mittelalter,* Darmstadt 1997.
—, *Monachi peregrini* (MMAS 6), München 1972.
—, Sicut paradisus virui et florui. Vegetationsmetaphorik in der mittelalterlichen Frömmigkeit: *Garten des Lebens. FS W. Cramer* (hrsg. von M.-B. VON STRITZKY / C. UHRIG = MThA 60), Altenberge 1999, 11–31.
BANGE, P., *Spiegels der Christenen* (Middeleeuwse Studies 2), Nimwegen 1986.

BAUER, J.B. / FELBER, A., Herz: RAC 14, 1093–1131.

BAUTZ, M., *Virtutes. Studien zu Funktion und Ikonographie der Tugenden im Mittelalter und im 16. Jahrhundert,* Bamberg 1999.

BECK, H.-G., Eudokia (Kaiserin): RAC 6, 844–847.

BECKER, G., *Catalogi bibliothecarum antiqui,* Bonn 1885.

BEIERWALTES, W., Eriugena. Aspekte einer Philosophie: ders., *Denken des Einen. Studien zur Neuplatonischen Philosophie und ihrer Wirkungsgeschichte,* Frankfurt a.M. 1985, 337–367.

—, *Eriugena. Grundzüge seines Denkens,* Frankfurt a.M. 1994.

—, Negati Affirmatio. Welt als Metapher: PhJ 83 (1976) 237–265.

BENTLER, J., Johannes, Apostel und Evangelist: ³LThK 5, 866–868.

BERNARDS, M., Das Speculum Virginum als Überlieferungszeuge frühscholastischer Texte: Schol. 28 (1953) 69–78.

—, *Die handschriftliche Überlieferung und die theologischen Anschauungen des Speculum Virginum,* 2 Bde., Bonn 1950.

—, Die mittelrheinischen Handschriften des Jungfrauenspiegels: AMRhKG 3 (1951) 357–364.

—, Die verlorenen Miniaturen des Trierer Jungfrauenspiegels: Kunstchronik 9 (1956) 96–98.

—, Epithalamium virginum, Jungfrauenspiegel und Pseudo-Marbod: ZKTh 73 (1951) 78–84.

—, *Speculum virginum. Geistigkeit und Seelenleben der Frau im Hochmittelalter* (Forschungen zur Volkskunde 36/38), Köln u.a. 1955.

—, Um den Zusammenhang zwischen Speculum Virginum, Dialogus de mundi contemptu vel amore und verwandte Schriften: RThAM 24 (1967) 84–130.

—, Zur frühscholastischen Christologie: RThAM 23 (1956) 165–193.

—, Zur Geschichtstheologie des Speculum Virginum: RBen 75 (1965) 277–303.

BERSCHIN, W., *Griechisch-Lateinisches Mittelalter,* Bern/München 1980.

BISCHOFF, B., Hadoard und die Klassikerhandschriften aus Corbie: Mittelalterliche Studien 1 (1966) 49–63.

BLOCH, P., Das Steinfeld-Missale: AKB 22/23 (1961) 58.

—, Nachwirkungen des Alten Bundes in der christlichen Kunst: *Monumenta Judaica. Ausstellungskatalog und Handbuch,* Köln 1963, 8 Nr. 17.

—, Zur Deutung des sogenannten Koblenzer Retabels im Cluny-Museum: Mün. 14 (1961) 256–261.

BLOOMFIELD, M., *Incipits of Latin works on the virtues and vices. 1100–1500 A.D.,* Cambridge, Mass. 1979.

BLUMENKRANZ, B. / CHÂTILLON, J., De la polémique antijuive à la cathéchèse chrétienne: RThAM 23 (1956) 40–60.

BOECKLER, A., Beiträge zur romanischen Kölner Buchmalerei: *Mittelalterliche Handschriften. FS H. Degering* (hrsg. von A. BÖMER), Leipzig 1926, 20.

BÖRSCH-SUPAN, E., Garten: LCI 2, 77–81.

BOSL, K., Das Jahrhundert der Augustinerchorherren: *Historiographia Mediaevalis, Studien zur Geschichtsschreibung und Quellenkunde des Mittelalters. FS F.-J. Schmale* (hrsg. von D. BERG), Darmstadt 1988, 1–17.

—, Potens und Pauper. Begriffsgeschichtliche Studien zur gesellschaftlichen Differenzierung im frühen Mittelalter und zum Pauperismus des Hochmittelalters: ders., *Frühformen der Gesellschaft im mittelalterlichen Europa,* München 1964, 106–134.

—, *Regularkanoniker (Augustinerchorherren) und Seelsorge in Kirche und Gesellschaft des europäischen 12. Jahrhunderts* (ABAW.PH NF 86), München 1979.

BRANDENBURG, H., Einhorn: RAC 4, 840–862.

BRADLEY, R., Backgrounds of the Title ‚Speculum‘ in Medieval Literature: Spec. 29 (1954) 100–115.

BRANDT, M., *Bernward von Hildesheim und das Zeitalter der Ottonen,* 2 Bde., Hildesheim 1993.

BRAUN, J., *Die liturgische Gewandung,* Darmstadt 1964 (1907).

BRINCKEN, A.-D. VON DEN, *Fines Terrae. Die Enden der Erde und der vierte Kontinent auf mittelalterlichen Weltkarten* (MGH.Schriften 36), Hannover 1992.

BROWN, P., *Die Keuschheit der Engel,* München 1991.

BRUNHÖLZL, F., *Geschichte der lateinischen Literatur des Mittelalters 1,* München 1975.

—, Speculum: LMA 7, 2087.

BULTOT, R., *Dialogus,* siehe Quellen: Conrad von Hirsau.

—, Konrad von Hirsau: VerLex 5, 204–208.

—, L’auteur de l’Altercatio Synagogae et Ecclesiae Conrad d’Hirsau?: RThAM 32 (1965) 263–276.

—, L’auteur et la fonction littéraire du ‚De fructibus carnis et spiritus‘: RThAM 30 (1963) 148–154.

BURNAM, J.M., *Glossemata de Prudentio,* Cincinnati/Ohio 1905.

CARLEVARIS, A., siehe Quellen: Hildegard von Bingen.

Catalogue of the Arundel manuscripts 3, London 1840.

COHEN-MUSHLIN, A., *A medieval scriptorium. Sancta Maria Magdalena de Frankendal, Text* (Wolfenbütteler Mittelalter-Studien 3), Wiesbaden 1990.

—, *The making of a manuscript. The Worms Bible of 1148,* Wiesbaden 1983.

CONGAR, Y., Ecclesia ab Abel: *Abhandlungen über Theologie und Kirche. FS K. Adam* (hrsg. von M. REDING), Düsseldorf 1952, 79–108.

CREMONESI, C., Attila: LMA 1, 1179f.

CURTIUS, E.R., *Europäische Literatur und Lateinisches Mittelalter,* Bern 10. Aufl. 1984.

DEREINE, C., Chanoines: DHGE 12, 353–405.

—, Vie commune règle de St. Augustin et chanoines au XIᵉ siècle: RHE 41 (1946) 365–406.

DÖLGER, F. J., Der Kampf mit dem Ägypter in der Perpetua-Vision: AuC 3 (1932) 177–188.

—, *Die Sonne der Gerechtigkeit und der Schwarze. Eine religionsgeschichtliche Studie zum Taufgelöbnis* (LWQF 14), Münster 2. Aufl. 1971.

DREVES, G., siehe Quellen: Conrad von Hirsau.

EHLERS, J., Historia, allegoria, tropologia. Exegetische Grundlagen der Geschichtskonzeption Hugos von St. Victor: MLJb 7 (1972) 153–160.

ELM, K. / PARISSE, M. (Hrsg.), *Doppelklöster und andere Formen der Symbiose männlicher und weiblicher Religiosen im Mittelalter* (BHSt 18), Berlin 1992.

ENNEN, E., *Frauen im Mittelalter*, München 1985.

ESMEIJER, A. C., *Divina Quaternitas. A preliminary Study in the method and application of visual exegesis*, Amsterdam 1978.

FONSECA, C. D., Hugues de Fouilloy entre l'ordo antiquus et l'ordo novus: CCMéd 16 (1973) 303–312.

FORRER, R., *Unedierte Federzeichnungen, Miniaturen und Initialen des Mittelalters*, Bd. 2, Straßburg 1907.

FRANK, K. S., ΑΓΓΕΛΙΚΟΣ ΒΙΟΣ. *Begriffsanalytische und begriffsgeschichtliche Untersuchung zum „engelgleichen Leben" im frühen Mönchtum* (BGAM 26), Münster 1964.

—, „Der verschlossene Garten" (Hld 4, 12). Zu den Anfängen der Klausur in Frauenklöstern: *Garten des Lebens. FS W. Cramer* (hrsg. von M.-B. VON STRITZKY / C. UHRIG = MThA 60), Altenberge 1999, 103–118.

FRISCH, E. VON, Über die Salzburger Handschriften von Hugo von St. Victors opusculum de fructu carnis et spiritus: *FS G. Leidinger* (hrsg. von A. HARTMANN), München 1930, 67–71.

FRISK, H., *Griechisches etymologisches Wörterbuch*, Bd. 1, Heidelberg 2. Aufl. 1973.

FRITSCH, V., *Links und rechts in Wissenschaft und Leben* (Urban-Bücher 80), Stuttgart 1964.

GEURTS, A. J. (Hrsg.), *Moderne Devotie. Catalogus. Nijmeegs Volkenkundig Museum*, Nimwegen 1984.

GNILKA, C., *Aetas spiritalis. Die Überwindung der natürlichen Altersstufen als Ideal frühchristlichen Lebens* (Theoph. 24), Köln/Bonn 1972.

GOBRY, I., Hugues de Fouilloy: DSp 7, 880–886.

GOGGIN, C. G., *The illuminations of the Clairvaux ‚Speculum virginum' (Troyes, Bibliothèque Municipale, Ms. 252)*, Indiana 1982.

GOY, R., *Die Überlieferung der Werke Hugos von St. Victor*, Stuttgart 1976.

GRAF, F., Ianus: DNP 5, 858–861.

—, Kannibalismus: DNP 6, 247.

GREENHILL, E. S., *Die geistigen Voraussetzungen der Bilderreihe des Speculum virginum* (BGPhMA 39/2), Münster 1962.

—, *Die Stellung der Handschrift British Museum Arundel 44 in der Überlieferung des Speculum virginum* (MGI 10), München 1966.

GRÉGOIRE, R., Paschase Radbert: DSp 12/1, 295–301.

GREISENEGGER, W., Ecclesia und Synagoge: LCI 1, 569–578.

GRUNDMANN, H., *Religiöse Bewegungen im Mittelalter,* Darmstadt 3. Aufl. 1970.

HAEKEL, J., Kannibalismus: RGG[3] 3, 1115f.

HALL, E. / UHR, H., Das Kronenmotiv bei Maria und anderen Heiligen in der Altkölner Malerei: WRJ 56 (1995) 101–126.

HAVERKAMP, A., Tenxwind von Andernach und Hildegard von Bingen: *Institutionen, Kultur und Gesellschaft im Mittelalter. FS J. Fleckenstein,* Sigmaringen 1984, 515–548.

HEID, S., Helena: [3]LThK 4, 1403f.

HEINZER, F., Buchkultur und Bibliotheksgeschichte Hirsaus: *Hirsau: St. Peter und Paul 1091–1991, Teil 2: Geschichte, Lebens- und Verfassungsformen eines Reformklosters* (Forschungen und Berichte der Archäologie des Mittelalters in Baden-Württemberg 10/2), Stuttgart 1991, 259–296.

HELSSIG, R., *Katalog der Lateinischen und Deutschen Handschriften der Universitätsbibliothek zu Leipzig, Bd. 1: Die Theologischen Handschriften,* Leipzig 1935.

HERDE, R., *Das Hohe Lied in der lateinischen Literatur des Mittelalters bis zum 12. Jahrhundert* (MBM 3), München 1980.

HERMANN, A., Dach II: RAC 3, 537–557.

—, Edelsteine: RAC 4, 505–552.

HOHL, H., Arche Noe: LCI 1, 178–180.

HOLUM, K., *Theodosian Empresses,* Berkeley 1982.

HUYGENS, R. B. C., siehe Quellen: Conrad von Hirsau.

JUNGMANN, J. A. *Missarum sollemnia. Eine genetische Erklärung der römischen Messe,* 2 Bde., Freiburg 5. Aufl. 1962.

JUSSEN, B., Jungfrauen – Witwen – Verheiratete. Zur Reformation einer Konsensformel moralischer Ordnung im Mittelalter: ders., *Kulturelle Reformation. Sinnformationen im Umbruch 1400–1600* (VMPIG 145), Göttingen 1999, 97–127.

—, *Der Name der Witwe. Erkundigungen zur Semantik der mittelalterlichen Bußkultur* (VMPIG 158), Göttingen 2000.

KALLIS, A., *Der Mensch im Kosmos* (MBTh 43), Münster 1978.

KATZENELLENBOGEN, A., *Allegories of the Virtues and Vices in mediaeval art* (SWI 10), London 1939.

KEHL, A., Gewand (der Seele): RAC 10, 945–1025.

KLAUSER, T., Blume (Blüte): RAC 2, 446–459.

—, *Christlicher Märtyrerkult, heidnischer Heroenkult und spätjüdische Heiligenverehrung* (VAFLNW. G 91), Köln 1960.

KLEIN, R., Helena II: RAC 14, 355–375.

KÖPF, U., Hoheliedauslegung als Quelle einer Theologie der Mystik: *Grundfragen christlicher Mystik* (hrsg. von M. SCHMIDT = MyGG 5), Stuttgart-Bad Cannstatt 1987, 50–72.

KÖRKEL-HINKFOLK, R., *Die Parabel von den klugen und törichten Jungfrauen (Mt 25, 1–13)*, Frankfurt a.M. 1994.

KÖTTING, B., *Peregrinatio religiosa*, Münster 2. Aufl. 1980.

—, Wallfahrten: *Ecclesia peregrinans — Das Gottesvolk unterwegs*, Bd. 2 (MBTh 54/2), Münster 1988, 225–314.

—, Wohlgeruch der Heiligkeit: *Ecclesia peregrinans — Das Gottesvolk unterwegs*, Bd. 2 (MBTh 54/2), Münster 1988, 23–33.

— / GEERLINGS, W., Aetas: AL 1, 150–158.

KRAFT, H., *Die Bildallegorie der Kreuzigung Christi durch die Tugenden*, Frankfurt a.M. 1976.

KRAUSS, C., ... *und ohnehin die schönen Blumen. Essays zur frühen christlichen Blumensymbolik*, Tübingen 1994.

KROOS, R., Jungfrauenspiegel: *Die Zeit der Staufer. Ausstellungskatalog*, Bd. 1, Stuttgart 1977, 257 Nr. 364; 577 Nr. 749.

KUNST, H.-J., Tor — Tür: LCI 4, 339 f.

KÜSTERS, U., *Der verschlossene Garten* (StH 2), Düsseldorf 1985.

—, Formen und Modelle religiöser Frauengemeinschaften im Umkreis der Hirsauer Reform des 11. und 12. Jahrhunderts: *Hirsau: St. Peter und Paul 1091–1991, Teil 2: Geschichte, Lebens- und Verfassungsformen eines Reformklosters* (Forschungen und Berichte der Archäologie des Mittelalters in Baden-Württemberg 10/2), Stuttgart 1991, 195–220.

KÜSTERS, U. / SEYFARTH, J., Speculum virginum: VerLex 9, 67–76.

LADNER, G.B., Vegetation symbolism: *De artibus opuscula XI. FS E. Panofsky*, New York 1961, 303.

LAMPRECHT, K., *Initialornamentik des 8.–13. Jahrhunderts*, Leipzig 1882.

LANGOSCH, K., Arbores virtutum et viciorum: *Studien zur lateinischen Dichtung des Mittelalters. FS K. Strecker* (hrsg. von W. STACH / H. WALTER), Dresden 1931, 117–131.

LEHMANN, W., *Die Parabel von den klugen und törichten Jungfrauen*, Freiburg/Berlin 1916.

LENTINI, A., Il Ritmo ‚Cives caelestis patriae‘ et il ‚de duodecim lapidibus‘ di Amato: Ben. 12 (1958) 15–26.

LERCH, D., Zur Geschichte der Auslegung des Hohenliedes: ZThK 54 (1957) 257–277.

LIEBESCHÜTZ, H., *Das allegorische Weltbild der heiligen Hildegard von Bingen*, Leipzig 1930.

LÖFFLER, A., *Catalogus codicum manuscriptorum Bibliothecae Universitatis Lipsiensis. Katalog der Handschriften der Universitätsbibliothek Leipzig, Abt. 5: Die lateinischen und deutschen Handschriften, Bd. 2: Die theologischen Handschriften 2 (Ms 626–750)*, in Bearbeitung (voraussichtliches Erscheinungsjahr 2003).

LOHSE, E., *Die Offenbarung des Johannes* (NTD 11), Göttingen 1988.

LUBAC, H. DE, *Der geistige Sinn der Schrift* (ChHe 2/5), Einsiedeln 1952.

—, *Typologie, Allegorie, geistiger Sinn. Studien zur Geschichte der christlichen Schriftauslegung* (ThRom 23), Einsiedeln 1999.

LUZ, U., *Das Evangelium nach Matthäus*, Bd. 2 (EKK 1/2), Zürich 1990.

MÄHL, S., *Quadriga virtutum. Die Kardinaltugenden in der Geistesgeschichte der Karolingerzeit*, Wien 1969.

MANITIUS, M., *Geschichte der lateinischen Literatur des Mittelalters 3*, München 1931.

MEIER, C., ‚Calcare caput draconis‘: *Hildegard von Bingen. Prophetin durch die Zeiten* (hrsg. von E. FORSTER), Freiburg 1997, 359–405.

—, Eriugena im Nonnenkloster?: FMSt 19 (1985) 466–497.

—, Eriugena Redivivus. Zur Wirkungsgeschichte seines Denkens im Mittelalter und im Übergang zur Neuzeit: *Vorträge des V. Internationalen Eriugena-Colloquiums* (hrsg. von W. BEIERWALTES), Heidelberg 1987, 89–141.

—, *Gemma spiritalis. Methode und Gebrauch der Edelsteinallegorese vom frühen Christentum bis ins 18. Jahrhundert* (MMAS 34/1), München 1977.

—, ‚Virtus‘ und ‚Operatio‘ als Kernbegriffe einer Konzeption der Mystik bei Hildegard von Bingen: *Grundfragen christlicher Mystik* (hrsg. von M. SCHMIDT), Stuttgart 1987, 73–101.

MEWS, C., Hildegard, the Speculum virginum and religious reform in the twelfth century: *Hildegard von Bingen in ihrem historischen Umfeld* (hrsg. von A. HAVERKAMP), Mainz 2000, 237–267.

MEYER, H. / SUNTRUP, R., *Lexikon der mittelalterlichen Zahlenbedeutungen* (MMAS 56), München 1987.

MOOS, P. VON, Literatur und bildungsgeschichtliche Aspekte der Dialogform im lateinischen Mittelalter: *Tradition und Wertung. FS F. Brunhölzl* (hrsg. von G. BERNT), Sigmaringen 1989, 165–209.

MÜLLER, A., *Ecclesia — Maria. Die Einheit Marias und der Kirche* (Par. 5), Fribourg 2. Aufl. 1955.

MÜLLER, W. W., *Weihrauch,* München 1978 (= PRE.S 15, 700–777).

NIEHOFF, F., Speculum Virginum: *Ornamenta ecclesiae. Kunst und Künstler der Romanik, Katalog zur Ausstellung des Schnütgen-Museums in der Josef-Haubrich-Kunsthalle*, Bd. 1 (hrsg. von A. LEGNER), Köln 1985, 78 A23.

NIMMERVOLL, D., Der Zisterzienserorden 1980: ACar 35 (1983) 9–11.

NOCKE, F. J., Allgemeine Sakramentenlehre: *Handbuch der Dogmatik*, Bd. 2 (hrsg. von T. SCHNEIDER), Düsseldorf 1992, 188–255.

NORDENFALK, C., *Die romanische Malerei*, Genf 1958.

NUSSBAUM, O., Die Bewertung von Rechts und Links in der römischen Liturgie: *Geschichte und Reform des Gottesdienstes* (hrsg. von H. BRAKMANN / A. GERHARDS), Paderborn 1996, 275–292.

OHLY, F., *Die Kathedrale als Zeitenraum*, Darmstadt 1983.

—, *Das St. Trudperter Hohelied. Eine Lehre der liebenden Gotteser-kenntnis*, Frankfurt a. M. 1998.

—, *Hohelied-Studien. Grundzüge einer Geschichte der Hoheliedausle-gung des Abendlandes bis um 1200*, Wiesbaden 1958.

—, Probleme der mittelalterlichen Bedeutungsforschung und das Tau-benbild des Hugo von Folieto: ders. (Hrsg.), *Schriften zur mittelal-terlichen Bedeutungsforschung*, Darmstadt 2. Aufl. 1983, 32–92.

O'REILLY, J., *Studies in the iconographie of the Virtues and Vices in the MA*, London 1988.

ORTIZ DE URBINA, L., Nikaia 3.: ²LTHK 7, 966–969.

OS, H. W. VAN / JÁSZAI, G., Kreuzlegende: LCI 2, 642–648.

OTT, L., *Untersuchungen zur theologischen Briefliteratur der Frühscho-lastik* (BGPhMA 34), Münster 1937.

OTTO, A., *Die Sprichwörter und sprichwörtlichen Redensarten der Rö-mer*, Hildesheim 1962.

PALMER, N., *Zisterzienser und ihre Bücher*, Regensburg 1998.

PANOFSKY, E., *Abbot Suger on the Abbey Church of St. Denis and its Art treasures*, Princeton 2. Aufl. 1979.

PATZEK, B., Phalaris: DNP 9, 726.

PAULUS, B., siehe Quellen: Paschasius Radbertus.

PELTIER, H., Hugues de Fouilloy, Chanoine régulier, prieur de Saint-Lau-rent-au-Bois: RMÂL 2 (1946) 25–44.

PFISTER-BURKHALTER, M., Lilie: LCI 3, 100–102.

PIEPER, J., *Das Viergespann. Klugheit, Gerechtigkeit, Tapferkeit, Maß* (Die Bücher der Neunzehn 113), München 1964.

POESCHKE, J., Paradies: LCI 3, 376–382.

—, Paradiesflüsse: LCI 3, 382–384.

PÖSCHL, V., *Bibliographie zur antiken Bildersprache* (BKAW. NS 1), Heidelberg 1964.

RAHNER, H., Flumina de ventre Christi. Die patristische Auslegung von Joh. 7, 37. 38: Bib. 22 (1941) 269–302. 367–403.

—, *Symbole der Kirche. Die Ekklesiologie der Väter*, Salzburg 1964.

RAUH, H. J., *Das Bild des Antichrist im Mittelalter: Von Tyconius bis zum Deutschen Symbolismus* (BGPhMA. NF 6), Münster 2. Aufl. 1979.

REHM, U., *Bebilderte Vaterunser-Erklärungen des Mittelalters* (SaeSp 28), Baden-Baden 1994.

—, *Die Schwestern vom gemeinsamen Leben im nordwestlichen Deutsch-land Untersuchungen zur Geschichte der Devotio moderna und des weiblichen Religiosentums* (BHSt 11. Ordensstudien 5), Berlin 1985.

REUDENBACH, B., *Die Londoner Psalterkarte und ihre Rückseite* (FMSt 32), Berlin 1998.

RIEDLINGER, H., *Die Makellosigkeit der Kirche in den lateinischen Hoheliedkommentaren des Mittelalters* (BGPhMA 38/3), Münster 1958.

RIPBERGER, A., *Der Pseudo-Hieronymus-Brief IX ,Cogitis me'. Ein erster Marianischer Traktat des Mittelalters von Paschasius Radbertus,* Freiburg, Schweiz 1962.

ROSE, V., *Die Handschriftenverzeichnisse der königlichen Bibliothek zu Berlin 12, Verzeichnis der Handschriften der königlichen Bibliothek zu Berlin,* Berlin 1893.

ROTH, G., *Sündenspiegel im 15. Jahrhundert. Untersuchungen zum pseudo-augustinischen ,Speculum peccatoris',* Kassel 1991.

RÖWEKAMP, G., Thekla-Akten: LACL 589f.

SCHADT, H., *Die Darstellungen der Arbores consanguinitatis und der Arbores affinitatis,* Tübingen 1982.

SCHLEE, E.R., *Die Ikonographie der Paradiesesflüsse,* Kiel/Leipzig 1937.

SCHMIDT, M., Hildegard von Bingen als Lehrerin des Glaubens. Speculum als Symbol des Transzendenten: *Hildegard von Bingen 1179–1979.* (hrsg. von A.P. BRÜCK), Mainz 1979, 95–157.

SCHMIDT, R., Aetates Mundi. Die Weltalter als Gliederungsprinzip der Geschichte: ZKG 67 (1955/1956) 288–317.

SCHMIDT, W., *Untersuchungen zum Geta des Vitalis Blesensis* (MLJb.B 14), Ratingen u.a. 1975.

SCHOTT, A., *Meßbuch,* siehe Quellen: Missale Romanum.

SCHREINER, K., Geschichtsschreibung im Interesse der Reform. Die Hirsauer Jahrbücher des Johannes Trithemius (1462–1516): *Hirsau: St. Peter und Paul 1091–1991, Teil 2: Geschichte, Lebens- und Verfassungsformen eines Reformklosters* (Forschungen und Berichte der Archäologie des Mittelalters in Baden-Württemberg 10/2), Stuttgart 1991, 297–324.

SCHRIMPF, G., *Das Werk des Johannes Scottus Eriugena im Rahmen des Wissenschaftsverständnisses seiner Zeit,* Münster 1982.

SCHUMACHER-WOLFGARTEN, R., Rose: LCI 3, 563–568."

SCHWEIZER, H. (Hrsg.), „... *Bäume braucht man doch!" Das Symbol des Baumes zwischen Hoffnung und Zerstörung,* Sigmaringen 1986.

SEELIGER, H.R., Märtyrerakten: LACL 411–419.

SEIBEL, W., *Fleisch und Geist beim heiligen Ambrosius* (MThS.S 14), München 1958.

SEYFARTH, J., Maria — Bild und Vorbild im Speculum virginum: CistC 104/3 (1997) 359–369.

—, *Speculum virginum,* siehe Quellen: Anonymus.

SMALLEY, B., *The study of the Bible in the middle ages,* Oxford 2. Aufl. 1952.

SPEER, A., Stand und Methoden der Suger-Forschung: *Abt Suger von Saint Denis. De consecratione* (hrsg. von G. BINDING), Köln 1995, 11–19.

—, Lux mirabilis et continua: *Himmelslicht: europäische Glasmalerei im Jahrhundert des Kölner Dombaus (1248–1349)* (hrsg. von H. WESTERMANN-ANGERHAUSEN), Köln 1998, 89–94.

STEINEN, W. VON DEN, *Notker der Dichter und seine geistige Welt,* Bd. 1–2, Bern 1948.

STRITZKY, VON M.-B., Agatha: [3]LThK 1, 225.

—, Agnes: [3]LThK 1, 237 f.

—, Caecilia: [3]LThK 2, 873 f.

—, Lucia: [3]LThK 6, 1081 f.

STRUBE, M., *Die Illustrationen des Speculum virginum,* Bonn 1937.

THOMAS, A., Kundschafter mit der Traube: LCI 2, 700 f.

WATSON, A., A manuscript of the Speculum virginum in the Walters Art Gallery: The Journal of Walters Art Gallery 10 (1947) 61–74.

—, *The early iconography of the tree of Jesse,* Oxford 1934.

—, The Speculum virginum with special reference to the tree of Jesse: Spec. 3 (1928) 445–469.

WEINFURTER, S., Neuere Forschungen zu den Regularkanonikern im Deutschen Reich des 11. und 12. Jahrhunderts: HZ 224 (1977) 379–397.

WENGER, A., L'assomption de la T. s. Vierge: AOC 5 (1955) 245–256.

ZEHNDER, F.G., *Sankt Ursula. Legende, Verehrung, Bilderwelt.* Köln 1985.

REGISTER

BIBELSTELLEN

ALTES
TESTAMENT

Gen
1,2   675
1,8   677
1,9   681
1,11   681
1,20–23   486
1,26   253 601
    653 693 707
    761 859
1,31   139
2,10   167
2,10–14   74
2,24   473
2,25   573
3,15   395
3,18   851
4   179
4,1f   573
4,1–12   729
4,3–6   853
4,3–16   573
4,7   261
4,24   891
6,3   675
6,9   677
7,2   891
7,7 – 8,11   729
7,22f   179
8,21 Vg   813
9,21f   573
9,21–24   791

9,29   677
12,1   663 673 676
    677
12,4–6.10–16   689
12,11–20   575
14,14   891
15,6   677
16,1–6   689
16,2   145
19,1–10   791
19,26   575 791
19,30–36   791
19,30–38   575
20,1   689
21,27f   891
21,34   689
22,1–9   853
22,1–10   729
22,1–19   1009
22,17   681
24,15   97
25,7–11   549
25,21f   1008
25,22 Vg.   575
25,23   1008–1009
25,27–34   179 1008
26,1–11   691
26,1–22   729
26,7–10   575
26,23–33   691
27,1f   549
27,27   89
28,10   729
28,10 – 29,3   691

28,11–15   137
29,1   729
29,9   97
29,16   97
29,20–30   891
30,1   575
30,22   145
34   179
34,1f   575
34,1–31   830
35,16–19   575
37,1–36   691
37,18–28   731
37,32–36   575
38,13–18   575
38,27   575
39,1–21   731
41,1–7   891
46,1–7   691
49,11   95
49,29   549

Ex
1,8   577
2,5   97
2,16   97
3,2   369
3,8   1023
4,18–30   676
8,16 – 12   509
11,5–10   509
12,8   731
13   509
14,15   555

15,18   909 911
16,33f   369
23,12   893
24,16   891
28,17–20 1034
29,26f   263
32,29   989
37,23   891
38,8   73
40,30f   73

Lev
10,1f   577
10,3   985 987
11,44   987
19,23   519

Num
6,5   135
8,2   891
12,1–10 577
13,21–24 320
13,23   95
15,32–36 181
17,6 Vg. 369
20,12   731 985
21,22   797
22,23   115
23,1   891
23,22   913
25,6–9   577
33,1–49 893

Dtn
6,4   865
7,1   893
10,6   549
15,19   519
17,20   797
28,53–57 585
32,50   549
33,9   667

34,1–4 * 731

Jos
1,7   769
7,1–5   579

Ri
4,4–6.7–16   345
4,17–21 136
4,17–22 76
5   345
5,2 Vg. 777
5,2–31   345
5,8 Vg   777
6,36–40 371
16,4–29 131
16,4–30 579
16,21   134 181

1 Sam
2,30   769
3,8   137
4,17f   579
18,10–30 731
18,17   725

2 Sam
4,5f   136
11,2–17 581
12,15–23 731
13,1–22 801
24,1–17 521

1 Kön
2,1–3   555
6,38   893
8,27   983
8,46   469
9,24   520
10,1–13 343
11,1–8   581
13,22.24 917

14,26f   585
17,4   599
17,6   429
17,9–24 599
17,19   185
19,5   137
19,6   1003
21,13   581
21,26   581
22,6–37 917

2 Kön
1,8   120
2,11   120 687
2,12   412f
2,19–22 103
4,33   185
9,30–36 581
10,1–11 581
16,7–9   245
20,13–17 520
20,18   581
25,1–9   585
25,6f   581

Tob
2,10   731

Jdt
12 – 13,11   605
12,10 – 13,1   457
13,1–10 76 335
13,4–8   137

1 Makk
3 – 9   466
3,56   737
6,21   181

2 Makk
8–15   466
14,35   1005

Ijob

1,1   677
1,6   195
1,6 – 2,10   1009
1,7   181
1,12   181
2,8   731
2,8 f   575
5,5   857
5,17   813
5,19   891
7,1   719 1007
12,14   191
14,2   153 741
    1009
14,2 Vg.   915
14,4 Vg.   903
14,19   213
22,2 Vg.   931
26,13 Vg.   389
28,1 Vg.   897
28,28   895 935
    947
29,2   927
29,2–4   159
29,6   927
38,4–6   389
40,25   261
40,30   271
41,21 Vg.   459 855
41,25 Vg.   347
42,11   261

Ps

1,2   159
7,15   567
8,7 Vg.   851
9,7 Vg.   859
11,9 Vg.   181
12,4 f Vg.   139
12,9   181
13,4 f   139

15,6 Vg.   133
16,6   133
16,11 Vg. 995
17,12 Vg.   381
17,16 Vg.   367
17,26 Vg.   985
17,26 f Vg.   123 669
17,45 Vg.   261
18,6 Vg.   369 385
18,10 Vg.   895
18,11 Vg.   187
18,12   381
18,16   367
18,26   985
18,26 f   123 669
18,45   261
19,5 f   369
19,6   385
19,10   895
19,11   187
22,3 Vg.   293
23,3   293
23,8 Vg.   913
24,8   913
24,15 Vg.   995
25,15   995
26,4 Vg.   571 907
26,6 Vg.   181 865
26,10 Vg.   667
27,4   571 865 907
27,6   181
27,10   667
28   30
28,3 Vg.   963
28,4 Vg.   969 971
28,5   969
28,7 Vg.   967
28,8 Vg.   965
28,9 Vg.   963
29,3   963
29,4   969 971
29,5   969

29,7   967
29,8   965
30,21 Vg.G   179
30,23 Vg.   143
31,21   179
31,23   143
32,6   389
33,2 Vg.   607
33,4 Vg.   121
33,6   389
34,2   607
34,4   121
34,9 Vg.   229
34,10 Vg.   229
35,9   229
35,9 Vg.   869
35,10   229
35,10 Vg.   171
    349 1015
36,9   869
36,10   171 349
    1015
36,18 Vg.   229
36,25 Vg.   155 159
37,3 Vg.   947
37,18   229
37,25   155 159
38,3   947
38,13 Vg.   687
39,5 Vg.   497
39,5 Vg.G   849
39,13   687
40,5   497 849
44,3 Vg.   229 787
44,4 Vg.   471
44,10 Vg.   629 993
44,11 Vg.   26 62
    64 99 213 309
    317 325 547
    660–663
44,11 f Vg.   215 217
44,12 Vg.   217 665

44,14 Vg.G 355
44,15 Vg. 279
45,3 229 787
45,4 471
45,10 629 993
45,11 26 62 64
　99 213 309
　317 325 547
　660–663
45,11f 215 217
45,12 217 665
45,15 279
48,8 Vg.G 207
48,11 Vg. 493
48,13 Vg. 245 557
49,11 493
49,13 245 557
49,32 Vg. 127
50,21 Vg. 127
50,32 127
51,21 127
52,6 Vg. 519
53,6 519
54,5 Vg. 523
54,7 Vg. 687
54,16 Vg. 1001
54,21 Vg.G 739
55,5 523
55,7 687
55,16 1001
58,10 Vg. 267
58,10f Vg. 861
59,10 267
59,10f 861
65,13f Vg. 849
66,13f 849
67,7 Vg.G 267
67,26 Vg. 129
68,26 129
68,32 Vg. 125
69,32 125
76,11 Vg. 201 855

77,11 201 855
77,25 Vg. 851
77,36 Vg. 125
78,25 851
78,36 125
79,4 Vg. 845
79,9 Vg. 99 101
79,14 Vg. 707
80,4 845
80,9 99 101
80,14 707
83,2f Vg. 773
83,3 Vg. 481
83,11 Vg. 313
84,2f 773
84,3 481
84,12 Vg. 205
85,5 Vg. 935
85,12 205
86,5 935
88,11 Vg. 913
89,11 913
90,13 Vg. 913
91,14 Vg. 101
91,13 913
91,13 Vg. 433
92,4 Vg.G 723
92,13 433
92,14 Vg. 101
93,4 723
95,1 Vg. 625
96,1 625
102,1 Vg. 35 841
102,14 Vg. 1011
103,1 841
103,14 1011
103,15 Vg. 95
　869 967 997
104,15 95 869
　967 997
104,30 Vg. 463
105,30 463

106,35 Vg. 171
107,35 171
108,8 Vg. 463
109,7 Vg. 601
109,8 463
110,2 Vg. 141
110,7 601
110,10 Vg. 899
　943 957
111,2 141
111,10 899 943
　957
117,14 Vg. 267
118,14 267
118,61 Vg. 133
118,105 Vg. 349
　383
118,120 Vg. 947
118,164 Vg. 893
119,5 Vg. 687
119,61 133
119,105 349 383
119,120 947
119,164 893
120,4 Vg. 137 559
120,5 687
121,4 137 559
126,2 Vg. 733
126,2 Vg.G 851
127,2 733 851
134,15f Vg. 557
134,18 Vg. 557
135,15f 557
135,18 557
137,2 Vg. 985
138,2 985
138,6 Vg. 921
138,8 Vg. 843
138,9 Vg. 687
138,16 Vg. 941
139,6 921
139,8 843

139,9   687
139,10 Vg.   915
139,16   941
140,10   915
142,2 Vg.   471
143,2   469
144,9 Vg.   935
145,9   935
146,5 Vg.   121
147,5   121
148,4 Vg.   841

Spr
1,8f   255
1,32   493
4,23   263
6,30 Vg.   467
6,32 Vg.   467
8,12   905
8,14   905
8,22   31 381 387
8,22–24   375
8,24–29 Vg.   391
8,32f   391
8,34f   391
9,1   881 973
11,2   243
15,14f   917
18,12   237 243
19,11 Vg.   765
20,1 Vg.   427
21,17   425
23,20 Vg.   427
23,31f   427
31,21 Vg.   267 269
31,23 Vg   769
31,24 Vg.   267 271

Koh
1,7   927
1,18   969
2,4 Vg.   99

2,14 Vg.   995
3,1.8   725
3,4   731
5,4   777
7,1 Vg.   111
7,2   554
9,1   553
11,2   893
12,11   949
12,13   837

Hld
1,2   373
1,2 Vg.   154
1,3   839
1,3 Vg.   217 321
1,3f   87 187
1,4   187 265
    525 527 533
1,7   189 845 879
1,8   189 701 719
1,11   255
1,12   111
1,13   263 373
1,16   373
2,1   61 75 81
    85 163 165 431
2,1 Vg.   223
2,3   323 375
2,4   525 527
2,5   937
2,5 Vg.   189
2,6   143
2,11f   871
2,12   619
2,13   111
2,14   189 845
2,16   375 525
2,16f   473 479
3,4   375
3,6   339
3,6 Vg.   351

3,11   191
4,3   261
4,7   525
4,8 Vg.   871
4,11   525
4,12   81 189
5,1   535 871
5,1 Vg.   189 323
5,2   137 367
    511 629
5,5   111
5,6 Vg.   217
5,9–16   28 1051
5,12   169
6,9   491 865
6,10   253 339
6,11   83
7,2   253
8,1 Vg.   845
8,6   263 361 713
8,10 Vg.   375

Weish
1,3–5   477
2,24f   809
3,6   655
6,14f   355
7,22   959
7,22f   65 175
    931 961
7,24f Vg.   895
7,25 Vg.   897
7,27   383
8,1   383 895
8,21   497
10,21   927
11,20   377
12,1   937
16,20   369 869
16,20 Vg.   533
    759 997 1003
17,11f   945

Sir

1, 11.20.22 947
1, 28 Vg. 949
2, 1 Vg. 719
3, 22 Vg. 367
6, 6 865 907
7, 24 471
7, 36 554
8, 5 837
11, 27 Vg. 743
13, 1 671 787
15, 3 997
15, 3 Vg. 759
15, 9 Vg. 117
17, 29 837
18, 1 843
19, 2 Vg. 425
23, 27 947
24, 13 f 397
24, 18 Vg. 101
24, 22 Vg. 113
25, 22–24 Vg. 755
25, 26 Vg. 755
25, 28 Vg. 471
25, 29 Vg. 755
26, 3 Vg. 755
26, 18–21 Vg 735
26, 23 f Vg 753
27, 10 Vg. 475
34, 9 Vg. 705
39, 17 Vg. 91 97
39, 17–19 Vg. 89
39, 17–21 30 61
39, 18 Vg. 105
39, 19 Vg. 105
    109 113 115 117
39, 20 Vg. 121
    123 129 139
42, 14 751
42, 14 Vg. 749
44, 17 677
49, 7 209

Jes

3, 16 237
3, 16 f 241
3, 16–23 30
3, 16–24 62
3, 18 247
3, 18–23 241
3, 24 241
4, 1 893
5, 5 469
5, 18 133
7, 14 371
8, 14 733
9, 6 Vg. 903
11, 1 f 931
11, 1–3 957
11, 2 173 175
    209 323 353
    895 915 921
    957
11, 2 f 65
12, 3 167
14, 29 567
22, 22 191 531
    533
24, 10 187
25, 1 904
26, 18 Vg. 733
    947
26, 20 f 185 187
27, 1 185
28, 19 855
30, 15 173
31, 19 857
35, 1 f 147
38, 1 549
38, 18 567
40, 12 f 913
40, 13 905
41, 18 167
42, 13 913
42, 14 543 933

44, 7 913
44, 22 553
47, 1 247
48, 13 913
54, 1 149
54, 7 859
55, 1 171
56, 4 f 81 409
60, 8 687
61, 9 145 149
61, 10 165 259
    269 363 491
62, 4 143 145
62, 5 149
62, 5 Vg. 155
64, 6 Vg. 469
65, 5 837
65, 13–16 545
65, 17 389
65, 17–19 545
66, 1 983
66, 2 173 209
    323 353 837
66, 10–14 547
66, 23 f 547

Jer

1, 5 209
1, 15 855
2, 32 Vg. 263
8, 4 837
11, 16 519
17, 13 855
18, 17 545
25, 11 893
29, 10 893
31, 19 469 471
31, 22 373
31, 23 Vg. 93
    219 371
31, 26 137 669
31, 30 309

50,23   859
51,7   720
51,45   191

Klgl
1,4 Vg.   247 277
1,6   183 277
1,15   277
1,18 Vg.   277
2,1 f   277
2,5 Vg.   277
2,10   277
2,13   277
5,16   135

Bar
5,2 Vg.   259

Ez
8,1–3   687
16,8–13   275
16,10   273
16,39   273
22,30   469
28,13   1034
31,16   567
33,11   553
34,2–4   469
36,8   113
36,9   553
44,1–3   393
44,2 f   373
44,20   135
46,9   191

Dan
2,45   373
3,1–97   82
3,14–23   795
4,30   245
7,13 Vg.   155
13   131 457 481

13,1–64   203 457
    583
13,22 f   481
13,59   461
14,33–39

Hos
2,8   855
2,9   855
13,14 f Vg.   523
14,3   125
14,3 Vg.   849

Joël
2,22   87

Am
1,13   569
7,14   927

Hab
2,5 Vg.   425

Hag
1,6   555

Sach
9,17 Vg.   93

Mal
1,6   981
3,20   349 367
    529 695 697
    857 943 1025
    1033

NEUES
TESTAMENT

Mt
1,2–17   893

2,1–12   393
2,9–11   373
3,1–3   411
3,3   411
3,4   411 421 429
3,17   963
4,1 f   185
4,4   159 997
5,3   291 971
5,4.6   967
5,5   969
5,7   965
5,8   853 963
5,9   963
5,16   495
5,31   801
6,1   517
6,2   495
6,3   517
6,5 f   517
6,6   177
6,9   963 979 985
6,9–13   65
6,10   963 965 995
6,12   967
6,13   969 971
    1007 1011
6,17 f   517
7,2   1003
7,14   715
7,15   329
7,26   819
7,29   929
9,9   903 929
9,18–25   185
9,30   519
10,22   219
10,27   266
10,34   725
10,37   667
10,37 f   719
11,11   121

11,12   725 1005
11,14   411 707
11,29   173 209
   349 361
12,45   835 861
12,50   231 623
   787
13,1–9   174
13,8   64 639
13,9   215
14,17   486
14,19   486
14,27–31   753
15,11   429
15,21   191
16,18   327
17,9   519
18,20   321
19,6   161
19,10   595
19,11   93 147
   223 401 595
   695
19,12   695
19,24   257
19,29   667
20,12   551
20,16   539
20,20–22   705
21,13   801
21,43   989
22,14   539
22,33   929
23,5–7   507
23,7   185
23,14   979
23,23–27   507
23,37   933
24,12   159
24,19   565
24,29   459
25,1   487 489

25,1–13   30 63
   110 483
25,3f   493
25,5   503 507
25,6   509
25,7   511
25,8   513 515
25,9   515 517
   519 521
25,10   521
25,10f   537
25,11   539 543
25,12   543 545
   549
25,13   549 553
26,24   461
26,37   949
28,10   207
28,18   895
28,20   321

Mk
4,1–9   174
4,26   599
4,26–28   357
4,30–32   357
6,17–27   587
6,17–29   421
7,32f   185
11,25   1005
11,26   969
12,18–25   95
12,40.42–44   605
14,27   949
14,66–72   553

Lk
1,6   677
1,15   411 425
1,28   89
1,35   85
1,39   185

1,39–45   827
1,39–56   373 835
1,42   209 375
1,46   121
1,56   418
2,7   373
2,8–20   393
2,19   373 829
2,24   87
2,25   810
2,36–38   605
2,37   605
3,7   421
3,16f   421
3,23–38   893
4,14   191
5,29–32   601
7,28   419
7,36–50   553
7,37–39   601
8,4–8   174
9,60   1001
10,30   603 851
10,39   829
10,42   525 571
   823 863 865
   909
11,3   967
11,21f   913
11,42f   507
12,27   109 357
12,35   107
12,35f   625
13,32   707
14,11   291
14,23   779
15,22   257
17,15   865
17,21   807 989
18,14   173 237
18,29   71
19,5–8   903

20,35 f   225
21,19   649 713
21,27   511
21,29 f   357
21,35   509
22,28–30   445
23,18–23   949
23,29   577
24,16   844
24,19   929
24,32   844

Joh
1,1   411
1,3   921
1,5   843
1,9   349 531
1,13   769 869
1,14   921 955
1,16   231
1,19–27   419
1,32 f   419
2,9   95
2,10   535
3,3   1015
3,6   769
3,13   161
3,29   411
4,14   533
4,34   431
5,4   865
5,19   923
5,44   519
6,15   519
6,27   997
6,35   997
6,51   997
6,56   999
6,62   161
7,37   171
7,38   171
8,29   947

8,44   665
10,1   483
10,9   393
10,11   483 939
10,12   483
10,18   945
12,31   665
13,23   97 411
    441 443 625
13,30   183
14,6   273 367 871
15,3   903
15,5   817 941
15,18   993
15,25   937
16,15   955 959
16,21   731
16,33 Vg.   453
17,11   163 909 981
17,20 f   981
17,26   981
18,1   191
18,2–5   949
18,15–27   753
18,36   417
19,25   375
19,26   413
20,21   731
21,20   411

Apg
1,9   375
1,13   266
4,32   267
7,30   731
7,36   731
8,32   821
9,15   471 793
10,9–21   266
15,9   903
17,28   943 1011
22,3 f   860

Röm
1,17   255 291
1,20   115 259
    759 863
1,20 Vg.   383
2,15 f   495 781
2,24   123 183 247
3,23   207
3,24   991
4,11   257
5,5   291
5,12   669
6,12   991
6,12 f   697
5,20   861
7,7   803 833
7,14   833
7,18   769 951
7,19   775
7,23   423 793
    951 1007
7,24   153
7,25   153
8,3   415
8,6   699
8,8   643 699
8,8 f   827
8,9   683
8,9 f   699
8,10   999
8,12 f   699
8,13   227
8,14   699 769
8,15   947
8,17   349 417 651
8,18   701 725
8,23   157 963
8,24–26   725
8,25   291
8,30   529
8,35   729
8,36   257

8,38   729 783
8,38f   161
9,3   939
9,16   311 699
10,4   93 911
10,10   123
11,33   547 923
11,34   905
12,1   735
12,2   863
12,3   977
12,3 Vg.   561
12,10   829
12,17   203
12,21   971
13,10   881 931
14,2   107
14,17   659
15,1f   835
15,4   141

1 Kor
1,24   369 885
   895 923 973
1,26–29   767
2,6   929
2,12   767
2,13   225 931
2,14   309 767
3,6   99
3,8   641 705 831
3,11   309 885
3,12f   885
3,16f   229
3,17   463 819
   973
3,18f   225
3,21–23   71
4,7   91 415 497
   823 941
4,13   349 729
4,15   461

5,3–5   901
5,5   197
6,13   659
6,17   119 129
   381 463 973
6,18   227
6,18f   463
7,1   565
7,5   643
7,7f   571
7,14   343
7,23   517
7,26   565 571 595
7,29   595 643
7,31   643
7,34   31 99 127
   203 235 251
   351   713 781
   827 885
7,40   619
8,1f   281
8,4   287
10,8   823
10,11   157
10,12   713
10,13   821
10,17   151
10,31–33   837
12,4–6   925
12,7–13   925
12,8   921
13,10   445 875
   1017 1031
13,11   761
13,12   75 259
   347   445 525
   535 875
14,16f   1015
14,40   837
15,22   387
15,28   537 629
   773

15,33   787
15,34   511
15,53f   151 875
15,54   151 153
   525
15,54f   151
15,55   857

2 Kor
1,7   859
1,8   729
2,6–8   837
2,15   111 265
3,3   963
3,6   749
3,17   149 767
3,18   259
4,7   423 495
4,16   151
4,16–18   725
5,3   243
5,6–8   673
5,7   991
5,15f   71
5,17   685
6,4–10   701
6,6   937
6,10   787
6,14   667 801
6,14f   313 1007
6,17f   667
7,1   205
7,4   71
9,6   145
10,17   501
11,2   149 155 165
   213 215 235
   501 801
11,2f   745
11,13f   481
11,29   939
13,3   999

Gal
1,10 – 2,10   553
2,20   471 737 999
3,27   359
4,19   205 231
4,26   1017
5,6   93 291 987
5,13   517
5,15   317
5,16   227 769
5,17   645 649
     771 1007
5,19–23   285
5,21   287
5,22   91
5,26   519
6,3 f   501
6,8   145 227
6,14   827

Eph
1,4   229
1,18 f   557
2,3   349
2,8 f   359
2,10   863 943
3,17   361 439
     903 999
4,6   865 983
4,7   925
4,11   925
4,13   761
4,22   609 683
4,23 f   253 259
4,24   389 683
4,26   1005
4,31f   755
5,8 f   509
5,9   93
5,11   819
5,13   819
5,14   513

5,18   425
5,23   987
5,25   609
5,27   83
5,31 f   163 381
5,32   473
6,12   237 549

Phil
1,23   703 1013
2,2–4   813
2,6 f   953
2,12   951
2,13   241
2,21   993
3,13   829
4,8 f   699
4,11–13   661

Kol
1,10   819
1,18   959
1,24   649 729
     939 947 987
2,3   375 787
     895 919 923
2,9   89 371 895
     957
2,14   475 651 863
2,14f   733
3,3   441 697 737
     1001
3,16 f   837

1 Thess
3,3   725
4,3–5   455
4,4 f   129 609
4,11 f   789
4,16   511
5,3 f   509
5,12 f Vg.   477

5,15   971
5,16 f   607
5,23   901

1 Tim
1,5   125 837
1,9   657
4,8   935
4,12   815
5,3   597
5,3–5   607
5,5   597
5,5 f   831 1001
5,6   609
5,8   609
5,9   607 619
5,10   597
5,12   609 835
5,14 Vg.   469
5,15   609
6,6   931
6,16   349 435

2 Tim
2,5   257
2,11 f   651
4,6   549

Tit
1,15   425
2,12   931

Hebr
1,14   819
4,12 f   899
4,14   263
5,12   123 225 999
6,4–6   805
8,13   155 389 479
9,11   217
11,6   255 291
12,12 f   265

12,14	803			
12,20	705			
12,29	855			
13,4	645			

Jak

1,8	709
1,23	259
2,14–26	269
3,17	881
4,3	967
4,6	621
4,8	845
4,14	777
5,10	731

1 Petr

1,24	165	
2,8	733	
2,21	719	
2,22	947	
2,24	863	951
4,8	363	
5,5	241	
5,7	919	

2 Petr

2,22	801

1 Joh

1,5f	443		
1,7	443		
2,10f	441		
2,15f	437	967	
2,17	437		
2,19	183		
3,2	445	871	
4,8	441	443	1005
4,9	437		
4,11f	437		
4,16	435	909	
4,16b	173	363	
4,18	945		
4,20	933		
5,4	439		
5,19	663		

Offb

1,4	893		
1,7	511		
1,17	531		
2,7	971		
2,17	963	967	1049
2,28	963		
3,4	117		
3,5	965		
3,7	531	533	
3,11	735		
3,12	969		
3,15f	749		
3,21	969		
4,4	159		
6,11	1018		
6,12	459		
8,3	813		
14,3f	117	399	
14,4	44 79 81		
	117 127 223		
	401 409 625		
	627 629 695		
19,9	537		
19,10	119		
19,16	215		
20,12	497		
21,2	993		
21,5	389		
22,13	435	911	

PERSONEN

BIBLISCHE
NAMEN

Aaron 73 369 549 577
    676–677 683
Abel 157 693 729
Abihu 577 985
Abimelech 891

Abraham 84 549 575 673
    676–685 689 693 695
    729 853 890–891 1009
Achan 579
Adam 76 145 160 167
    201 217 283 320 327
    359 387 503 645 665
    675 693 765 879 983

Ahab   581 915
Ahas   245
Amnon   801
Apollos   99

Baana   136
Barak   345
Batseba   581

Daniel   82–83 373
David   121 125 133 207 521
    531 533 553 571 581 607
    683–689 693 695 731 799
    865 907 921 927 947 985
    993
Debora   345 777
Delila   134 139
Dina   179 830–831

Eli   579
Elija   120–121 137 185 205
    411 429 601 605 687 707
    1003
Elisabet   373 418 676–677
    835
Elischa   103 185 205
Esau   179 1008
Eva   167 217 343 396 399
    407 645
Ezechiel   273 371 687 850

Habakuk   687
Hanna   605 831
Herodes   587 707
Herodias   587
Hiskija   520–521 549 581 678
Holofernes   76 136–137 334–335
Hosea   125

Ijob   153 159 191 261 271
    389 459 575 731 891 931
    935 947 1007 1009

Isaak   84 549 575 691 729
    1009
Isch-Boschet   136–137
Isebel   581

Jaël   62 76–77 136 335
Jakob   84 137 179 549
    575 691 729 731 830
    891 967 1008
Jeremia   135 183 209 247
    259 277 373 519 850
Jesaja   184–185 239 371
    409 469 520 957
Johannes der Evangelist   30
    63 76–77 118 415 434
    437–445 893 911 961
Johannes der Täufer   63
    76–77 120–121 209 389
    408–409 412–415 419
    429–434 473 707 967
    993
Joschafat   917
Joschija   687
Josef   575 577 729
Judas   183 193 195 277
    279 343 459 949
Judas Makkabäus   466
Judit   62 76–77 136 335
    457 605

Kain   179 853 891

Laban   891
Lamech   891
Lea   97 575 830
Levi   989
Lot   791
Lukas   893

Maleachi   981
Maria   23 28 31 42 55
    62–63 77 87 89 149 183

205 207 219 351 365
370–399 405 407 415 418
434 445 471 473 623 625
829 831 907 959 1051
Maria von Magdala 553 601
Marta 571
Matthäus 893 903
Melchisedek 678–679
Micha 915
Mirjam 577
Mose 73 320 549 555 577 583
676–677 681 683 687 693
731 891 985–989

Nabot 581
Nadab 577 985
Nahum 251
Nebukadnezzar 136–137 245
326 584–585
Noach 157 179 373 572–573
675–679 693 695 729 791
891

Paulus 41 42 71 91 99
111 115 157 193 205 213
227 229 241 253 285 389
445 461 495 501 511 549
557 571 607 619 643 713
723 729 736–737 745 755
761 793 815 823 901 919
929 931 935 951 967 1001
1011
Petrus 553 743 753

Rahel 97 145 575
Rebekka 97 575 1008–1009
Rechab 136
Rehabeam 585

Sacharja 93
Salomo 109 191 255
326–327 343 357 383

520–521 553 581 585
799 893 907 995
Samuel 137
Sara 145
Saulus 136 553 860
Schischak 584–585
Sem 678–679
Simeon 810
Simson 131–135 139 579
799
Sirach 865
Sisera 76 136–137 335
Susanna 130–131 457 481
583

Thekla 736–737
Timotheus 597
Tobit 731

Zacharias 676–677
Zidkija 581 585
Zion 30 62 77 183 237
241–245 251 277 281
349 397 459 857

ANTIKE UND MITTELALTER

Adamnanus 428
Aeneas 610
Äsop 554
Agatha 446–451
Agnellus von Ravenna 588
Agnes 446/447 480
Alboin 588
Aldhelm von Malmesbury
45 446 480
Alexander 630
Almachius 449
Ambrosius 41–42 74 446
Annia 616/617

Annius 616
Antiochos 466 584–585
Antonius 589
Aquila 184
Arachne 497–498
Arcadius 344
Argon 612
Aristodimus 412
Aristokleides 630
Arnobius 114
Artemis 630
Arthemisia 612/613
Attalus 592/593
Attila 592
Augustinus 7 25 40–42 74 76
   206–207 242 382 428/429 622
   672 694
Augustus 589 1038

Barbara 446
Beda Venerabilis 76 428 560
   694
Bernhard von Clairvaux 15
   24–25
Bernhard, Neffe Karls des Gro-
   ßen 778
Bernward von Hildesheim 396
Boethius 706

Cäcilia 447–449
Caporronia 632/633
Cäsar 616
Cäsarius von Arles 320
Cäsarius von Heisterbach 404
Cato 616/617
Cicero 616
Conrad von Hirsau 17–20 25

Darius 614/615
Decius 450
Diana 631 633
Dido 610/611

Diodor 630/631
Diokletian 446
Dionysius Areopagita 16
Ps.-Dionysius Areopagita 47
Duellius 614/615

Egeria 342
Einhard 778
Emilia 632/633
Epikur 609
Eudoxia Aelia 344/345
Eusebius von Cäsaria 636
Evildrudis = Etheldreda
   560/561

Flavius Josephus 585
Frutolf von Michelsberg
   562/563

Gero von Köln 451
Gert Groote 12
Geta 14–15
Gregor der Große 8 74
   1019
Guerricus 25
Guibert von Nogent 45

Hasdrubal 610–611
Helena 62 342–343
Helvius 633
Herakles 339
Hermantia 563
Herodot 554 614
Hieronymus 41–43 74 98
   184 266 320 414 568
   572 592 596 610–616
   630–632 639 678–679 904
Hildegard von Bingen 7 9
   17 29 32–33 39 47
Hildiko 592–593
Hildilitha, Äbtissin 45
Honorius 562

Horaz 45 568 976
Hugo von Folieto 24–25 44
Hugo von Rouen 572
Hugo von St. Victor 25

Iarbas 610–611
Isidor von Sevilla 76 404

Jan van Ruusbroecs 12
Juno 633
Johannes Parsimonius 19
Johannes Scotus Eriugena 47
384
Johannes Trithemius 18–19 25
58

Kallis 652
Karl der Große 588 778–779
Karl der Kahle 47
Katharina 446
Kleopatra 589
Königin von Saba 343
Konstantin 62 342–343
Kronos 584
Kyrus 337

Lampheto 339
Leuktros 631
Livius 615 632
Lucia 446–449
Lucius 632–633
Lysander 611–612

Macrobius 958
Marcia 616–617
Margarete 446
Marpesia 339
Maussolos 612–613
Maximian 637
Midian 97
Milo 616
Minerva 633

Minutia 632–633

Nemesius von Emesa 652
Niceratos 611/612
Ninos 335

Odysseus 584
Orontes 614
Orosius 336 339 588 592
630–633
Ovid 15 498

Paschasius Radbertus
42–45 376 412
Paulus Diaconus 588 592
Perpetua 258 716
Phaedrus 74
Phalaris 748
Pippin 778
Plautus 918
Plinius der Ältere 612 784
Plutarch 612–616
Polybios 611–612
Polyphem 584
Pompeius 584
Prudentius 33–34 428
Pygmalion 610

Rodogune 614–615
Rosamunde 588

Scedasus 631
Sedulius 15
Semiramis 335
Sextilia 632–633
Sinope 339
Stilicho 563
Straton 614–615
Stymphalis 630
Suger von St. Denis 16
Sychäus 610–611
Symmachus 184

Tenxwindis, Äbtissin von Andernach   19
Terenz   14–15 326
Teuta   612–613
Thamiris   337
Theodotion   184
Thomas von Kempen   12
Titus   44 584–585 707

Ursula   450–451

Valentinian III.   592–593
Valerian   448
Vergil   566 610
Vespasian   44 584–585 707
Vesta   633
Veturius   632–633
Vitalis von Blois   15

Wilhelm, Abt   17
Willibrord   560

MODERNE

Adriaen, M.   8
Anderson, W.S.   498
Angenendt, A.   47 70 80

Bauer, J.B.   494
Bauernfeind, O.   585
Bautz, M.   14
Beck, H.-G.   344
Becker, G.   19
Beierwaltes, W.   47
Bentler, J.   434
Berkenbusch, I.   10 12–13
Bernhards, M.   10 42 695
Bertomeu, B.   48
Bethmann, L.   588
Bieler, L.   428
Bloomfield, M.   14

Bosl, K.   21 24 69
Börsch-Supan, E.   80
Brandenburg, H.   783
Brandt, M.   396
Braun, J.   20
Brincken, A.-D. von den   166
Brown, P.   94
Brunhölzl, F.   7 43 466
Büttner-Wobst, T.   611–612 615
Bultot, R.   10
Burnam, J.M.   428

Carlevaris, A.   32–33
Clerq, C. de   25
Cohen-Mushlin, A.   10 14 50
Congar, Y.   156
Coxe, H.O.   18
Cremonesi   592
Curtius, E.R.   7

Dereine, C.   21
Dölger, F.J.   366 717
Dreves, G.   9
Droysen, H.   592

Ehwald, R.   45
Elm, K.   24
Ennen, E.   24

Felber, A.   494
Fischer, C.T.   630
Fraipont, J.   428
Frank, K.S.   94 176
Frisk, H.   336
Fritsch, V.   522

Geerlings, W.   77 452
Gnilka, C.   672
Goggin, C.G.   10
Goy, R.   25

Graf, F.   584 1039
Greenhill, E.S.   10 38 41
Grégoire, R.   42
Greisenegger, W.   250
Grundmann, H.   24

Haekel, J.   584
Hall, E.   714
Hausrath, A.   554
Heid, S.   342
Heinzer, F.   17 19
Helssig, R.   14
Herde, R.   154
Hermann, A.   266 103 1036
Hilka, A.   404
Hohl, H.   178
Holder-Egger, O.   778
Holum, K.   344
Hude, C.   554 614
Huygens, R.B.C.   10

Ian, L.   612 784

Jászai, G.   342
Jungmann, J.A.   446
Jussen, B.   174

Kauer, R.   15 326
Kehl, A.   364
Kenney, E.J.   15
Klauser, T.   80 466
Klein, R.   342
Körkel-Hinkfolk, R.   482
Kötting, B.   70 77 100 452
Kraft, H.   15
Krauss, C.   80
Küsters, U.   12 176
Kunst, H.-J.   396

Leclercq, J.   15
Lehmann, W.   482
Liebeschütz, H.   33

Lindsay, W.M.   15 326 404
   918
Lippold, A.   336 339 588
   592 632–633
Löffler, A.   20
Lohse, E.   1018
Lubac, H. de   266
Luz, U.   601

Manitius, M.   17
Mayhoff, C.   612 784
Meier, C.   9 29 32 39 47
   232
Mews, C.   17 47
Meyer, H.   74 174 486 886
Michel, O.   585
Mohlberg, L.C.   538
Moos, P. von   28
Müller, A.   104 370
Mynors, R.A.B.   566 610

Niehoff, F.   17
Nimmervoll, D.   21
Nocke, F.J.   377
Nordenfalk, C.   17
Nußbaum, O.   522

Ohly, F.   47
Ortiz de Urbina, L.   890
Os, H.W. van   342
Otto, A.   918

Palmer, N.   18 23
Panovsky, E.   16
Parisse, M.   24
Parsimonius, J.   19
Patzek, B.   748
Pfister-Burkhalter, M.   106
Pieper, J.   290
Poeschke, J.   74 80
Pöschl, V.   74 178
Powell, M.   48

Rahner, H.   178 596
Rauh, H.J.   158
Rehm, U.   30 32
Reudenbach, B.   166
Riedlinger, H.   154
Ripberger, A.   43 376
Rochais, H.   15
Röwekamp, G.   342 736
Rose, V.   9
Rossbach, O.   615 632

Sbordone, F.   782
Scheps, N.   15
Schmidt, M.   7
Schmidt, R.   452
Schmidt, W.   15
Schreiner, K.   18
Schumacher-Wolfgarten, R.   96
Schweizer, H.   284
Seeliger, H.R.   717
Seibel, W.   648
Seyfarth, J.   8–10 12 14 18–19
   21 23–24 26 31–32 35 37–38
   40 42–43 45 48 59 68 74 77
   160 294 308

Shackleton Bailey, D.R.   45
   568 976
Speer, A.   16
Spitzbart, G.   560
Skutsch, O.   15 326
Stritzky, M.-B. von   448–450
Strube, M.   9
Suntrup, R.   74 174 486 886

Thomas, A.   321
Tischendorf, K. von   374

Uhr, H.   714

Vogel, F.   631

Waitz, G.   588
Watson, A.   9 19
Wenger, A.   374
Willis, J.   958

Zehnder, F.G.   451
Ziegler, K.   612–616
Zycha, J.   42

LATEINISCHE STICHWÖRTER

(in Auswahl)

absinthium   588 816 870
abyssus   166 172 198 386 388
   544 674 680
aetates   76 164 452 672–686
   690–694 774–778 888 898
allegoria   124 566
aloe   264 1020
amor   68–74 96 100 104 118
   128 130 148 160–164 182
   186–190 196 204 206

210–220 226 242–246
250 256 260–264 272
274 286 288 302 304
330 340 342 346–352
356 390 392 398–402
406–410 428–438 442
444 456 458 462 470
476–480 496 524 528
534 536 542 546–550
558 570 580 586 592

598 610–612 616–618 622
628 636 642–644 654–658
662–666 670 672 680 690
710 712 718 736 738 756
768 782 786 800 806 808
812 814 818 822 826 838
844 846 854 856 862–866
868 874 880 922 926 936
938 968 980 982 1004 1008
1024 1050
angelus 94 118 120 136 160
162 182 196 226 232 280
318 350 352 364 370 394
396 402 406 416 446 452
458 464 468 478 506 508
516 526 530 536 540 568
628 652 658 674 716 782
800 802 832 840 850 866
868 874 904 910 992
anima 23–24 72 82 90–96
100 116 120 122 130 150
160 178 184 186 190–194
218 224 228 232 242 250
252 260 266 268 272 274
286 302 304 318 322–328
348 354 360 362 370 376
380 404 406 420 424 436
440 450 454 456 460–464
468 472–476 485 496 500
506 508 516 520 528 532
544 554 556 564–570
636 648–654 660 670 692
698 702–708 712 716–720
744–752 756 760–764
768–772 776 778 798 800
804–810 816 820 824
840–844 870 886 888
898–902 922 928 934 938
942 944 948 954 958 962
966 984 994–1000 1012
1046
aper 706

apis 106 556 770
aquila 448 1038
araneus 436 494
asinus/asina 112
aspis 588 912

baptismus 408 416 418
464 485 536 666 684
696 962
basiliscus 912
beatitudo 150 162 168
170 220 360 398 442
526 596 608 856 864
868 960 972 1014
benedictio 88 102 148
178 208 222 340 360
363–364 372 394 416
514 520 598 600 1014
bos 514 890
botrus 94 238 320

canis 786
canticum 252 254 258
344 396–400 624 628
716 836 1046 1048
capra 150
caritas 15 70 82 90 158
162 172 194 228 264
266 280 284 290 300
302 316 322 324 328
332 360 362 432–440
448 452 456 474 490
498 500 520 522 672
700 712 728 736 738
744 758 812 831 872
874 880 902 908 930
932 938 944 964 968
970 972 980 982 1004
caro/carnalis 70 72 76
116 126 128 132 142
156 160 162 178 182
196 204 206 210 256

262 264 268 280 282 328
378 396 398 404–408 412
420 424 426 434 438 444
448 450 456 460 466 468
472 478 498 508 550 554
558 564–572 580–586 600
606 616 622–626 640–646
648 650 654 656 668–678
682 684 688 690 692 696
698 702 722 724 730 736
764–770 776 780 782 792
794 798 800 810 826 830
832 844 864 868 870 900
912 946 954 956 964 966
996 998 1006 1012 1020
1026 1038
carpobalsamum   1022
castimonia   82 88 100 128 146
176 194 226 264 394 426
454 470 476 694 772 800
1050
cedrus   104 394 430 968
cervus   963
cinamomum   264
ciprus   264
claustrum   53 74 736 778 912
clericus   74 194–200
coluber   184 334 390 392 424
566 602 668 754 854 912
1030
columba   68 86 168 188 214
364 486 628 686 862 866
1048 1050
communio   324 658 668 868
990
confessio   122 138 142
184–186 302 324 340 464
810
conscientia   23 72 74 96
124 146 150 186 200–202
244 254 286 306 398–492
498 508 510 518 710 720

728 740 760 762 780
812 824 836 870 872
880 984
culex   502

defectus   118 150 160 162
250 270 312 398 448
480 488 492 746 764
790 798 806
deliciae   154 162 166 174
188 202 294 312 320
322 416 442 456 472
512 534 536 540 544
550 560 562 592 608
648 730 736 760 794
824 826 830 858 860
866 870 1000 1020
discretio   76 126 144 304
326 330 556 796 798
898 918 924 960

ecclesia/ecclesiasticus   16
68 74 80–88 94 96
106 128 148 154–158
162 166 170 196 200
204 206 214 228 232
234 246 256 258
266–272 342 344
366–370 376 378 386
390–394 404 432 440
456 458 462 468 470
485 486 500 504 520
536 560 574 600
604–608 616 622–624
628 636 728 730 778
836 860 864 882 892
908 924 926 932 938
940 946 958 968 972
978 984 986 992 994
1012 1046
elefantus   784
equus   634

incorruptio   150 152 234 396
   398 872 874 896
innocentia   82 128 204 360
   532 578 810
intellectus   39 84 122 142 160
   162 174 250 266 280 332
   354 380 386 456 474 482
   602 646 654 658 660 674
   692 758 776 848 854 878
   880 894 898–902 908 952
   956–960 976 996 998 1012

leo   528 754 912 916
locusta   406 426 428
lupus   328 448 454 860

militia/miles   Christi   34 308
   456 460 464 466 474 718
   728 866
mirra   110 264 318 370
mi(y)sterium   29 84 120 124
   184 246 260 358 376 384
   386 390 412 420 430 442
   468 490 578 598 652 654
   682 684 702 784 888 890
   928 960 968 992 1008
monasterium   194 238 246 458
   776 834

narcissus   1022
nardus   82 110 264 1022
natura   68 94 96 102–108 112
   114 118 120 140 148 150
   178 192 214 220 226 236
   268 272 274 286 288 300
   302 310 312 328–332 336
   338 346 348 356 362 376
   378 384 394 400–404 414
   418 424 426 438 462 470
   476 484–490 526 528 550
   582 602 606 618 636 646
   648 652 656 672 690 706

   708 714 720 740 760
   764 768 774 782 784
   804 816 840 862 888
   890 898 900 906 920
   924 952 954 976 994
   1004 1006 1034

oblivio   162 294 314 460
   542 666 670 772
oliva   238 284 394 516 796
ovis   256 514 820 938

palma   344 394 430 776
   1020 1048
passio   15 128 138 256
   324 326 370 382 384
   408 428 440 442 450
   452 462 528 530 608
   648 650 700 702 716
   724 728 744 746 798
   856 858 914 944 950
   954 964
pauper/-cula/-es   20 22
   68–69 290 312 350 428
   432 448 532 604 688
   690 836 856 858 970
   982
peccatum   72 126 128
   132–138 152 226 236
   242–246 276 314 318
   362 366 392 406 412
   420 428 440 454 456
   460–464 472 478 518
   548 566 600 618 664
   668 674 696 698 712
   770–774 780 786 790
   792 798 802 814–818
   830 832 836 860 870
   912 916 946–950 962
   968 982 988–994
   998–1008 1012
pomifer   514 680

principium   46–47 68 114 216
    218 258 268 372 380–384
    394 404 408 414 432 448
    472 482 546 628 652 656
    690 700 708 782 840 866
    896 908 910 934 992 1032
profectus   35 39 46 84 90 92
    112 114 122 164 168 170
    252 266 272 298 316 328
    332 342 378 418 426 454
    480 482 494 496 508 646
    678 688 700 712 746 764
    796 812 830 884 986 1040
professio   190 212 220 244
    246 334 396 474 510 558
    668 682 722 736 764 778
    802 822 826 828
prunus   812

rana   460
regnum   68 120 138 148
    224 284 286 290 334 338
    340 356 402 416 444 486
    488 526–532 538 540 580
    590 616 624 626 658 684
    686 694 724 726 732 778
    784 800 806 822 848 916
    962 980 988 990 994 1002
    1004 1012 1026 1038
    1040
religio   25 186 232 250 254
    302 324 330 332 344 550
    598 604 698 832 972 982

sacramentum   94 96 136 154
    162 176 186 208 228 278
    364–368 374–378 384 392
    416 442 464 468 485 488
    500 504 508 536 862 874
    946 984 986
sacrificium   86 126 200 464
    756 812 822 972

saeculum/saecularis   68 90
    140 148 156 182 216
    226 246 262 304 318
    320 326 344 362
    366–370 378 382
    388–392 396 406 408
    412 416 436 442 446
    448 458 472 534 572
    614 626 642 658 666
    670 672 676–684 688
    696 726 728 802 804
    832 862 866 894 902
    930 932 970 988 994
    1008 1012 1024 1040
    1042 1046–1050
sanctitas   80 98 100 204
    210 220 230 234 246
    252 258 278 358 388
    404 416 418 426 474
    554 676–682 686 710
    712 766 936 950 984
    988
scirpus   9 918
significatio   690 784 794
    892 960
sinapis   356 528 530
spiritus/spiritalis   30–31 36
    39 58 76 78 82 86–90
    94–100 104 118–122 128
    134 138 144 146
    150–156 162 172–176
    180 186–190 194
    204–214 220 224–240
    250 252 256 258
    262–266 270 278
    280–284 290 298 302
    310 314 320–324
    328–332 344 346 350
    352 358–362 370 376
    384 388 392–396 402
    404 414–422 426 428
    436–440 446 448 460

462 468–474 482 486 494
496 502 518 534 554 558
568 580 600 602 618–624
644–646 648–658 668–676
682 686–692 696–704
710–714 718 722 724 732
736–742 746–750 754 758
764–772 778 780 788 792
798 802 804 810 818 824
826 832–836 864 870 872
878 892–908 912–930
934–940 944–952 958–972
978 994 1006 1010 1012
1014 1030

talpa   150
temperantia   290 292 304 326
968 970
terebintus   112
thimiama   108 1022
turtur   86 480 618 870
typus   128 442 502 574 600
716

unitas sacramenti   278 376 378
490 862 984 986
ursus   754
urtica   870

vanitas   220 224 232 250 306
330 362 494 510 516 526
536 538 554 646 746 758
794 804 814 848 864 872
874 896
vepres   186
veritas   90 92 124 140 162
174 176 186 204 224 226
252 258 266 296 302 306
314 326 330 340 342 346
348 354 363 410 428 454

456 470 506 520 548
576 602 624 642 646
670–674 682 684
700–704 746 748 760
834 848 870–876 886
908 916 920 930 940
948 952 978 980
vermis   460 462 542 690
714 764 806
viola   82 264 318 322 452
872 1020
virgo   7 20 23 29 31
42–43 58 68 72–78 84
98 100 104 106 110
116–120 128 130
142–154 160–164 168
172 176 178 194 196
200–212 216–246 252–256
262–268 272 276–286
320 322 346 350–354
363–368 376 386–408
412–420 434 436 440
444–460 470 478 480
485–488 492–508
520–522 530 534 536
544 558–560 563–564
568–572 592 596 606
614–646 650 658 660
668 672 700 702
710–718 724–728 734–738
742 744 754 756 776
780–792 796–804 808
824 826 830–834 860
876 880 884 886 892
902 904 954 958 1018
1022 1026–1030 1046 1050
vitulus   124 126 528 848
vulpes   706

xylobalsama   1022

SACHEN

aetates-Lehre 64 76–77 375
    452 672–687 691–695 905
Ägypter 585 717
Akrostichon 9 27–28 44 45
    66 1018 1048 1049 1051
Amazone 336–339 737
Antichrist 158–159 195 913
Arche 178–179 373 572–573
    678–679 729 861 891
Armut 22 25 87 467 737
    869 935
Äthiopier 258–259 577
    714–715 721

Bekenntnis 61 139 143 185
    187 325 341 347 467
Benediktregel 21 717
Bild (i. S. v. *imago, pictura*) 9–10
    14–15 17 19–20 26–27 34–39
    49–55 57–58 61–63 73 75
    160 169 183 252 258 283
    285 320 330 370 396 409
    412–413 434 482 485 499
    563 565 631 633 645 647
    653 699 761 782 791 872
    880–881 893
Braut 12 27–28 44 62 69 81
    85 87 137 155 163 177
    189 207 215 367 379 381
    411 443 445 459 473 489
    491 499 503 507 519 525
    527 533 535 565 573 585
    592–593 623 665 701 711
    713 719 737 767 793
    801 803 839 857 860 867
    871 881 973 1013 1015
    1019 1021 1023 1027
    1051

Bräutigam 63 69 71 73
    83 85 87 91 129 139
    143 155 163 165 177
    185 187 189 211 215
    227 229 255 259 263
    269 279 323 341 349
    351 355 369 381 397
    411 417 427 443
    447–451 457 473 479
    483 489 491 503 507
    509 513 519–525 533
    535 561 563 585 619
    623 635 665 693 713
    719 745 769 773 781
    787 793 801 821 831
    833 837 867 879 881
    909 959 983 1013 1015
    1025 1027 1047 1049

Demut 25 31 33 62 77
    79 83 149 175 209 211
    235–239 243 245 265
    279 283 285 289 291
    301 308–311 313
    321–325 331 335 347
    353 361 365 393 395
    403 419 451 455 501
    519 521 629 713 729
    773 813 823 827 831
    872 971
devotio moderna 12–13
Drachen siehe Schlange

Edelsteine 27 233 249 255
    257 343 465 477 537
    571 629 1029 1034 1039
Einheit der Kirche / Haupt
    und Glieder 985 987

Einhorn/Nashorn   782–784 787
   913
Epithalamium 9 27–28 44 49–55
   66 1018
Erbsünde   665 993 1011

Fünfzahl   57 486–487 643

Garten   80–81 83 101 105 165
   175–176 189 203 321 323
   455 473 825 831 859 871
   1021 1023
Geheimnis   12 26 29 77 85
   87 97 134 137 163 165 169
   185 187 201 229 247 261
   267 271 275 279 317 331
   359 367–371 376–381
   385–391 397 413 419 421
   427 433 443 445 467 469
   473 487 491 503 507 511
   527 535 541 579 653 655
   675 683 685 691 703 767
   785 787 857 869 875 889
   891 929 947 961 969 985
   987 1029
Gelübde   61–65 191 195 211
   221 245 247 309 335 401
   419 448 477 513 561 587
   632–633 669 683 719 723
   737 765 777 779 793
   802–803 805 807 823 827
   829 835 853 1029
Gewand   15 20 22 62 165
   229 247 267–271 351 355
   359 361 363 613 651 669
   701 745 797 809 1018 1029
Glaube   93 105 125 147 157
   183 187 207 213 267–271
   291 303 305 325 341–343
   345 359 367 391 393 399
   413 421 433 439 441 446
   449–450 461 479 487 495

   499 501 505 511 523
   529 533 537 559 562
   565 599 601 609
   619–625 629 637 655
   665 667 671–677 683
   685 693 695 709 715
   723 729 731 736 743
   753 759 777 779 827
   837 843 875 885 889
   903 925 939 953 955
   963 973 987 991 993
   999 1001 1025 1027
   1035 1041
Götzenbilder   287 557
   581 683 801
Gotteslob   61 107 115
   117 119 125 127 143
   421 569 607 753 819

Heiligung   99 129 231
   205 237 253 331 377
   455 467 853 987–991
   997 1017
Heimat/Vaterland   17 46
   70 71 135 217 219 337
   349 603 611 631 663
   667 671–677 681–691
   733 807 817 827 839
   857 869 961 1025
Heuschrecke   411 428–431
Hoffnung 85 173 199 291
   297 299 303 319 325
   333 403 467 469 495
   497 513 533 539 553
   557 603 629 649 713
   725 733 743 791 845
   861 865 875 903 963
   973 1013 1019 1025
   1031 1041 1043 1047

Kardinaltugenden   32
   168–169 290

Klausur   61 75 175–177 183
  187–193 247
Kloster   9–10 17–20 24–25 42
  49 52 62 177 195 239 560
  682 737 779 835

Leben/lebendig   11 21 24 40
  65 71 75–81 87 93 95 105
  114 117 129 131 145 155
  161 165 169 171 175 177
  183 185 191 195–201 211
  219 223 227 233 245 261
  265 267 271–275 283 285
  289 293 309 313 319 323
  325 333 339 344 347 349
  351–387 391 393 399–403
  407 413 431 437–441 447
  451 457 469 475 479–483
  499 503 511 513 523 525
  529 533 535 543 553 557
  565 569–575 579 583 587
  589 593 603 607 611 613
  617 631–637 641 649
  655–659 669 676 691–703
  713 715 719 723 729
  733–739 743 749–761 765
  775 783 789 795 802 805
  813 817 819 827–831 835
  849 851 857 863 869–879
  887 899 903 923 939 945
  949 951 959 963 967 971
  977 979 983 997–1001 1005
  1007 1011–1015 1019 1025
  1027 1031 1036–1041 1047
  1049
Leiter   21 64 79 258–259 419
  713–717 821 829
Libanon   104–105 265 433 871
  969 1051
Lilie   75 81–89 105–107 109
  115 147 163 165 189 223
  265 319 323 357 409 431

  448 453–457 473 479
  873 1021 1047 1051
links/Linke   63 143 309
  319–320 482 523 547
  599 639 701 716 769
  797 933

Mysterium/mystisch siehe Geheimnis   355

Natur   27 33 64 95 97
  103 105 107 109
  113–115 119 121 141
  149 165 193 215 221
  227 237 269 273
  287–288 301 303 311
  313 329 333 339 347
  349 357 363 377 379
  385 392 395 401–405
  415 419 425 427 439
  463 471 477 485–491
  529 583 599 603 607
  619 637 639 649 653
  657 673 691 709 715
  741 765 775 783 817
  841 851 863 889
  899–903 907 921 925
  943 949 953 955 995
  1005 1007 1045

Paradies   61 63 75 80–81
  103 165–167 169–171
  175 179 239 281 319
  321 369 373 375
  393–397 407 409 413
  448–451 457 573 733
  755 807 861 873 971
  1049
Paradiesesströme   61 74 413
Pilger/-fahrt/-schaft   70
  450 563 655 845 861
  869 993

Quadriga 55 63 76 409 413
    415 434 445

rechts/Rechte 63 143 319–320
    337 482 523 547 599 701
    715 769 855 913 933 1007
    1029
Rose 83 89 93 96–97 99 101
    103 106 189 239 265 319
    323 373 395 409 447–448
    453–457 473 755 789
    872–873 1037 1047 1051
Ruhe 61 156 163 165 173
    197 301–307 313 315 323
    327 333 349 361 445 525
    543 591 687 689 703 705
    725 727 733 735 757 809
    819 825 829 839 873 881
    893 917 939 945 967 991
    1013 1033 1039

Schlange/Drachen/Teufel
    184–185 187 249 259 271
    285 293 335 349 393 395
    427 481 567 589 603 651
    665–669 713 715 745 755
    721 723 739 807 809 855
    913 989 991 1009 1031 1039
Schmuck 27 30 54 62 75 87
    103 109 111 135 151 169
    173 183 217 219 233
    237–243 345 355 357 359
    247–281 419 477 491 495
    535 571 575 629 635 659
    745 753 785 879 903 909
    941 991 993 1023 1029 1035
    1045
Siebenzahl 45 65–66 79 293
    886–887 890–891 957 971
Sinne/sinnlich 35 84–85 113
    115 160 177 185 187 193
    321 325 355 486–493 497

    499 529 535 537 555
    557 641–645 649 669
    687 693 805 841 849
    851 871 873 995 1025
    1045
Sonne der Gerechtigkeit
    349 367 529 695 697
    857 943 1025 1033 1035
    1043
Spinne 498
Stufe 174 237 279 329
    639 641 657 685 687
    693 709 713 717 775
    815 827 829 831 895
    931 945 959 965
Synagoge 251 273 275
    371 397 431 433 461
    505 599

Taufe 129 376 413 419
    421 467 487 503 541
    667 685 697 849 963
Teufel siehe Schlange
Tugendkreuzigung 15
Tür 177 185 355 391 393
    396 407 721 773 835 843

Weihrauch 104 265 319
    525 813 873
Weltzeitalter s. *aetates*-Lehre
Wurzel Jesse 17 36 89
    174 397 880–883 931
    1009

Zeder 104–105 397 433
    967 969 1051
Zeitalter s. *aetates*-Lehre 77
Zwölfzahl 74